Deuils

© 1992 by les Éditions Autrement, 4, rue d'Enghien, 75010 Paris.
Tél. : 47.70.12.50. Fax : 47.70.97.52. ISBN : 2-86260-358-9.
Dépôt légal : 2ᵉ trimestre 1992. Imprimé en France.

Deuils

Vivre, c'est perdre

Dirigé par Nicole Czechowski et Claudie Danziger

Éditions Autrement - Série Mutations n° 128

Sommaire

Quitter sa langue maternelle pour un exilé, est-ce être en deuil ou faire le deuil de sa langue ? À partir de son expérience personnelle et analytique, et d'entretiens réalisés par Anne Diatkine auprès d'immigrés, Julia Kristeva interroge et repense cette question. Identité, origines, intégration ; à ces notions, elle ajoute celle du « droit de choix ».

L'homme et surtout la femme sont à la recherche de l'eau de Jouvence. Lutter contre les marques du temps, refuser ses traces, est-ce une obligation sociale, une angoisse fondamentale ?
Et si le rire constituait « l'issue fulgurante au deuil de la jeunesse, traversée déroutante qui dure toute la vie et qui ne possède pas de boussole » ?

Trente ans au Parti communiste, et après...
Perdre la foi, un collectif, une morale, une culture nécessite un travail de deuil dont l'enjeu est d'en finir avec la sacralisation des textes marxistes sans pour autant tuer l'utopie. Certains y parviennent.

Mise à la retraite, licenciement, faillite... « après avoir quitté le monde des actifs, muni de son cadeau d'adieu, le disparu professionnel pénètre dans l'au-delà du troisième âge », et le chômeur suit le chemin de l'ANPE, « pavé de bonnes intentions ». Une réflexion sur la perte du travail et d'une identité sociale.

En quelques décennies la nouvelle révolution des
transmissions n'a fait que renouveler celle des
transports. La vitesse permet presque d'arriver avant
d'être parti. Il n'est maintenant plus besoin de se
déplacer... Cette perte de distanciation annonce-t-elle
« la mort d'un monde qui a fait son temps » ?

Perdre l'autre dans l'amour comme dans la mort,
c'est réactiver un deuil qui a déjà eu lieu, où se
jouent le rêve du « pour toujours » et la chute
du « plus jamais »
Une fois dans l'histoire humaine, les survivants
se sont trouvés interdits de deuil. Sans
représentation possible des morts, les mots
étaient absents.

Trouver les mots pour témoigner de cette expérience de
la perte d'un proche. À travers ces entretiens
s'expriment les regards portés sur un passé vécu en
commun, l'irréparable de l'absence sans retour, et la
façon dont chacun tisse à nouveau la vie. Des paroles
simples et directes qui s'efforcent de ne pas sublimer
cette réalité-là, pour la rendre acceptable.

Passion et deuil procèdent d'un même manque, d'une
unique souffrance. Pressentie ou ravivée, ce qui se joue
c'est l'expérience d'une perte ayant déjà eu lieu. Que
l'on aime passionnément ou que l'on meure de
chagrin, on retrouve l'enfant abandonné.

« Il n'y a pour survivre à la mort de l'autre qu'une voie : la reconnaître. Mais ''jamais plus'' ne peut pas venir d'abord. C'est le résultat d'un chemin, d'un trajet, le parcours même des lignes où l'on se perd. » À travers des exemples pris dans la littérature, les tentatives du poète pour nier le *never more* et l'impossibilité d'y échapper.

La photo apparaît nostalgique pour les uns, fidèle ou au contraire trompeuse ou carrément mensongère pour les autres. Rares cependant sont ceux qui lui résistent. Rangées ? Cachées ? Exhibées ? Jetées ? Quatre témoignages, quatre comportements pour nous aider à comprendre - à travers l'usage que l'on fait des photos des vivants et des morts - le rapport ambigu que l'on entretient avec la photo.

Disparu à Auschwitz en 1943, à Buchenwald en 1942, à Treblinka en 1944... Pour ceux qui sont restés, il n'est pas de deuil possible. « Pas de tombe. Pas de fleurs. Pas de souffrance fixée à un lieu ou à un instant. Seulement le vide, comme un trou noir. » Plus de quarante-cinq ans après, les témoignages des survivants prennent la forme de monologues confus, de discours incohérents, sans doute les plus exacts pour dire l'impossible, l'impensable.

Pour faire son deuil, il faut le vivre. Or notre société a procédé à un gommage de toutes les manifestations extérieures, qu'elles soient individuelles comme les larmes, les gémissements, les cris, ou collectives à travers les rituels laïcs ou religieux.

De l'intime au social : exorciser, apprivoiser,
prendre le temps, garder la mémoire sont les
conditions nécessaires pour qu'il y ait réparation.

Hurlement de Cioran face au non-sens de la mort ; et
toute une œuvre, tel un cri de rage poussé contre la
vie, pour dire l'impuissance et la misère des hommes.
Cioran ne se contente pas du cri ; la parole sublimée
vient en place du silence nocif et de l'insuffisance des
larmes. Pour guérir du chagrin, un seul recours : le
parler. Mais y a-t-il place dans notre société pour une
parole vive, réparatrice ?

Comment expliquer la perte d'appétit en face de la
mort ? Être en deuil c'est refuser la mort de l'autre,
c'est adopter une attitude sacrificielle comme si, par
une pétrification spontanée, on recherchait une
ressemblance avec celui qui n'est plus : toutes les
fonctions organiques du corps vivant doivent faire
silence. Mais l'anorexie n'est que l'antidote du
désespoir. Et vient un moment où, malgré soi, malgré
tout, revient le goût des choses.

Deuil premier, ultime, pragmatique, rilkéen,
bergsonien, cynique, romantique, spéculatif, sauvage,
hypermoderne... Si le deuil ne prête pas à rire, la
question se pose pourtant : la tenue normale consiste-
t-elle à « se faire une tête de mort devant la mort » ?

Les funérailles de Victor Hugo, de Joffre, de Foch, la
perte de l'Alsace-Lorraine, la Grande Guerre... La
nation elle aussi peut être en deuil, mais la perte d'un

homme d'État, d'un territoire ou de millions d'hommes n'a pas la même signification. Si l'identité nationale se définit « à la fois par des joies et par des deuils », comme l'a dit Renan, qu'advient-il d'une collectivité qui cesse de se remémorer ?

Funérailles civiles : d'un siècle l'autre

Jacqueline Lalouette

Lorsque la question se pose aujourd'hui de réinventer les rituels laïcs pour les funérailles, il s'agit de choix individuels. Dans la France croyante du siècle dernier, l'enterrement civil était pour les républicains et libres-penseurs une expression de pugnacité contre le clergé, et entraînait des luttes violentes. Mais les rites institués alors n'étaient-ils pas déjà un moyen pour retrouver le sacré que la raison réprouve ?

Éditorial

Claudie Danziger et Nicole Czechowski

Un jour, le nombre de ceux qui nous ont quittés est tel que leur vacarme couvre le silence. La perte cesse d'être « ce qui n'arrive qu'aux autres ». On ne peut plus en repousser l'idée, la tenir éloignée dans un avenir aux contours vagues, imprécis. Dans notre conscience, dans notre vie, la mort a frappé. Simultanément nous-mêmes avons changé, la nostalgie nous étreint de façon plus fréquente, ravivant les blessures du passé. Vient alors le besoin de parler, le refus de taire ce qui nous fait mal, la volonté d'aborder de front ce mot commun à tous et qui à tous fait peur : « deuil ». Cet ouvrage est né de cette nécessité.

Dans un premier temps, nous avons exploré tout ce qui, jour après jour, à notre insu, nous déserte, prend congé : l'enfance, la jeunesse, les illusions, le monde qui radicalement se transforme, le métier auquel un jour il faut renoncer.

Ensuite, malgré les difficultés, les réticences, nous avons interrogé l'intolérable : la mort de l'autre. Comment supporter l'absence quand elle devient plus forte que la présence ?

Enfin, nous avons cherché les moyens pour « ré-agir », c'est-à-dire continuer de vivre malgré la souffrance parfois paralysante.

Peut-on espérer trouver en soi-même, par le biais du cri, du rire, de la parole ou de l'écriture, un recours au désespoir pour qu'un jour nous puissions nous souvenir, ou faut-il chercher de l'aide dans les rituels que la société nous propose ?

Cette question nous a conduits à établir un « état des lieux » des rituels d'aujourd'hui et à mettre en lumière les rapports que la société entretient avec la mort, la souffrance, et le deuil.

Nous avons intitulé le troisième chapitre de cet ouvrage « Réparation », pour insister sur le fait que le deuil fait partie de la vie, car « vivre c'est perdre ». Accepter cette règle du jeu, c'est non seulement contribuer à ce que la vie l'emporte sur la mort, mais aussi se faire attentif à la souffrance que tout être porte en lui. *C.D.*

« Mon verre s'est brisé comme un éclat de rire », Apollinaire. Brisé, fêlé, réparé... Et si certains deuils étaient irréparables ? Le postulat de la réparation mérite au moins d'être questionné. Si les cris, les larmes, la création ou les rituels aident à survivre, humanisent le « plus jamais », doit-on pour autant parler de réparation ? Et pourquoi ne pas envisager l'idée que l'on peut vivre un peu, beaucoup ou passionnément cassé ? À la folie, c'est autre chose.

Ces questions, comme des mises en garde, éclairent le sens de cette réflexion sur le deuil. En effet, si la « réparation » conclut cet ouvrage, cela ne signifie nullement que l'on cherche à retrouver une image idéalisée du « comme avant », que l'on a le pouvoir de faire table rase ou de remettre les aiguilles de la montre à l'heure d'avant la perte ; et le terme de réparation ne devient acceptable que parce qu'il évoque l'idée de fêlure, de fissure, de brisure donc.

Lorsque le deuil est fait - s'il est jamais fait -, il reste des êtres un peu moins neufs, un peu plus fêlés, mais vivants. Et s'il n'y a pas de honte à vivre après, tout rêve de remplacer, combler ou effacer est illusoire. Prendre en compte cette réalité de la blessure et ses traces indélébiles, c'est la condition du deuil accompli qui permet d'avancer sans trop trébucher, riche d'une mémoire. Car loin des cérémonies et monuments aux morts, les disparus survivent en nous ou meurent une deuxième fois lorsque nous cessons de nous souvenir. *N.C.*

Claudie Danziger et Nicole Czechowski

1. *Désertés*

La vie est une succession de séparations par lesquelles on ne cesse de grandir. À chaque instant, on meurt à soi-même, à l'autre, au monde, au temps.
Cette expérience de la perte sans cesse répétée n'est-elle pas la trace d'un deuil originel, inscrit en nous à la naissance ?

« Vivre, c'est perdre »

André Comte-Sponville

Esquisse d'une philosophie du deuil. La philosophie nous aide à penser le deuil, c'est-à-dire la perte dont « la mort offre le modèle le plus net, le plus atrocement net ». « Nous ne savons renoncer à rien » disait Freud. À partir de là, André Comte-Sponville mène une réflexion sur la nécessité de la perte consentie, car « la mort ne nous prendra que ce que nous avons voulu posséder ».

On pense d'abord à la mort, parce que tel est, sinon l'origine du mot, du moins son champ sémantique ordinaire. Être en deuil, c'est être en souffrance - et quelle pire souffrance que la perte d'un être cher ?

Mais le mot est susceptible d'une extension plus grande. Il y a deuil à chaque fois qu'il y a perte, refus, frustration. Il y a donc deuil toujours : non parce que aucun de nos désirs n'est jamais satisfait, mais parce qu'ils ne sauraient jamais l'être tous ni définitivement. Le deuil est cette frange d'insatisfaction ou d'horreur, selon les cas, par quoi le réel nous blesse et nous tient, d'autant plus fortement que nous tenons davantage à lui. C'est le contraire du principe de plaisir, ou plutôt ce par quoi, ce contre quoi il échoue. Le deuil est l'affront que fait au désir le réel, et qui marque sa suprématie. Principe de réalité ? Non pas. Car celui-ci n'est qu'une modification du précédent (il s'agit de jouir *malgré tout*), quand le deuil est son échec - sa fin de non-recevoir. Ce pourquoi le deuil est du côté de la mort, d'abord et longtemps : la mort n'est que l'échec ultime, qui efface tous les autres (c'est l'échec sans deuil, ou qui en laisse aux autres le soin ou le travail) ; le deuil est comme une mort anticipée, comme un échec d'autant plus

douloureux qu'il n'est pas - qu'il ne peut pas être - le dernier. Être
en deuil, c'est être en souffrance, au double sens du mot, comme
douleur et comme attente : le deuil est une souffrance qui attend sa
conclusion, et c'est pourquoi toute vie est deuil, toujours, puisque
toute vie est douleur, comme disait le Bouddha, et quête du repos...

Le deuil marque donc l'échec du narcissisme (« sa majesté le
moi » perd son trône : le moi est nu) et, par là, l'entrée dans la
vraie vie. Comment se savoir vivant sans se savoir mortel ? Le deuil
est cet apprentissage : l'homme est un écolier ; la douleur et la
mort sont ses maîtres... Point seuls, certes : le plaisir et la joie nous
en apprennent aussi, et davantage peut-être. Mais sans la mort, que
saurions-nous d'eux, qui ne fût partiel ou illusoire ? La mort n'est
pas une discipline parmi d'autres, une vérité parmi d'autres ; elle
est l'horizon de toutes, et, pour l'homme, le destin même de la
pensée. Du moins pour qui en accepte les leçons. On peut aussi
faire comme si de rien n'était, dénier la souffrance et le néant,
penser à autre chose... Ce n'est pas affaire que de lucidité. La vie
parfois autorise cette avancée tranquille : c'est comme un chemin
de roses, et qui s'arrêterait pour quelques épines ?

Pour certains, et je ne suis pas sûr qu'il faille les envier, le deuil
est comme une langue étrangère, qu'ils n'ont pas eu besoin
d'apprendre. Ce sont les puceaux de la mort, et il faut voir avec
quelle naïveté charmante ils viennent nous dire que la vie est belle,
et douce, et délicieuse... Les puceaux ont bien le droit de parler
d'amour, et au fond ce qu'ils disent est vrai aussi. Mais il ne faut
pas non plus nous en vouloir si nous avons parfois du mal à les
prendre tout à fait au sérieux. Une fois que la mort a passé, ce
n'est plus pareil : rien n'a changé, et plus rien pourtant n'est
comme avant. C'est l'entrée dans l'âge adulte, si l'on veut, quoique les adultes fassent tout, le plus souvent, pour l'oublier. Disons
plutôt que c'est l'accès à l'humanité véritable : le deuil marque
que nous ne sommes pas Dieu, et de quel prix il faut le payer.
Les Anciens ne s'y trompaient pas : être homme c'est être mortel,
et amant de mortels. Le deuil est le propre de l'homme.

« Contre toutes les autres choses, disait Épicure, il est possible
de se procurer la sécurité ; mais, à cause de la mort, nous, les hommes, habitons tous une cité sans murailles[1]. » Vivre est une ville

---

1. Épicure, *Sentence vaticane 31.*

ouverte, et cette ouverture - la mort, l'amour - est l'unique demeure. Mortel : ouvert dans l'ouvert, passant dans le passage. À tous risques. Aux quatre vents du destin. La mort entre dans la vie comme dans un moulin. Elle s'y sent chez soi, et d'ailleurs elle a raison : la vie habite la mort (la matière ne vit pas, l'univers ne vit pas : l'infiniment petit et l'infiniment grand sont du côté de la mort, dont la vie n'occupe, et partiellement, et provisoirement, que l'entre-deux...), et tant pis pour elle si elle l'oublie, si la mort se charge soudain de le lui rappeler. Le deuil est cette blessure, par quoi la vie s'éprouve mortelle : prisonnière du réel, et son hôte, mais point à perpétuité...

On pense à Pascal : « Qu'on s'imagine un nombre d'hommes dans les chaînes, et tous condamnés à la mort, dont les uns étant chaque jour égorgés à la vue des autres, ceux qui restent voient leur propre condition dans celle de leurs semblables, et, se regardant les uns et les autres avec douleur et sans espérance, attendent à leur tour. C'est l'image de la condition des hommes[2]. » Voltaire, lisant cela, objecte que « le sort naturel d'un homme n'est ni d'être enchaîné ni d'être égorgé[3] », et bien sûr il a raison. Mais qu'est-ce que cela change à la vérité de l'image ? « Tous les hommes sont faits, ajoute Voltaire, comme les animaux et les plantes, pour croître, pour vivre un certain temps, pour produire leur semblable et pour mourir[4]. » Tous faits pour le deuil, donc, et Pascal ne disait pas autre chose. Encore la mort n'est-elle pas seulement le terme, comme s'il fallait vivre d'abord (et croître, et enfanter...), puis mourir. Non : vivre et mourir vont ensemble, du même pas. L'enfant meurt dans l'adulte, et chaque jour passé dans chaque jour présent. C'est la loi du devenir, et c'est une loi de deuil.

Être, c'est disparaître ; l'instant s'abolit en même temps qu'il advient, et ce deuil de tout c'est le temps, et c'est notre vie, et c'est notre mort. La vie, disait Montaigne, n'est « qu'une éloise [un éclair] dans le cours infini d'une nuit éternelle, (...) la mort occupant tout le devant et tout le derrière de ce moment, et une bonne partie encore de ce moment[5] ». Et de citer Lucrèce : « Aucune chose ne demeure semblable à elle-même : tout passe, tout change,

---

2. Pascal, *Pensées*, 434-199, Lafuma.
3. Voltaire, *Lettres philosophiques*, vingt-cinquième lettre, Garnier-Flammarion, p. 175.
4. *Ibid.*
5. Montaigne, *Essais*, II, 12, éd. P. Villey, p. 526.

tout se transforme[6]... » Et d'ajouter ce commentaire : « Et puis
nous autres sottement craignons une espèce de mort, là où nous
en avons déjà passé et en passons tant d'autres... La fleur d'âge
se meurt et passe quand la vieillesse survient, et la jeunesse se termine en fleur d'âge d'homme fait, l'enfance en la jeunesse, et le
premier âge meurt en l'enfance, et le jour d'hier meurt en celui
du jourd'hui, et le jourd'hui mourra en celui de demain ; et n'y
a rien qui demeure ni qui soit toujours un[7]... » Le temps s'en va,
et c'est le temps même : le temps est le deuil de l'être.

Montaigne n'est ni Pascal, pourtant, ni Voltaire. « Pour moi,
j'aime la vie », disait-il comme le second. Et cela ne l'empêchait
pas, comme le premier, de penser toujours à la mort... Il n'y a
bien sûr là aucune contradiction, au contraire (Gide, en bon mon-
tanien, au moins livresque, l'a reconnu : « Une pas assez constante
pensée de la mort n'a donné pas assez de prix au plus petit instant de ta vie »). Montaigne, trop lucide pour oublier la mort, était
trop sage pour lui sacrifier la vie. Eût-il pu le lire, qu'il n'eût pas
été dupe de Pascal, ni de son idée de derrière. Pourquoi tant déni-
grer la vie, si ce n'est pour nous en faire désirer une autre ? Pascal
veut nous effrayer parce qu'il veut nous rassurer : un petit prêtre
sommeille dans ce génie immense. Mais enfin Voltaire est plaisant,
à ne pas vouloir le comprendre ! L'un nous dit : « On va tous cre-
ver ! » Et l'autre lui répond : « Tout de même, vous exagérez... »
Non, il n'exagère pas. Seulement il est incapable de faire son deuil,
et c'est où l'on atteint l'essentiel.

« Nous ne savons renoncer à rien », disait Freud[8] : c'est pourquoi le deuil est souffrance et travail. Il y a souffrance, non à chaque fois qu'il y a manque, mais à chaque fois que le manque n'est
pas accepté. Le monde nous dit *non* - et nous disons *non* à ce
refus. Cette négation de la négation, loin d'aboutir à je ne sais
quelle positivité, nous enferme dans la douleur. Nous sommes malheureux parce que nous souffrons, et nous souffrons encore plus

---

6. *Ibid.*, p. 602 (le texte de Lucrèce est emprunté aux vers 828-831 du livre V du *De rerum natura*).
7. Montaigne, *ibid.*, p. 602.
8. Freud, *Essais de psychanalyse appliquée*, « La création littéraire et le rêve éveillé », trad. franc., Idées-Gallimard, 1980, p. 71.

d'être malheureux. De là ces larmes, ce sentiment de révolte ou d'horreur. « *C'est pas juste* », dit le petit enfant - et de fait cela ne l'est pas. Simplement le bonheur ne l'est pas davantage, et ne s'en soucie point.

Là encore, la mort offre le modèle le plus net, le plus atrocement net. Pour qui a perdu ce qu'il aimait le plus au monde - son enfant, sa mère, l'homme ou la femme de sa vie... -, la blessure est à la lettre insupportable, non en ce qu'elle nous tue (quoiqu'elle tue parfois), mais en ceci qu'elle rend la vie elle-même atrocement douloureuse, en son fond, au point que l'horreur occupe tout l'espace psychique disponible et rende la joie (et même, les premiers temps, le repos) comme à jamais impossible. À jamais ? C'est du moins le sentiment que l'on a d'abord, et que la vie détrompe, bien sûr, que la vie heureusement détrompe. Le *travail du deuil*, comme dit Freud, est ce processus psychique par quoi la réalité l'emporte, et il faut qu'elle l'emporte, nous apprenant à vivre malgré tout, à jouir malgré tout, à aimer malgré tout : c'est le retour au principe de réalité, et le triomphe par là - d'abord modeste ! - du principe de plaisir.

La vie l'emporte, la joie l'emporte, et c'est ce qui distingue le deuil de la mélancolie[9]. Dans un cas, le sujet accepte le verdict du réel - « l'objet n'existe plus[10] » -, et apprend à aimer ailleurs, à désirer ailleurs. Dans l'autre, il s'identifie avec cela même qu'il a perdu (il y a si longtemps, et il était si petit !), et s'enferme vivant dans le néant qui le hante. « Si je meurs, se lamente-t-il avec Nerval, c'est que tout va mourir... Abîme ! Abîme ! Abîme ! Le dieu manque à l'autel où je suis la victime... » Incapable de faire son deuil - « Je suis le Ténébreux, le Veuf, l'Inconsolé... » -, le mélancolique reste prisonnier du narcissisme et de la carence inévitable de son objet : « Ma seule étoile est morte, et mon luth constellé porte le soleil noir de la mélancolie... » Mais qui échappe au narcissisme ? Qui échappe au deuil ? C'est en quoi le mélancolique nous en apprend long sur nous-mêmes, et plus que bien des optimistes de doctrine ou de tempérament.

C'est ce que je retiens, dans « Deuil et mélancolie », de l'une

---

9. Voir l'article fameux de Freud : « Deuil et mélancolie », *Métapsychologie*, trad. franç., Idées-Gallimard, 1976, p. 147 sq.
10. Freud, « Deuil et mélancolie », *op cit.*, p. 168 (voir aussi p. 150).

des pages de Freud que je relis le plus volontiers, et qu'on me pardonnera de citer un peu longuement : dans plusieurs de ses plaintes contre lui-même, observe Freud, le mélancolique nous semble « avoir raison, et ne faire que saisir la vérité avec plus d'acuité que d'autres personnes qui ne sont pas mélancoliques. Lorsque, dans son autocritique exacerbée, il se décrit comme mesquin, égoïste, insincère, incapable d'indépendance, comme un homme dont tous les efforts ne tendaient qu'à cacher les faiblesses de sa nature, il pourrait bien, selon nous, s'être passablement approché de la connaissance de soi, et la seule·question que nous nous posions, c'est de savoir pourquoi l'on doit commencer par tomber malade pour avoir accès à une telle vérité[11] ».

Le mélancolique est malade de la vérité, quand beaucoup de *normausés moyens*, comme dit un de mes amis psychiatres, ne vivent que de sa dénégation... C'est que la vérité est pour lui une blessure narcissique, comme elle est presque toujours, et l'on ne peut en sortir que par l'illusion (la santé ?) ou la fin du narcissisme (la sagesse). Le mélancolique est incapable et de l'une et de l'autre. Il ne sait ni se duper ni se déprendre : incapable de faire son deuil de soi, il ne cesse de souffrir sa propre mort, de son vivant, et le monde entier en est comme vidé ou éteint... La solution serait de *tuer le mort*, comme disent les psychanalystes[12], c'est-à-dire (puisqu'il s'agit de soi !) de s'accepter mortel, et de vivre... Mais le mélancolique est inapte au deuil. C'est en quoi il est notre frère à tous - « nous ne savons renoncer à rien » -, et, du fond de sa souffrance, indique à chacun le chemin : deuil *ou* mélancolie !

Quelque chose s'inverse ici : le deuil (l'acceptation de la mort) bascule du côté de la vie, quand la mélancolie nous enferme dans la mort même qu'elle refuse. Cela vaut d'abord pour notre propre mort : c'est seulement une fois qu'on a fait son deuil de soi qu'on peut cesser - sans dénégation ni divertissement - de penser toujours au néant, et échapper ainsi à la mélancolie. Telle est du moins,

---

11. *Ibid.*, p. 153. Il me semble, soit dit en passant, que ce texte nous apprend quelque chose sur Pascal (l'image que le mélancolique a de soi, selon Freud, correspond très exactement à ce que Pascal dit du *moi*) et, conséquemment, sur Voltaire...

12. Voir D. Lagache, « Le travail du deuil » (1938), *Œuvres*, tome 1, Paris, PUF, 1977, p. 243 ss (p. 245 pour l'expression citée).

me semble-t-il, la sagesse de Montaigne. Après avoir rappelé « que philosopher c'est apprendre à mourir » (puisque qui craint la mort craint nécessairement la vie), après avoir condamné par là, bien avant Pascal, le divertissement (« ils vont, ils viennent, ils trottent, ils dansent : de mort, nulles nouvelles »), l'auteur des *Essais* n'en conclut pas moins, et c'est l'une des phrases qui lui ressemblent le mieux : « Je veux qu'on agisse et qu'on allonge les offices de la vie tant qu'on peut ; et que la mort me trouve plantant mes choux, mais nonchalant d'elle, et encore plus de mon jardin imparfait[13]. »

On ne confondra pas cette *nonchalance* avec le *divertissement* : le divertissement tend à l'oubli ou à la forclusion de la mort, quand la nonchalance suppose au contraire son acceptation. On jouit d'autant mieux de la vie qu'on accepte davantage qu'elle doive finir. Comment autrement ? Puisque la vie est mortelle, on ne peut l'aimer toute qu'en acceptant la mort qu'elle contient, ou qui la contient, et qu'elle suppose. Le deuil et la jouissance vont ensemble, plutôt le deuil est la condition nécessaire de la jouissance, et c'est ce que chacun - sauf mélancolie ou deuil pathologique - vérifie tôt ou tard. Autant le deuil est du côté de la mort, comme événement, autant il est du côté de la vie, comme processus. Il s'agit que la joie redevienne au moins possible, et le travail du deuil est ce qui le permet.

Cela vaut aussi, et *a fortiori*, pour la mort des autres. Montaigne, pour surmonter la mort de La Boétie, eut besoin d'écrire les *Essais*, pas moins. C'est dire qu'il n'y a pas de recette, et que chacun, face à l'horreur, se débrouille comme il peut. Mais c'est dire aussi qu'on peut surmonter sans oublier - accepter sans trahir. Le réel nous a dit *non*, et l'on peut certes refuser ce *non*, voire en dénier la réalité. C'est la voie de la souffrance et de la folie : Narcisse s'enferme dans sa blessure... Guérir (car si le deuil n'est pas une maladie, son issue ressemble fort à une guérison), c'est au contraire accepter cette perte : le deuil est fait, s'il peut jamais l'être totalement, quand on peut dire *oui* à tout (c'est en quoi le deuil achevé est la formule même de la sagesse[14]), et *oui* notamment

---

13. Montaigne, *Essais*, I, 20 (« Que philosopher c'est apprendre à mourir »), spécialement p. 89 de l'éd. Villey.
14. Il faudrait évoquer ici la grande figure de Svâmi Prajnânpad, sur lequel j'ai eu l'occasion de m'expliquer dans la préface du second tome de sa correspondance : *Les Yeux ouverts*, Paris, L'Originel, 1989. Voir aussi mon *Traité du désespoir et de la béatitude* (qui aurait pu s'appeler aussi bien : *Traité du deuil*), en deux volumes, Paris, PUF, 1984 et 1988.

à ce *non* qui, il y a quelques mois ou années, nous déchirait l'âme.

Mais comment y parvenir, demandera-t-on, si « nous ne savons renoncer à rien » ? Freud, juste après cette observation, ajoute : « Nous ne savons qu'échanger une chose contre une autre. » C'est donner le remède en même temps que le diagnostic. Il ne s'agit pas de ne plus aimer, ni d'aimer moins, mais d'aimer autre chose, et mieux : le monde plutôt que soi, les vivants plutôt que les morts, ce qui a eu lieu plutôt que ce qui fait défaut... C'est le seul salut : tout le reste nous enferme dans l'angoisse ou l'horreur. Car tout est éternel, certes (cet être qui n'est plus, et tout ce que nous avons vécu ensemble : éternellement cela restera vrai), mais rien n'est définitif que la mort. Aussi faut-il aimer en pure perte, toujours, et cette très pure perte de l'amour, c'est le deuil lui-même et l'unique victoire. Vouloir garder c'est déjà perdre ; la mort ne nous prendra que ce que nous avons voulu posséder.

J'écris cela en tremblant, me sachant incapable d'une telle sagesse, mais convaincu pourtant (ou à cause de cela) qu'il n'y en a pas d'autre, si tant est qu'il y en ait une, et que tel est à peu près le chemin sur lequel, ou vers lequel, et difficilement toujours, il nous faut avancer... Montaigne a tout dit en une phrase peut-être : « Tout contentement des mortels est mortel[15]. » Et aussi bien pourrais-je citer Épicure, Lucrèce, les stoïciens ou Spinoza... Celui-là prétendait ne penser à rien moins qu'à la mort, et que la sagesse est « une méditation non de la mort mais de la vie[16] ». Sur ce dernier point, il avait évidemment raison ; mais penser la vie dans sa vérité c'est la savoir finie (nous ne sommes pas Dieu), et cela ne va pas sans quelque acceptation de la mort. Car la vérité ne meurt pas, c'est entendu, mais il n'en est pas moins vrai que nous mourrons... On m'a rapporté que Jankélévitch, c'était peut-être à propos de Spinoza, dit un jour à ses étudiants, se montrant lui-même, la main sur la poitrine : « Je vous présente cette chose étonnante : une vérité éternelle qui va mourir ! » C'est notre lot à tous, et c'est en quoi le deuil est notre destin et la figure pour nous de l'éternité. Seule la mort est immortelle, comme dit à peu près Lucrèce, et c'est ce qui définit le matérialisme : la vie n'est éternelle que tant qu'elle dure.

---

15. *Essais*, II, 12, p. 518.
16. Spinoza, *Éthique*, IV, proposition 67.

On connaît le mot de l'humoriste : « La vie est une maladie héréditaire, sexuellement transmissible, et mortelle. » Les vivants sont un groupe à risque, comme on dit maintenant, et le seul, et ce risque n'en est pas un : mourir, pour chacun, est l'unique certitude. Il faut donc s'aimer mortel ou ne s'aimer pas, et cela vaut aussi pour l'amour que nous portons à autrui. Tout amour des mortels est mortel, comme toute haine. Miséricorde à tous ! Compassion à tous ! C'est ce que le deuil nous enseigne au fond, difficilement, douloureusement, et par quoi il nous apprend quelque chose sur nous-mêmes et sur la vie. Quoi ? Peut-être ceci, qu'écrivait Mélanie Klein :

> « Lorsque la haine est ressentie pleinement et que le désespoir est à son comble, l'amour de l'objet se fait jour, et la personne en deuil se met à sentir de plus en plus profondément que la vie intérieure et extérieure est appelée à continuer malgré tout, et qu'elle peut conserver en soi l'objet aimé et perdu. À ce stade du deuil, la souffrance peut devenir productive. Nous savons que les expériences douloureuses, quelles qu'elles soient, stimulent quelquefois les sublimations, ou font même apparaître des aptitudes tout à fait nouvelles chez certaines personnes : celles-ci se mettent alors à peindre, ou à écrire, sous la pression des épreuves et des frustrations. D'autres deviennent plus productives d'une façon différente, capables de mieux apprécier les gens et les choses, plus tolérantes dans leur rapport aux autres : elles deviennent plus sages [17]... »

Sagesse de mortels : sagesse du deuil.

Il y a deuil, disais-je, dès qu'il y a perte. Mais perte de quoi ? Les psychanalystes répondent un peu vite : de la mère, du sein, du bon objet... Ce serait là le deuil premier, dont tous les autres ne seraient que la reviviscence. Peut-être. Mais il se pourrait aussi, et l'un n'empêche pas l'autre, que « ce qui est perdu ne soit pas objet mais sujet », comme dit mon ami François George, que ce soit « l'essence même de notre être, cette maille qui file [18] ». De notre être ou du temps, et cela sans doute revient au même : « Du fait de notre condition temporelle, nous portons une blessure par

---

17. Mélanie Klein, « Le deuil et ses rapports avec les états maniaco-dépressifs », *Essais de psychanalyse*, trad franç., Payot, 1982, p. 359.
18. François George, *Sillages*, Paris, Hachette, 1986, p. 60.

où notre sang ne cesse de couler, aussi bien que notre cœur ne cesse de battre. À peine la charge d'exister m'est-elle donnée, je m'éloigne d'une coïncidence avec moi-même qui n'a jamais eu lieu et vais le grand train vers ma ruine. Le temps, ''maladie chronique'', maladie congénitale et incurable, constitue notre vie en perte d'être[19]... » Par quoi *le métier de vivre*, comme disait Pavese, n'est pas autre chose que *le travail du deuil*, comme disait Freud, et c'est ce que François George résume en une phrase, que je me répète bien souvent et qui m'a donné le titre de cet article, et davantage que son titre : « *Vivre, c'est perdre*[20]. »

Songeant à cette phrase, il y a quelques jours, je repensai aussi à une autre, qui m'avait vivement impressionné dans mon adolescence, et qui semble la contredire. Dans *Jean Barois*, si mes souvenirs sont exacts, ou bien peut-être dans *Les Thibault*, je ne sais plus, l'un des personnages de Roger Martin du Gard énonce cette forte définition : « La vie est une victoire qui dure. » Au fond, ce que je crois avoir compris et qui me paraît l'essentiel de ce que le deuil et la vie (la vie, donc le deuil) peuvent nous apprendre, c'est que ces deux phrases, loin de se contredire, vont ensemble : que vivre c'est perdre, puisqu'on ne peut posséder ni garder - et que c'est vaincre, puisque vivre suffit.

Courage, les survivants !

---

19. *Ibid.*, p. 59.
20. *Ibid.*

André Comte-Sponville

« Morts à notre enfance »

Françoise Dolto

Extrait.

Tu t'en souviens, toi, de ces jours-là, quand tu étais petite ?

Ah ! oui, j'ai été au moins trois jours schizoïde ; et je me souviens très bien de l'endroit où j'ai découvert l'ignorance des adultes. C'était à côté de la passerelle qui franchit le chemin de fer de ceinture, au bout de la rue du Ranelagh[1]. Tous les jours nous allions par là nous promener, avec l'institutrice qui s'occupait de nous à la maison et qui m'a promenée, moi, depuis l'âge de quatre ans ; donc, c'était peu après que j'ai eu quatre ans, entre quatre et six ans, puisque je n'allais pas encore en classe. C'est cette institutrice qui m'a appris à lire et à compter bien avant que je suive une classe. Je suis allée en classe après six ans. Chaque fois que nous montions sur la passerelle, j'espérais qu'il y aurait un train qui passerait en dessous, comme tous les enfants ; et quand le train passait, on était remplis de fumée, et naturellement j'aimais beaucoup ça, contrairement à la grande personne qui ne comprenait pas

---

1. Cette passerelle, qui reliait le boulevard Beauséjour aux jardins du Ranelagh, non loin de la gare de La Muette, a été détruite il y a quelques années et remplacée par un passage souterrain (N.d.É.).

du tout qu'on aime être pris dans la fumée. C'est comme de marcher exprès dans les flaques d'eau pour faire des éclaboussures. Les grandes personnes ne comprennent pas que c'est amusant.

C'était magique, la fumée ?

La fumée, c'est surtout le fait que le monde disparaissait et qu'on se croyait dans le ciel, c'est ça qui était merveilleux, de ne plus rien voir, et tout d'un coup ça revenait, et d'entendre sous soi ce grand bruit qui passe et qui fait peur sans faire peur, mais un peu. Alors, à ce moment-là, je me disais toujours, en descendant la passerelle, puisque, après l'avoir montée, on la descend de l'autre côté de la voie du chemin de fer : « Il faudra tout de même qu'elle me dise ce qu'il y a après la mort. » C'était toujours à ce moment-là.

En revenant du ciel...

En revenant du ciel, il faudra tout de même qu'elle me le dise. Et puis j'oubliais plus ou moins en jouant, en courant après mon cerceau... et un jour, je me suis dit : « Faut pas que j'oublie », parce qu'elle était toujours partie devant pour ne pas recevoir la fumée, alors moi, je restais dans la fumée et puis je descendais, et je courais pour la rejoindre. Mais tout en courant, j'avais oublié ma grande question ; alors, un jour, je me suis dit : « Faut pas que j'oublie ma grande question », et je courais. « La question, la question, faut pas oublier, faut pas oublier, après la mort, après la mort, après la mort... » Je courais après elle qui se trouvait être après la mort. C'est vrai, d'ailleurs, quand nous courons après les grandes personnes, nous courons après nous quand nous serons grands, c'est-à-dire morts à notre enfance. Nous courons après notre mort, tous, nous courons notre vie. Alors, je suis arrivée et je lui ai dit : « Cette fois-ci, faut pas que j'oublie, et puis faut que vous me disiez la vérité sur qu'est-ce qu'il y a après la mort. » Là, elle a pris un air ennuyé, grave, et elle n'a rien dit, un bon moment. Et moi : « Mais ça, cette fois-ci, je veux le savoir. » Et je me cramponnais à son bras en sautillant pour qu'elle ne puisse pas... Je me rappelle très bien. Et alors, elle m'a dit : « Mais tu sais, voyons Vava, comme ça, tu sais bien : le corps, il s'enterre (elle a dû dire : ''on l'enterre''), et puis l'âme elle va au ciel... - Au ciel, au ciel, c'est quoi, comment c'est ? - Bien, on dit que.. - Enfin, vous ne savez pas ? » Elle m'a dit : « Non, je ne sais pas. On le croit, mais personne ne sait. » Et alors là, il paraît, elle me l'a dit après, que je n'ai plus rien dit de la promenade et que, quand on est rentrées, je suis allée près de la fenêtre ; d'ailleurs toujours la mort, la fenêtre...

Pourquoi la mort, la fenêtre ?

Parce que la fenêtre, la première fait-naître, voir la lumière, c'est la mort du fœtus, pour que le bébé ait la vie... Et puis, il y a le mot même en français : fait-naître, feu-n'être, feu-naître... C'est quelque chose autour du sens à éclairer de l'être ou l'être pas.

Ah ! fœtus-naître...

Mais oui, sûrement que c'est à cause de cela. Et je me rappelle très bien que j'étais accroupie près de la fenêtre et que je réfléchissais... « Alors, mon père non plus ne sait pas, ma mère non plus ne sait pas, ces gens que je vois dans la rue ne savent pas. Comment est-ce possible ? Ils vivent bien et ils ne savent pas. Comment est-ce possible de ne pas savoir ce qu'il y a après et de bien vivre ce qu'il y a avant ? » J'étais très, très étonnée.

Cela a duré deux jours et puis c'est tout. Je me suis remise dans la vie, en sachant définitivement que les grandes personnes vivaient dans la même... enfin, dans l'ignorance de ce qui est le plus important...

In Enfances, *Françoise Dolto, Paris, Seuil, coll. Points actuels, 1988.*

Françoise Dolto

En deuil d'une langue ?

Julia Kristeva

Quitter sa langue maternelle pour un exilé, est-ce être en deuil ou faire le deuil de sa langue ? À partir de son expérience personnelle et analytique, et d'entretiens réalisés par Anne Diatkine auprès d'immigrés, Julia Kristeva interroge et repense cette question. Identité, origines, intégration ; à ces notions, elle ajoute celle du « droit de choix ».

Peut-on dire que les exilés aient à faire le « deuil de leur langue » ? Je ne sais pas. S'il était possible de schématiser le processus de deuil, je dirais qu'il consiste à traverser les sentiments d'amour et de douleur que provoque la perte d'une personne aimée et irremplaçable, pour se retrouver, non pas dans l'indifférence, mais dans une mémoire sereine. Cette alchimie du deuil est composée de plusieurs étapes. Un des moments extrêmement importants et souvent inavouables est la haine à l'égard de l'être disparu. « Il est parti, il m'a abandonné. »
Cette dynamique, très difficile à accomplir - souvent l'on dit : « il n'a pas fait le deuil d'untel », ce qui signifie qu'il est toujours dans la souffrance - a-t-elle lieu lorsqu'on change de langue ? Ce n'est pas certain. Cela supposerait que cette substitution contraint à oblitérer un signifiant originaire, qui nous vient de nos mères et qui a constitué notre première identité, notre accès au sens et, à partir de là, la possibilité d'autres acquisitions. De plus, observe-t-on, à l'égard de la langue perdue, cette traversée de l'amour et de la douleur ? Je ne le crois pas, car, sauf à supposer un règlement de compte extrêmement violent avec la mère, il n'y a pas d'oubli définitif et total de la langue originaire. Elle peut être transposée, insuf-

lée dans une langue d'accueil et donner lieu à un style - songez à Nabokov, à Beckett. Elle peut rester séparée du nouvel idiome et agglutiner des douleurs indicibles, faire pleurer ou faire mal jusqu'à vous faire mourir de solitude. Mais se cadavériser, s'anéantir ? Impossible. Sauf à vous emporter avec elle : vous mourrez avec elle ; mort psychique ou mort physique.

Prenons l'exemple de Caracous[1]. Il retrouve *in extremis* le vietnamien qu'il pensait ne pas parler du tout. Il est en situation d'urgence, il doit s'entretenir avec sa grand-mère qui est isolée à l'hôpital, et il ne s'aperçoit même pas qu'ils communiquent en vietnamien. Ce qui le bouleverse, ce n'est pas tant qu'il ait réussi à prononcer quelques phrases, mais qu'il ait utilisé la langue vietnamienne « sans faire de l'exotisme » : « Si j'avais dit quelques mots en vietnamien comme ça, parce que je les savais, elle n'aurait rien compris. Parce que les mots, tu ne vas pas les mettre au bon endroit, ça sera artificiel. Ça m'a marqué. Maintenant, je sais que je vais aller au Viêt-nam. J'ai enlevé des cadenas. Je sais que le vietnamien, il est en moi. » Comme expliquer ce miracle, cette résurgence ? Ils témoignent en tout cas qu'il n'y a pas eu d'effacement de la langue originaire, qu'elle peut toujours être réactivée.

Anne Diatkine. - *Pourtant, mon enquête contient quelques exemples où la langue maternelle semble avoir définitivement disparu.*

Julia Kristeva. - Effectivement. C'est une situation peu fréquente qui est liée à une histoire dramatique. Madame L., née en 1937, dont la langue d'origine est le yiddish, doit brutalement, pour une question de survie, cesser de l'utiliser alors qu'elle est une petite enfant. Sa langue est mortelle. De même, elle ne peut pas répondre à la question banale : « Comment t'appelles-tu ? » Elle apprend le français à l'école et dans une famille paysanne qui la recueille. Elle protège ainsi ses parents qui ignorent le français, mais fait le jeu des occupants. Plusieurs décennies après, elle se dit « amputée à l'égard des langues étrangères », incapable d'en apprendre de nouvelles et de parler autre chose que le français, qui est pourtant sa langue seconde. Elle n'a aucun souvenir du yiddish. Apparemment, il y a eu un meurtre forcé de la langue maternelle (le yiddish),

---

1. Voir texte des entretiens à la suite de cet article.

une sorte de matricide. Mais par la suite ? Le deuil s'est-il accompli ? Il est difficile de répondre à cette question à la place de la personne. Mais je ne le crois pas. Si c'était le cas, elle pourrait avoir accès à la mémoire de la langue originaire. Or, on peut supposer, elle s'est fixée sur un moment du deuil, la haine, et la honte qu'elle suscite conduisant ensemble à un effacement de la langue originaire.

Autre exemple tout aussi dramatique, celui de Leila, élevée en Algérie jusqu'à l'âge de dix ans, par un père français et une mère kabyle. Son histoire personnelle la conduit à ne pas voir sa mère pendant quinze ans. Elle cherche à reprendre contact avec elle, alors qu'elle est atteinte du sida. Les retrouvailles n'ont pas lieu. Sa mère lui parle une langue qu'elle ignore, le kabyle. Protestation de Nejma : « Maman, je ne comprends rien à ce que tu me dis. » Étonnement de la mère : « Mais comment ça se fait que tu ne comprennes rien à ce que je te dis, puisque je te parlais kabyle quand tu étais petite ? » Là aussi, la langue originaire a été tuée. Mais peut-on pour autant parler de deuil ? Non, c'est l'inverse. La jeune femme reste sur ce meurtre, sans le dépasser et retrouver une mémoire sereine qui aurait pu faire travailler cette langue au départ. Il y a un blanc, un trou dans son histoire.

La plupart des exilés n'ont pas une histoire aussi tragique. Mais ils doivent tous s'accommoder d'une langue seconde. Ils mettent le plus souvent en veilleuse la langue maternelle. Que pensez-vous de cette situation ?

Les émigrés, surtout lorsqu'ils sont originaires d'une ancienne colonie, sont divisés. D'une part, ils doivent réussir leur intégration - réussite qui passe par une bonne maîtrise du français - et, d'autre part, ils vivent plus ou moins nettement leur abandon de la langue originaire comme une trahison. Quand elle survient, la prise de conscience de la perte est d'autant plus violente que l'intégré a mieux réussi dans ses efforts pour se la dissimuler. C'est la situation de Christian, qui est antillais. Il « ne conçoit ni les fautes d'orthographe, ni les fautes de syntaxe » et il explique qu'il a « toujours parlé français ». Mais, au cours de l'entretien, sa position bascule, il avoue son malaise à l'égard des Antillais qui le traitent de « négropolitain », insulte hyperbolique, et il reconnaît parler de moins en moins bien le créole : « Ça me blesse. J'ai vraiment l'impression de perdre quelque chose, une part de moi-même. Si tu me coupes le doigt, c'est pareil. Bien sûr, je vivrais. Mais qui a envie de perdre un doigt ? Sur le plan affectif, c'est une amputation. »

Cette situation de clivage est source d'indécision quant à sa personne. Où est la bonne place ? Lorsqu'il est dans la métropole, il évite de montrer qu'il est antillais - un accent pourrait nuire à sa vie professionnelle - mais, lorsqu'il est aux Antilles, il n'ose pas parler créole, car il craint de ne pas maîtriser cette langue. Il conclut de manière un peu désespérée : « Je m'adapte à outrance. Je fais le bouffon. Je ne peux pas dire que je suis métropolitain. Puisque je suis antillais. Une poire, ça tombe automatiquement d'un poirier... Je ne peux pas dire que je suis français... Je viens d'une colonie, quoi. C'est compliqué, ce que je suis. J'aimerais qu'on me dise : ''C'est compliqué ce que tu es'', plutôt que ''t'es pas ci, t'es pas ça''. Je suis un être humain. »

Là aussi, le terme de deuil est inexact, si on l'entend comme dépassement d'une situation amoureuse pour arriver à un état de sérénité où l'on peut évoquer l'objet aimé et perdu. Mais cet inaccomplissement du deuil est pour le moins douloureux. J'ai souvent remarqué chez les étudiants étrangers qu'il conduit soit à des troubles de la personnalité, soit à des somatisations. Puisque l'exilé ne peut pas exprimer, dans la langue seconde, les passions, les désirs ou les pulsions primaires, il n'a d'autre recours que les « traduire » dans des maladies. Comme si la langue étrangère, même si elle est acquise correctement au niveau syntaxique, ne plongeait pas ses racines jusqu'à la mémoire infantile, et que le corps restait exposé.

Car la première défense du corps, et sa première socialisation, est opérée par cette langue maternelle qui reste en sommeil chez l'exilé. En sommeil ou en état rudimentaire. Certaines empreintes sont indélébiles : ce que j'ai appelé le « sémiotique », c'est-à-dire les allitérations, les écholalies infantiles, l'aspect archaïque de la langue avant que ne se constituent le signe et la syntaxe. Donc, comment faire ? Comment faire pour surmonter la douleur que suscite le dédoublement, pour reconstituer une identité certainement complexe, et refaire un nouveau tissu ? Comment faire pour que la langue seconde ne soit pas une langue plaquée ?

Peut-être pourriez-vous parler de votre cheminement ? Le français est votre seconde langue.

Si je me tourne vers mon expérience personnelle, qui est commune à celle de beaucoup d'autres, je m'aperçois que dans toute la première partie de mon travail, par une espèce d'amour pour les idées et l'abstraction, j'ai essentiellement utilisé un langage technique, quasi international. Lorsque j'écrivais mes livres de sémiologie, je travaillais avec des notions qui ont les mêmes racines dans toutes les langues européennes. Et les souvenirs de la langue maternelle ou de mon passé inconscient n'interféraient pas, et surtout pas explicitement. Puis, au fur et à mesure que je développais mon expérience analytique, s'est produite une réconciliation avec la langue d'origine. Bien sûr, je ne l'employais pas telle quelle, je n'ai pas fait mon analyse en bulgare, ça n'existe pas ! Mais le travail analytique m'a permis de traduire en français des inscriptions pulsionnelles et passionnelles « engrammées » au cours de la petite enfance. Lorsque certains mots me venaient par le biais d'un rêve ou d'un souvenir dans la langue d'origine, j'essayais de les dire ainsi pour recueillir les sonorités du bulgare, et d'en trouver les résonances dans le français.

Je crois que l'analyse réalise un métabolisme entre la mémoire infantile originaire telle qu'elle se forme dans la langue maternelle, et la langue dans laquelle se fait la thérapie, qui est le plus souvent celle de l'intégration. Je me suis retrouvée avec un français beaucoup plus imagé, beaucoup plus sensuel, incarné. Ce qui m'a permis d'écrire un deuxième type de textes. Ce sont les livres psychanalytiques dans lesquels l'aspect imaginaire est plus net. Et maintenant, j'ai envie d'une écriture directement fictionnelle, et de me « compromettre » dans le français, en opérant la greffe d'un imaginaire sans doute douloureux, écorché, mais qui est celui qui me constitue aussi. Je crois à une littérature de migrant ! On pense choisir pour des raisons intellectuelles sa langue d'accueil puis, en définitive, elle s'impose à vous, et on ne peut pas faire autrement qu'écrire sa vie dans cette langue.

Est-ce qu'il y a deuil dans ma situation ? Non, je ne le crois pas. Rien n'est mort. Chaque élément, y compris l'originaire, a été prospecté et réapproprié dans une autre langue. Il n'y a pas de douleur ou de regret vis-à-vis du bulgare. C'est un jardin secret, mais j'en ai d'autres. J'ai eu la chance, alors que je suis née dans cette Bulgarie bloquée entre les Balkans et le totalitarisme, d'apprendre le français et l'anglais à l'école maternelle. J'ai éprouvé une sorte de séduction pour le français et, dès que j'ai eu la possibilité de choisir, je me suis reconnue dans cette langue. La séparation d'avec l'origine ne crée pas forcément un manque ou un état mélancolique. La polyphonie, la pluralité culturelle et personnelle m'est apparue joyeuse. On s'invente un nouveau style, une nouvelle façon de parler, grâce au jeu dialectique des deux langues. On échappe à la pesanteur des origines. On essaie...

Ce qui me déplaît dans l'idée de deuil de la langue, c'est qu'elle suppose une origine indépassable et, si l'on choisit autre chose, on tue la langue maternelle. Ça me semble extrêmement suspect. C'est un discours de haine, un discours nationaliste - la question nationale n'étant que la forme politique de l'identité. De même que la nation ne devrait être ni un droit de sol, ni un droit de sang, mais un droit de choix - le degré de démocratie d'une communauté devrait se permettre ce choix -, de même le degré de liberté vis-à-vis de la pesanteur des origines est de s'autoriser à choisir son pays et sa langue !

J'étais une jeune femme qui parlait une langue morte. Je suis une femme écorchée qui renaît dans une langue neuve. Dans *Le Vieil homme et les loups*, l'héroïne principale, une détective, écrit : « Tout le monde a une langue maternelle. La mienne me vient de papa... j'étais sûre que le discours qui formait notre lien ne pouvait être qu'un artifice : il nous rendait étrangers au monde alentour, nous faisait rêver, divaguer, toujours seuls et pourtant accordés. C'est ainsi que je suis passée, paternellement, aux langues étrangères - l'algèbre, le russe, l'anglais, le chinois - et je n'oublie pas la première, qui fut le santa-barbarois. Sans avoir le sentiment de traduire, de trahir, Stephy Delacour sillonne le monde dans toutes les langues, rapporte des histoires loufoques de partout. D'un artifice à l'autre, toute la série m'est désormais offerte. Papa m'avait transmis son Dieu [...] sous la forme très logique d'un infini des langues. »

Est-ce un deuil ? Ou plutôt, par delà, une résurrection toujours recommencée ? Une langue passe et moi aussi. Je cherche le sens.

Propos recueillis par Anne Diatkine, journaliste.

Julia Kristeva

Entretien avec Leila

« Non, il n'y a pas vraiment de nostalgie, de regret de ne pas parler la langue des parents. Parce que, quand on est là-bas, on n'est pas chez nous, tu sais… Je n'ai pas ma place au Maghreb. Et toutes mes copines, c'est pareil. » Leila a trente ans. Elle a vécu les dix premières années de sa vie à Alger avant de venir s'installer dans une tour à Bagnolet. Entre-temps, elle a voyagé : camionneur au Mexique pour gagner sa vie, musicienne pour faire la fête. Une fête que la maladie interrompt. Le sida, pas de Sécurité sociale. Elle rentre en France. « Quand j'avais vingt ans, j'avais le souci de retrouver mes racines. Je me baladais à Barbès, je voyais les femmes avec leur cheik… Ça ne m'inspirait pas trop. Ma meilleure amie, qui est française, me disait : ''Regarde, tu viens de ce peuple-là.''

« Et je suis partie six mois au Maroc, avec un sac à dos. Je me disais : le Maroc, c'est moins dur que l'Algérie. Je vais savoir un peu qui je suis. J'ai été très choquée. Je me suis rendu compte que je ne parlais pas arabe. Ici, on plaisante en arabe, on sait quelques mots, on se fait plaisir. Mais quand t'arrives au bled… La langue ne m'est pas revenue. Et je me suis fait tout le temps agresser. Des femmes m'ont craché dessus, m'ont traitée de pute. Sous 40 degrés, je demande un lait-menthe. On sert ma copine et pas moi. Je redemande poliment. Systématiquement, le gars me répond en arabe. Alors moi, en articulant : ''Mais je ne sais pas parler arabe. Je ne comprends rien à ce que vous dites.'' Le gars : ''Comment ça se fait ? Tu renies ta race ? Tu renies tes origines ?'' Et de me retrouver dans un bureau de tabac. Le petit vieux, avec un grand sourire : ''Il n'y a pas de cigarettes ici.'' J'envoie ma copine, blonde aux yeux bleus, on la sert tout de suite. Les Arabes sont toujours très étonnés qu'on ne parle pas l'arabe. Comme si on ne pouvait pas oublier sa langue maternelle. Mais si, on l'oublie. Comme tout. »

Silence. On cherche dans quelles circonstances la langue arabe pourrait manquer. Ou réapparaître. Leila s'excuse : « Je ne suis peut-être pas typique. La musique, la danse, la cuisine de mon pays, je les ai dans le sang. La langue, non. Même si je la parlais jusqu'à l'âge de dix ans. L'homme qui m'a élevée était un Français. Il défendait l'indépendance de l'Algérie. On est arrivé en France en 1970. C'était le rêve de ma mère, surtout. Elle croyait qu'il y avait tout ici. » Une question reste en suspens : est-ce que la maladie avive le désir de retrouver ses origines ? Mais spontanément Leila y répond : « J'ai tellement envie de retrouver ma mère. Elle est kabyle. Je ne l'ai pas vue depuis vingt ans. La semaine dernière, on s'est parlé au téléphone pendant une heure. Elle avait complètement oublié que je ne parle pas kabyle. Je lui disais : ''Mais maman, je ne comprends rien à ce que tu dis.'' Et elle me disait : ''Mais comment ça se fait que tu ne comprends rien à ce que je te dis, puisque je te parlais kabyle quand tu étais enfant ?'' »

Propos recueillis par Anne Diatkine.

Entretien avec Caracous

Moi, je suis né en France, à Paris, en 1960. Je parlais français. J'allais à l'école française. Mes parents parlaient français. Mais entre eux, ils parlaient vietnamien. Par exemple, avec ma grand-mère, ils ne parlaient qu'en vietnamien. Sauf que moi, je répondais en français. Je comprenais un peu. Ils utilisaient le vietnamien pour des sujets tabous. Mais, bon, moi, je suis curieux, j'essaie de choper des mots, j'essaie de reconstituer le contexte.

Le vietnamien, c'est mon jardin secret. Mais je ne peux pas vraiment y entrer. En France, les gens ne savent pas d'emblée que je suis vietnamien. Ils disent : « C'est un Jaune. » Ils ne font pas vraiment les différences. Et moi, je rejette mon côté vietnamien, parce que je suis né en France. Je dis : « Non, mais moi, je ne connais pas la vie là-bas. » C'est compliqué. J'utilise quelques mots. Parfois, je fais tomber un truc et, au lieu de dire une insulte en français, je vais la dire en vietnamien. Même si c'est beaucoup plus grossier. Je dirai des mots en vietnamien, que je ne peux pas me permettre de dire en français parce que ça a une sonorité vulgaire. En vietnamien, je sais ce que ça veut dire, mais ce n'est pas en moi. En même temps, c'est en moi. C'est pas vraiment moi et c'est quand même moi.

J'avais un chat, je l'ai appelé Kiddit. Kiddit, ça veut dire « mon cul ». Personne ne le sait. Donc, ce chat : « Mon cul, viens ici. » En français, ça n'aurait pas marché. Je joue. Si je joue avec cette langue, c'est qu'elle a quand même une importance. Il y a déjà pas mal de temps, avec une copine, on avait une intimité assez importante. Je n'aurais jamais pu l'appeler « mon petit canard en sucre ». Mais je me suis sur-

pris à l'appeler « minoi ». Minoi, ça veut dire chéri.
En français, ça fait beauf. Minoi, on trouvait ça assez
joli, c'est sympa, ça marque la différence. Pourtant,
en vietnamien, minoi, c'est aussi bête que chéri. Par
contre, je ne crois pas que je rêve en vietnamien. Parce
que... la langue, je ne l'ai pas assez dans la peau.
En fait, on ne peut pas savoir.

L'autre jour, j'ai fait une expérience qui m'a vraiment secoué. Ma grand-mère paternelle, elle est gra-
vement malade. Elle est à l'hôpital. Les infirmières
viennent me voir. Elles me disent : « Ah, vous parlez
bien le français, on est étonné. » « Mais pourquoi ? »
« Parce que, votre grand-mère, elle ne comprend pas
le français. » En fait, elle avait perdu cette langue
depuis son hospitalisation. J'arrive, je la vois. Et elle
parle en vietnamien. J'étais avec mon frère qui a dix-
huit mois de moins que moi. Et j'étais hyper-surpris...
Je me suis mis à lui répondre en vietnamien. Avec des
mots que je connaissais. C'étaient des choses simples.
Mais je ne savais pas que je les savais. Je ne m'en suis
pas rendu compte sur le coup. Il fallait que je parle
avec elle, parce que personne n'avait parlé avec elle
depuis deux mois. Même son mari. Il est français, il
ne parle pas un mot de vietnamien. Elle hurlait la nuit
en vietnamien. Je n'avais pas le choix. Elle était mal
et elle avait besoin d'aide. Moi, j'avais besoin qu'elle
me parle pour transmettre à mes parents son état.

Quand je suis arrivé, je ne me suis rien dit. J'étais
dedans. C'est en sortant de l'hôpital que mon frère
m'a dit : « Alors, qu'est-ce que tu lui as dit, et qu'est-
ce qu'elle t'a dit ? » Je n'en revenais pas. Non seulement, j'ai parlé en vietnamien, mais je n'ai pas dit
n'importe quoi. J'ai dit quelque chose qui a un sens
par rapport à la culture de ma grand-mère. Si j'avais
dit quelques mots en vietnamien comme ça, parce que
je les savais, elle n'aurait rien compris. Parce que les
mots, tu ne vas pas les mettre au bon endroit, ça sera
artificiel. Je n'ai pas fait comme avec le mot « minoi ».
Je n'ai pas fait de l'exotisme. Ça m'a marqué. Maintenant, je sais que je vais aller au Viêt-nam. J'en suis
sûr. J'ai enlevé des cadenas. Je sais que le vietnamien,
il est en moi.

Propos recueillis par Anne Diatkine.

Sous la jupe de Baûbo

Irène Pennachioni

L'homme et surtout la femme sont à la recherche de l'eau de Jouvence. Lutter contre les marques du temps, refuser ses traces, est-ce une obligation sociale, une angoisse fondamentale ? Et si le rire constituait « l'issue fulgurante au deuil de la jeunesse, traversée déroutante qui dure toute la vie et qui ne possède pas de boussole » ?

> « Dire qu'on a eu vingt ans, qu'on ne les a plus, qu'on ne les r'aura plus jamais ! »
> *Vive la vie ! Gioventu*, Alphonse Allais.

Dans le plus jamais ! de l'humoriste, le point d'exclamation boucle l'affaire sardoniquement : il est l'épée de Damoclès au-dessus de nos têtes (du duvet de l'oisillon à la calvitie du vieil emplumé), il est le couperet qui taillade la ride au détour d'un reflet dans le miroir, il est le mur des fatalités de toutes les religions et de toutes les philosophies confondues. Plus jamais ! Comme quoi ! Eh oui ! La légende raconte que le philosophe Alain entra un jour dans sa salle de classe et lut silencieusement ce qui était écrit sur le tableau : « Le silence des espaces infinis m'effraie. » Le grand Alain avait une aversion pour le géant Pascal. Il lut donc ce cri venu du tableau noir, se retourna vers ses élèves en haussant les épaules et dit : « Et après ! » Rien que le soupir de la fatalité, ici agacé.

Mais le soupir n'est pas rien et la variété, cette respiration endeuillée, n'est-elle pas le propre de l'âme ? Soupir de la résignation, soupir du découragement, soupir gonflé d'avant le sanglot, soupir de la rage impuissante, soupir du presque rien. Il fallait un métaphysicien musicien pour accompagner l'infinie partition de ces soupirs de l'irrémédiable et de l'irréversible. Jankélévitch en effet aide à replacer ce qui s'appelle « deuil de la jeunesse » dans le grand paradigme de tous les baissers de rideau : un train qui s'éloigne du quai, une maison que l'on quitte, une maladie d'amour qui guérit, un bouquet qui se fane, des espoirs déçus, des utopies trahies, le jour qui finit, des amitiés gâchées, des naïvetés bafouées, des élans arrêtés... Un deuil en trompe-l'œil s'opère ici sournoisement : le revenu de tout considère sa nouvelle méfiance, son nouveau cynisme, sa nouvelle misanthropie comme les conquêtes de l'âge, comme les indices d'une lucidité et d'une sagesse gagnées sur le Temps. Il accompagne cette piètre découverte d'un soupir de rentier et vient de prendre sans le savoir un sacré coup de vieux...

Tous ceux qui n'arrivent pas à accomplir ce miracle, de transformer les pertes du Temps en gains de la maturité, sont condamnés à aimer les chansons dès l'adolescence : « Que sont mes amis devenus ? Que reste-t-il de nos amours ? Avec le temps va tout s'en va. » Avec le Temps, les pertes en tous genres prennent un son de plus en plus funèbre. À quel moment sonnent-elles le glas de sa propre jeunesse ? Ce mot de jeunesse est, on le sait, dévoyé par ses usages sociaux et idéologiques : mythe romantique, proie démagogique des discours fascistes et totalitaires, et enfin cible embrigadée des triomphantes lois du marché, modèle esthétique quasi exclusif des images publicitaires. Une classe d'âge est promue indûment au rang de valeur. Le mot n'en est pas moins porteur de tous les espoirs et de tous les regrets.

Il n'empêche que l'on *quitte* son adolescence et que l'on perd sa jeunesse. Nos sociétés ont choisi de tronçonner les moments de la vie en « classes d'âge » en fonction essentiellement de critères économiques (le marché du travail, les lois de la consommation) et ont plus ou moins balisé les diverses sorties de l'adolescence. L'état adulte bat le plein des rôles sociaux, celui de citoyen, de travailleur, de parent, de conjugal, de consommateur, à grand renfort de mots d'ordre et de slogans qui tournent autour de la rentabilité, de la performance, de la maturité. L'état adulte baigne dans la mythologie de la « force de l'âge ». Tout est fait pour masquer l'ambiguïté métaphysique de cette étape de la vie, en principe mieux intégrée et mieux socialisée que les autres. Avoir fini de grandir (mesure biologique de l'adolescence), n'est-ce pas animalement et végétalement commencer à décroître ? N'y a-t-il pas, dans le bel éclat de la maturité, le spectre du dépérissement ?

C'est par le biais de ces questions vite effacées que surgit sournoisement, à dose homéopathique, le sentiment que l'on perd cette denrée hybride, moitié biologique, moitié mythologique, qu'est sa jeunesse. De fait la question sociologique de l'adolescence devient ici interrogation anthropologique sur ce que le folkloriste Van Gennep a baptisé le premier « rite de passage ». Qu'avons-nous à notre disposition pour affronter et endurer ce deuil particulier qui s'étire inexorablement depuis l'adolescence ?

C'est en fait un deuil sans rites, une déroute sans balises. On se sent vieillir sans foi ni loi, dans son coin, en sourdine, distraitement, bien avant l'heure de la retraite. La vieillesse attaque bien avant que l'on soit vieux ; elle nous combat sur tous les terrains, physiquement, esthétiquement, symboliquement. La vieillesse s'insinue avec le premier cheveu blanc (qui fait rire jaune, pas grave) et avec la première ride d'expression (elle n'en est soi-disant pas une). Le sentiment de vieillir s'ajoute au premier chagrin d'amour, à tous les changements de lieu, de statut, et à tous les autres deuils. À un moment, variable selon les personnes, il vous ronge avec la peur qu'il inspire : la peur de vieillir.

Dans le laisser-aller de l'intimité, chacun et chacune reconnaît qu'elle est là, cette peur honteuse, présente par intermittence, lointaine ou obsessionnelle. Chose étrange, sous forme de question, elle perd sa signification : « Avez-vous peur de vieillir ? » demande-t-on goulûment, de préférence aux belles stars dans les magazines ou aux vieux sages des lettres ou du spectacle. Toutes et tous se redressent, héroïques en paroles (courage d'époque), et vous racontent que l'âme reste éternellement jeune, que l'âge gagne en sagesse, que les apparences ne comptent pas, qu'il faut savoir s'intéresser à tout, que les joies de la famille compensent, que le refuge du travail ou de la foi, etc. Ces fadaises ne trompent personne ; elles ne sont d'ailleurs pas dites pour être crues. Leur fonction salvatrice qui ne doit pas être méprisée est de proposer des recettes, des manières de faire qui nous divertissent un moment de cette peur.

Ce qui ne s'avoue pas ici directement se dit, déborde, envahit, engloutit le champ esthétique médiatique, avec l'obsession de la forme, du look, le culte du « jeune » en soi, le triomphe de l'esthétique adolescente et, par contrecoup, la répulsion diffuse pour ce nouveau ghetto stigmatisé, les « vieux », parqués dans les limbes des troisième et quatrième âges. L'injonction à respecter les vieux est un des avatars du dicton fielleux du libéralisme démocratique : le respect des communautés est en effet le paravent idéologique de l'exclusion dans les ghettos. La peur diffuse de vieillir, qui ne se reconnaît pas dans la question frontale (« avez-vous peur de vieillir ? ») et qui ne se circonscrit pas en elle-même précisément, ne fait donc pas l'objet d'un deuil comme le malheur, la séparation, la mort. Elle ne possède donc pas les rituels qui balisent le deuil dans toutes les sociétés.

La perte de la jeunesse, dans nos sociétés, est la cible d'injonctions paradoxales : toutes les recettes, sagesses, onguents, lifting, training sont là pour exhorter la cohorte croissante de ceux qui se battent pour « rester jeunes », et toute la logistique sociale est faite pour nous conserver érotiquement au-delà de la date limite de consommation : question crue du deuil de la jeunesse : à quel moment notre jeunesse surgelée, notre sourire lifté, notre muscle entraîné va cesser d'être érotique ? Chère Jane Fonda, superbe quinquagénaire adolescente, qui entraînait au jogging des rondes Moscovites sur la place Rouge en 1989, et toi Liz, merveilleux phénix qui renaît de ses cendres boulimiques et alcooliques à grands coups de cures de Jouvence et de chirurgie plastique pour mieux dévorer ta proie masculine, dites-nous jusqu'où on peut aller, dites-nous jusqu'où on peut espérer !

Accepter d'être un adulte amorce le deuil de sa jeunesse, enfance bouclée ! Accepter de perdre l'Eros clôt le parcours du combattant. La traversée est finie, on est arrivé chez les vieux, ceux qui se moquent de *faire* jeune et se moquent de séduire ; on peut commencer à rire vraiment. Le rire n'est pas vraiment l'inverse de nos soupirs endeuillés, il est le pied de nez de tous les masques : il dessine les rides et s'en moque, il grimace les traits et s'en moque également. Il est temps de rendre hommage en conclusion à la vieille Baûbo de la mythologie grecque qui a franchi tous les caps.

Du rire et des rides

« Moi, ta vieille maîtresse, ta vieille aigle plumée par la vie, qui a fermé l'empan de ses ailes, j'ai croisé mes bras sur mon sein abandonné, où nulle tête ne se mettra plus. »
Une vieille maîtresse, Barbey d'Aurevilly.

Déméter, divinité olympienne de la terre cultivée, déesse du blé, est en deuil. Elle vient de perdre son enfant, sa toute jeune fille, enlevée par le sombre Hadès, dieu des enfers. Perséphone se promenait insouciante, seule dans la prairie, cueillant le lis ou le narcisse. L'essence de la jeunesse lorsqu'elle n'est pas dévoyée par le monde adulte est l'insouciance. Comme il est court, ce temps de l'insouciance de la jeune fille et du jeune homme, à qui l'on ne demande pas encore d'être un homme, une femme, un père, une mère ; ils courent dans la forêt, ou se promènent rêveusement au bord de l'eau... La menace plane, le dieu des morts n'est pas loin... Le cri de Perséphone ravie a retenti dans le cœur de sa mère, lui annonçant, plus que la disparition de son enfant, que le Printemps de la jeune fille qui s'achève, c'est l'Automne de la mère.

Voici maintenant Déméter en deuil, assise près d'un rocher, dans l'attitude de la déploration : elle ne mange plus, elle ne boit plus, elle est couverte de crasse. Elle se laisse dépérir, et son malheur est celui de la terre et des hommes. Rien ne pousse désormais dans l'hiver du chagrin. La stérilité, ses dénuements et ses aridités sonnent le glas des moissons, de la fertilité et du printemps. C'est la catastrophe, un véritable océan de deuil et de chagrin. La belle métaphore du deuil et du malheur comme océan renvoie à la notion grecque de *Pontos*, cette mer informe dans laquelle on ne peut naviguer, cet abîme aquatique, cet espace sans limites, cet « océan sans route[1] ». En effet, le deuil est une déroute.

Sur ce théâtre dénudé de l'irrémédiable, une apparition soudaine. Qui est cette vieille folle qui s'approche, épouvantail dressé, sorcière jaillie de son chaudron, échappée d'une cour des miracles ? C'est la vieille Baûbo d'Éleusis, femme de Dysaulès, mère de Triptolème, de Protonoe et de Nisa. Elle est femme depuis si longtemps qu'elle sait qu'il n'y a rien à dire ici. Elle sait que le chagrin se soigne avec les gestes matériels, précis de la vie menue de tous les jours. La vieille Baûbo pense seulement que Déméter a assez pleuré, qu'il faut boire, manger, faire un petit effort. Elle lui propose un bol de potage que l'autre repousse orgueilleusement car il y a toujours un peu d'orgueil dans la douleur... Est-ce là ce que pense Baûbo, irritée de ce refus ?

---

1. M. Détienne et J.-P. Vernant, *La Métis des Grecs*, coll. Champs-Flammarion.

Il lui reste une dernière cartouche, à cette Baûbo qui, désormais, habite là où les hommes ressemblent aux femmes, où la différence sexuelle s'estompe comme au temps des nourrissons, et où tous les deuils ont été traversés et vaincus. Dans une sorte de gloussement, elle redresse l'endeuillée par un « tiens, regarde ! » Elle se recule tandis que l'éplorée la regarde, elle qui ne veut plus rien voir que son deuil. Une fois que la distance du spectacle est installée par la curiosité, la vieille Baûbo retrousse sa jupe sur une nudité féminine qui ne transformera plus ni homme ni dieu en bête sauvage ! Elle peut se promener tranquillement dans la prairie et cueillir des narcisses, la vieille Baûbo, elle ne risque plus l'enlèvement : Adieu Madras, adieu Priape ! Son geste obscène, une fois la stupeur passée, déclenche, selon le mythe, le rire de Déméter. Le rire a vaincu l'horreur du deuil : « Là, le rire est une issue à la confusion, à la déroute...[2] »

Complexe jeu de miroir entre la mère et la fille, entre les parents et leurs enfants ; le temps qui bascule la jeune fille dans la fertilité de la femme bascule la mère dans la stérilité de la vieillesse ; affres et consolations entrecroisées dans l'ambiguïté de l'amour filial et maternel. La mélancolie s'épuise dans l'instantané de la photographie qui figure ces parents jeunes et souriants, et soi-même au milieu, tout petit. Quitter son adolescence pour devenir adulte, c'est pousser ses parents dans la vieillesse. Voir ses enfants grandir, c'est un peu retrouver sa jeunesse. Mais, dans les deux cas, ces visions en filigrane se teintent de mélancolie.

L'album-photo se referme sur le rire de la vieille Baûbo. Que ce rire est profond ! Dans un entretien télévisé, le chanteur Jacques Dutronc confiait qu'il trouvait les femmes comiques « obscènes » : intéressante révélation qui indique que l'érotisme, la jeunesse et la fonction comique entretiennent chez la femme des rapports incertains du point de vue d'une définition stéréotypée de la féminité et de la virilité. Retenons ici seulement que le rire est l'issue fulgurante au deuil de la jeunesse, traversée déroutante qui dure toute la vie et qui ne possède pas de boussole.

---

2. Cf. Jean-Pierre Vernant in *La Métis*, n° 4, automne 1990, « La stupeur », entretien avec I. Pennachioni.

Irène Pennachioni

Sans tuer l'utopie

Claude Llabres

Trente ans au Parti communiste, et après... Perdre la foi, un collectif, une morale, une culture nécessite un travail de deuil dont l'enjeu est d'en finir avec la sacralisation des textes marxistes sans pour autant tuer l'utopie. Certains y parviennent.

C'est de l'épicentre de Saint-Germain-des-Prés, la terrasse du Flore, que le titre de cet article s'est imposé. Je travaillais ce papier sur le travail de deuil en politique, et ce dernier s'accomplissait théâtralement à quelques mètres de moi. Un vieil ami écrivain jouait ses atouts marxistes, ceux que lui a légués Marx... le vieux bien sûr, pas le jeune, pas le morveux simplificateur et pas dialecticien pour deux ronds, face à Jacques Lévy[1], géographe et politologue qui taillait avec jubilation et un rien de férocité dans les certitudes de l'autre. Mon regard a croisé celui du premier, je me suis levé pour l'interroger : « On se bat ou on s'embrasse ? » On s'est embrassés. Théâtre ? Oui, théâtre. Je crois que la politique est aussi une fantastique pièce de théâtre, avec les mêmes faux-semblants, les mêmes trompe-l'œil, les mêmes souffleurs. Avec les modestes, et les cabots, avec ceux qui ont du talent et ceux qui n'en ont pas. Avec les premiers et seconds rôles mais avec la même épaisseur humaine, la même sueur, les mêmes bonheurs, les mêmes larmes, que seul nous donne à voir le spectacle vivant... Et avec... le même rideau qui tombe.

---

1. Animateur de la revue *Espaces-Temps*.

Au moment où le communisme se meurt, il n'est pas inutile de rappeler le cérémonial dont le parti, au temps de sa splendeur, entourait ses morts. Aucun autre parti n'a organisé de telles cérémonies : un tel décorum, une telle ferveur n'a rassemblé de telles foules. Nous étions des millions derrière les portraits géants de Cachin, de Thorez, de Duclos, des millions derrière « nos morts » de Charonne. Pour Aragon et Waldeck Rochet nous étions entre nous... Imagine demain, quand ils seront entre eux... Culturellement, les communistes se vivent avant tout comme des victimes qu'ils ont quelquefois été. Ils ne se réalisent pleinement que dans l'adversité. C'est un premier paramètre (nous en débusquerons bien d'autres) qui rend la rupture et le travail de deuil difficiles. Rompre est vécu comme un lâchage : on quitte les victimes pour s'en aller ailleurs, mais comme c'est d'ailleurs quelquefois que des coups de feu sont partis, alors l'immense majorité des *ex* ne va pas ailleurs. Ils ne vont nulle part.

À l'évidence le travail de deuil des *ex* connaît différentes phases, différentes formes, qui recoupent ce que disent les psychanalystes qui cherchent à éclairer le phénomène en parlant de formes dépressives et mélancoliques, en insistant sur l'ambivalence et sur la fonction de l'agressivité envers le mort pour en faciliter le détachement. S'il n'y a pas ici mort d'un être aimé, il y a mort de la foi, du collectif, d'une morale, d'une culture, d'une famille : il y a donc nécessité d'entreprendre et si possible d'achever un travail de deuil.

Jésus, premier secrétaire de la première cellule : celle de Bethléem.

« On entre en communisme comme on entre en religion. » Usée, l'expression recouvre plus souvent la comparaison des modes d'organisation parti/église que le croisement de deux corps de doctrines et de valeurs et cultures qui en découlent. L'infaillibilité du pape sur les questions théologiques (nombre de croyants le pensant câblé avec le Seigneur) donne à la démocratie religieuse une verticalité, une centralité baptisée ailleurs centralisme démocratique. Les communistes possèdent un corps de doctrine, le marxisme, souvent vécu comme immuable, comme une science exacte, porteuse de vérité absolue. Que *Le Capital* ait été écrit au XIXᵉ siècle ne change rien à l'affaire, le temps n'a pas rayé le diamant, il l'a patiné comme si le réel s'était adapté à la théorie. Bertolt Brecht brocardait déjà les certitudes de ses amis communistes et leurs tendances à confondre désirs et réalités en leur conseillant, si le peuple ne les comprenait pas, de changer le peuple.

La foi des communistes ne s'arrête pas à cette vérité révélée, aux certitudes des textes-guides du marxisme. La recherche des éléments de convergence avec le christianisme fait partie de l'activité permanente du PCF. À chaque congrès, depuis des décennies, un membre du groupe dirigeant est officiellement chargé des relations avec les chrétiens. En réalité il s'occupe exclusivement des relations avec la hiérarchie catholique. Dans la tête des militants, ce rapport aux chrétiens fonctionne un peu comme si Jésus avait été secrétaire de cellule à Bethléem. Les plus œcuméniques cheminent, répétant après le père Teilhard de Chardin : « Réalisons le paradis sur terre, montons ensemble le flanc de la colline et nous verrons en arrivant là-haut qui avait raison. » Quand les deux conservatismes s'épaulent (le communiste et le catholique), cela donne dans le quotidien communiste l'*Humanité* la publication de la dernière encyclique de Jean-Paul II, sans mot dire sur les paroles conservatrices du pape qui compare le droit des femmes à l'avortement à l'holocauste, ou prêche sur la terre d'Afrique contre les préservatifs, faible mais aujourd'hui unique rempart de caoutchouc pour que 100 millions d'Africains ne crèvent pas du sida dans les trois décennies qui viennent.

C'est douloureux... mais

Ce qui est difficile et douloureux dans le travail de deuil sur la foi communiste, c'est de tuer la sacralisation des textes marxistes sans tuer l'utopie. C'est douloureux car, pour l'immense majorité des communistes et la totalité des responsables issus du mouvement ouvrier, le marxisme c'est toute la philosophie. Pour paraphraser le « mon parti m'a rendu les couleurs de la France » d'Aragon, le militant ouvrier peut dire « mon parti m'a ouvert les seuls livres que j'ai lus ». Cela est à mettre au crédit du parti, mais il lui a sélectionné les titres, et cela est une mutilation. C'est douloureux car l'utopie prend racine, entre autres, dans les classiques du marxisme. La libération intégrale de l'individu prend sous la plume d'Engels la forme romantique qui faisait rêver ma jeunesse : « L'ouvrier sera comme un accordeur de piano qui, le piano accordé, jouerait une sonate de Beethoven. »

C'est douloureux parce que, gravissant durant soixante-dix ans les flancs de la colline, nous riions sous cape en voyant le père Teilhard s'époumoner, persuadés que le père le verrait, son Dieu, au sommet, sous la forme de l'homme nouveau, l'homme communiste. Il faut bien maintenant s'avouer que cette « longue marche » qui croyait emprunter les chemins de crête s'enfonçait au creux des ravins et qu'aujourd'hui, là-haut, le père rigole en apprenant qu'à Moscou, face aux chars des putschistes, les enfants de Marx et de Lénine brandissent le portrait du pope de leur quartier. À dire vrai, ce retour en force de la religion dans la sphère du politique ne cesse de m'inquiéter. La délaïcisation des États serait une nouvelle forme de stalinisme. D'un Staline sans épaulettes, d'un Staline auréolé, auréolé par les hommes qui considèrent qu'une femme qui lève un coin du voile mérite le fouet.

J'ai personnellement si peu souffert en perdant la foi communiste que je me demande parfois si je l'avais vraiment ou si je faisais comme, et avec. Si, aujourd'hui, je m'interroge sur la réalité de ma foi ancienne, ce n'est pas pour une opération parapluie, visant à protéger mon passé des critiques qu'il mérite. J'ai embrassé durant trente ans les combats du PCF : les bons, les moins bons et les franchement mauvais. Je ne suis pas de ceux qui disent « c'est le parti qui m'a quitté, je reste communiste ». Non ! En 1956, il ne fallait pas, comme je l'ai fait, contre les aventures coloniales du gouvernement français, adhérer au PCF et soutenir l'intervention de l'armée Rouge à Budapest. Il fallait manifester contre les occupations étrangères à Budapest et à Alger. Il fallait brûler les portraits de Kroutchev et de Guy Mollet.

Voilà, j'ai refermé le parapluie que je n'avais pas ouvert. Ma vie est celle d'un pilleur, d'un chasseur d'idées. Trop longtemps mon terrain de chasse est resté circonscrit au cercle du PCF, les concepts, les idées et les initiatives que je produisais découlaient des limites que je m'étais imposées, celles du cercle. Je n'avais pas entendu l'avertissement de Léo Ferré : « Les hommes qui pensent en rond ont les idées courbes. » Aujourd'hui, les idées pillées, hors du cercle ancien, renouvellent et remodèlent mon discours, mes com-

portements et mes engagements. Cela me fait *a posteriori* douter
de la solidité de mes convictions passées. Ce doute, s'il est conju-
gué au passé, est une thérapie et une façon de clore un travail de
deuil. Appliqué au présent il est une garantie que, si l'erreur est
humaine, il s'est avéré inhumain de persister en elle durant des
décennies.

Quand j'écris aujourd'hui que la faille de la théorie marxiste
est le *classisme* : la classe qui a toujours raison, la classe mythique
qui libère les autres, la classe qui n'a pas d'intérêt égoïste, je ne
tire pas contre cette classe dont je suis issu, je lui dis simplement
que la démocratie est une donnée indépassable et que toute forme
putschiste même édulcorée de prise du pouvoir ne peut conduire
qu'au pire. Le critère de la vérité étant la pratique, la classe ouvrière
sait aujourd'hui que, sous ses drapeaux, le pire est arrivé.

Le travail de deuil c'est aussi aimer autrement. Aujourd'hui
j'aime la classe ouvrière comme mon ami Renzo Imbeni, le maire
de Bologne (PDS ex-PCI) qui, dans sa ville, la ville des arcades,
splendide et polluée, considère que le cancer du poumon est un
adversaire mille fois plus dangereux pour l'ouvrier que l'exploita-
tion capitaliste. Renzo en tire toutes les conséquences en rempla-
çant sur les affiches de son parti le rouge très sang du drapeau par
un poumon très bleu et en interdisant les voitures au centre-ville.

Il semble aussi que les hommes du Sud, du sud de la France,
soient moins perturbés par la perte du centralisme. Le centre était
loin, moins pratiqué et, sur les terres communistes du Sud, on ne
lisait pas souvent les circulaires venues de Paris, chacun essayant
d'utiliser au mieux les marges d'autonomie qu'accorde la distance.
En pays cathare, chacun se souvient que, pour avoir défié l'Église
et le roi, des femmes, des hommes, et leurs enfants chantaient sur
le bûcher de Montségur la gloire d'un dieu, le leur, qu'ils aimaient
parce qu'il avait perdu de l'altitude. La lutte contre le centralisme
fait partie de notre patrimoine.

Et puis, face à la mort du communisme qui depuis quelques
temps rôdait dans les têtes et dans les sièges des sections, nous avons
retrouvé « nos racines africaines », nous nous sommes mis à faire
du bruit ; on a bu un peu plus que de coutume, on a écrit des
chansons, on a ouvert les fenêtres et on a parlé fort. Dans nos campagnes, les morts se veillent bruyamment. Le vin délie les langues,
et surtout si le défunt est vieux, s'il était depuis longtemps malade

et autoritaire, on se souvient de ses défauts et l'idée perce que la vie sans lui continuera, certains marmonnent déjà que ce ne sera pas forcément plus mal... La nouvelle veuve glisse un regard vers les anciennes veuves qui hochent la tête, ses yeux brillent... C'est reparti, la vie !

Appartenance et solidarité

Après la mort du collectif pour certains vient la légèreté. Tuer le collectif est aussi démailler le cocon. Il fait beau dehors, mais avant de sortir on ne le sait pas. Marx, lorsqu'il parle d'individu, parle toujours d'individu associé. C'est la chiquenaude originelle de l'immense dérive du continent communiste qui va nous conduire de l'utopie de la libération intégrale de l'individu au réel de l'individu intégralement brisé. C'est cette pente du « libérons la société pour libérer l'individu et non le contraire » qui va faire emprunter aux communistes le passage obligé du bonheur au forceps par la dictature du prolétariat et sa suite... le malheur.

La transposition interne de cette conception de l'histoire des sociétés va construire un des éléments clés de la culture communiste qui consiste à penser que le collectif est toujours meilleur que soi. Cette idée d'un collectif infaillible est, quand le doute perce, quand l'inexplicable apparaît, le pendant du garde-croyant : « Les voies du seigneur sont impénétrables. » *Intra muros*, une formule fait toujours recette : « On n'a jamais raison seul contre le parti. » Les individus qui s'opposent au parti sont nécessairement des « individualistes petits-bourgeois ». S'ils s'associent entre eux, ce n'est pas mieux, puisqu'ils deviennent le « groupe fractionniste comploteur » ou, pire, « la tendance social-démocrate ». Croire que le travail de deuil qui accompagne la rupture avec le collectif de la « discipline librement consentie » est chose aisée est ne rien connaître aux éléments de confort que l'on y rencontre.

Le collectif fonctionne comme une contre-société que l'on a librement choisie, il développe un sentiment d'appartenance, il donne l'impression d'une communauté égalitaire. Financièrement, chacun contribue selon ses moyens. Culture et quotas du parti de la classe ouvrière obligent : on a plus de chance d'accéder au bureau de cellule si l'on est ouvrier que si l'on est universitaire. On peut être beur, chômeur et chef à la fois, ce qui dans la société n'est pas si fréquent. Le collectif est solidaire : déménager, repeindre, réparer la voiture, donner gratuitement quelques leçons de géo ou de maths au petit, héberger, conduire à la gare, garder les enfants, avancer un peu de fric... le collectif sait tout faire et fait tout. Le collectif qui porte souvent le nom d'un héros ou d'un dirigeant disparu fonctionne comme une mémoire collective. Les anciens transmettent l'expérience et confondent allégrement guerre d'Algérie et guerre du Golfe...

Le collectif diffuse le savoir. À l'école élémentaire de cellule le nouvel adhérent découvre avec émerveillement Marx débusquant dans l'usure de la broche du métier à tisser la transformation du travail mort accumulé en travail vivant. Le tract est collectivement décidé, discuté, rédigé, distribué : ça diminue, pense-t-on, le risque d'erreur. Et si quand même elle se glisse, l'erreur, elle sera collective. Un collectif ne peut pas être collectivement con, largué, ringard, et *a fortiori* sous la pression de l'adversaire. Au pire le collectif a pris du retard sur le mouvement du monde. De toute façon un collectif communiste ne saurait être ni arriviste, ni social-démocrate. Dès qu'ils quittent le collectif ou en sont exclus, une partie des *ex* se précipite dans un nouveau collectif qui a pour objectif de refonder, reconstruire ou rénover le collectif précédent, un peu comme si l'essentiel était de rester entre camarades. Mais ce qui est entre tout difficile pour un militant d'origine ouvrière c'est de tuer la chose la plus valorisante qui soit sur la planète communiste : la reconnaissance des autres et le pouvoir.

Le seul diplôme que je possède est feu le certificat d'études primaires. Mais dans mon bureau de la Fédération du Parti communiste à Toulouse, comme dans celui de la place du Colonel-Fabien, j'ai vu défiler avocats et architectes, universitaires et chercheurs, journalistes et artistes, en quête d'un conseil, d'une opinion - soyons clair -, en quête de la parole officielle, en quête de la ligne. Ça, c'est tout le Parti communiste. C'est la marque de sa grandeur, c'est le germe de son dépérissement. La promotion des militants ouvriers est à inscrire au crédit du PCF. Mais le drame pour lui, et pour eux, c'est qu'il ne les a pas promus pour les libérer, il les a installés aux postes clés de la hiérarchie parce que, « socialisés et disciplinés par la machine capitaliste elle-même », ils étaient plus sûrs et plus fermes. Ils sont devenus plus sûrs, comme sûreté, et plus fermes, comme fermeture. Les communistes ne savaient pas que, dans un fantastique retournement des textes sacrés, le communisme allait produire ses propres fossoyeurs.

Je connais des *ex* qui acceptent mal, très mal la mort du collectif, sa chaude fraternité, ses sécurisantes balises, et qui vivent une forme ambivalente du travail de deuil et gardent haine et amour pour l'objet ancien. Couper les racines, en finir avec le *classisme* interne et externe, considérer qu'il n'y a pas de théorie ni de philosophie éternelle, transférer ailleurs sa générosité et sa militance, décider dans son coin et devant sa glace de devenir citoyen du monde, essayer de réconcilier la politique et le plaisir, décider, enfin et surtout, que l'on parle ou que l'on écrive, de n'engager que soi, c'est atteindre à la légèreté.

De la culture moralisée à la morale cultivée : retards

Est moral ce qui correspond aux intérêts du parti et de la classe, est immoral ce qui s'y oppose. Dit comme cela le travail de deuil sur la morale communiste devrait être bouclé quand se boucle celui sur le *classisme*. Heureusement avec les hommes, communistes ou pas, les choses ne sont jamais aussi simples. La morale communiste a deux ressorts principaux qui ne poussent pas toujours dans le même sens. Le premier est bandé par la culture ouvrière, culture dont par *classisme* et opportunisme électoral le parti communiste se nourrit pour la nourrir en retour. Le second est celui de l'anti-morale bourgeoise qui, comme tout ce qui vit en creux, en contre, en opposition, peut produire le meilleur et le pire.

Chaque fois que les communistes abordent les questions de la morale, les contradictions apparaissent et les tentatives de les résoudre, le compromis qu'il faut bien trouver rendent le propos inaudible. Le rayonnement du monde ouvrier dans la production culturelle comme dans celle des repères moraux est aujourd'hui épuisé. Seuls les communistes ne s'en sont pas encore aperçu.

Il suffirait pourtant qu'ils aillent au cinéma pour s'apercevoir que les fictions sur la haine et l'amour, la violence et la tendresse, la cupidité et la générosité se déroulent plus souvent dans des appartements du XVIe ou à la campagne, et lorsque les scénaristes s'aventurent en banlieue, c'est plus pour y raconter marginaux, flics et loubards que les familles ouvrières. Quand Coline Serreau nous montre l'épopée tendre d'un anti-machiste de *Trois hommes et un couffin*, bébé n'est pas langé sur la table de la cuisine d'une HLM mais dans la pièce nursery, juste à côté du lit à baldaquin. Lorsque le cinoche s'installe sur un lieu de travail pour produire chef-d'œuvre ou navet, il occupe le bureau du grand patron ou celui minable du petit garagiste, au mieux il traîne un peu dans le bureau d'étude. Mais *quid* de la grande production moderne, des robots et machines à commande numérique, des chaînes d'aujourd'hui ? La mise en scène des rapports de tout cela à l'individu, à son physique, à ses amours, au devenir de l'homme, s'est magistralement achevée avec *Les Temps modernes*.

Il suffirait encore qu'ils aillent au musée d'Art moderne pour s'apercevoir que les constructeurs s'arrêtent comme modèles à Fernand Léger à l'époque où les ouvriers allaient à bicyclette et où Thorez portait la casquette. Mais dans le parti-cocon, le parti-huître, le parti-contre-société, les signaux extérieurs sont suspects, comme étrangers, manipulés, envoyés par l'ennemi de classe ou tout simplement sous influence de l'« idéologie dominante de la classe dominante ». D'où le retard permanent à intégrer, serait-ce de façon critique, le nouveau qui peut effectivement être critiqué. Comme la nostalgie, la classe ouvrière n'est plus ce qu'elle était, mais elle ne mérite ni l'insulte, ni l'oubli. L'insulte serait de lui faire porter les péchés de ceux qui s'étaient auto-attribués le rôle de la représenter. L'oubli serait, à l'époque où ce sont des robots qui fabriquent des robots, d'ignorer qu'ils sont des millions qui œuvrent à la transformation de la matière.

La classe ouvrière a bougé, les communistes, eux, se sont arrêtés. Ils parlent à un peuple qui n'existe plus. Ils rencontrent le féminisme au moment où, à tort ou à raison, les femmes, considérant avoir marqué suffisamment de points, feront une pause. Ils continueront à parler d'égalité quand elles en seront à valoriser leurs différences pour l'égalité. Jacques Duclos parlera d'homosexualité comme d'une maladie, « ça se soigne ». Les communistes évolueront sur le sujet quand, après avoir fait reculer l'interdit dans les têtes, les homos exigeront du pouvoir qu'il légifère sur le changement des mentalités. Parce que les « valeurs communistes » sont fortes, prégnantes, toujours présentes dans le collectif, le travail de deuil sur la culture ouvrière et la morale communiste ne peut commencer efficacement qu'après la rupture avec le parti, l'élargissement des connaissances par l'élargissement du cercle des relations.

Le travail de l'*ex* consiste d'abord à palabrer sans fin avec les autres gauches, l'extrême, la salonarde, la gestionnaire, l'italienne, l'européenne. Dans un premier temps il marche vers la source. Le communisme est mort mais Marx est vivant. Comme si la forme de l'œuf était indépendante de la forme du cul de la poule. Et puis le traître, s'essoufflant dans le contre-courant, prend le fil de l'eau, il va vers où le fleuve s'élargit et part au grand large se revivifier, se décultiver/recultiver, et - si en route il n'a pas bu la tasse - il termine là où les petites choses ne se voient plus, où il n'y a plus de juges et plus de procès, là où l'*ex* devient EXtérieur pour reprendre la pertinente formule d'Yveline Lévy-Piarroux, animatrice du Forum Progressiste. Lénine disait des sociaux-démocrates qu'ils étaient comme un chien crevé filant au gré des courants. Lénine est mort deux fois mais le chien est vivant, je l'ai même surpris dans le courant brassant vigoureusement l'eau de la patte gauche, ce qui a eu évidemment comme effet de le déporter sur sa droite. L'*ex* lui aussi se doit d'être vivant pour éviter les écueils et l'enlisement, il doit savoir refuser.

Puis vient le refus

Avant ou au tout début du travail de deuil, il y a une logique de la dissidence. Chaque pas devient un point de non-retour. L'appel du large s'épaule avec le rejet de l'intérieur. Les liens à son parti sont distendus par le dissident, mais coupés par le parti lui-même. La confiance est retirée au mouton noir, et avec la confiance tout ce qui l'a fait vivre : la solidarité, l'amitié, la complicité... Après la confiance, les responsabilités lui échappent, ainsi que les tribunes. Dans son propre parti c'est le silence radio. Alors vient le refus : refus de l'injustice, refus de l'isolement, refus de cautionner, refus de tomber, comme les bolcheviques sous les balles des staliniens, en criant vive Staline, refus d'être pigeon, refus de l'intolérance, refus tout simplement de la connerie.

C'est à ce moment qu'interviennent les autres, les conseilleurs, ceux qui te l'avaient bien dit, ceux que tu avais sanctionnés... C'est à ce moment que tombent, définitifs, les propos de comptoir : « Stalinien un jour, stalinien toujours ! » Mais c'est aussi le moment heureux où le cercle des amis se resserre, où les femmes te trouvent plus beau, où tes enfants te font un câlin. C'est enfin le moment où débarquent les intéressés. Le moment de s'accrocher à l'idée que lorsque l'on a été capable de dire NON à l'ogre stalinien, il ne faut pas hésiter à distribuer quelques bras d'honneur à la cohorte des charognards.

Après la série télévisée de Mosco *Mémoires d'EX*, ce que l'on appelle à tort la « bonne société » s'est enflammée. Le dernier Môscô est devenu le must. Un *ex* à sa table était d'un chic aussi recherché que d'avoir Jean-Claude Bourret ou Patrick Sébastien au mariage de sa fille, et en plus ça ne coûtait rien ! On a préféré bouffer entre nous ! On n'allait quand même pas essuyer une larme sur le rêve violé, avec leurs serviettes brodées, qui comme leur culture, leurs principes, leur morale puent la naphtaline malgré les deux rinçages de la bonne polonaise. On ? C'est les *ex*, c'est pas des x, ils ont un nom, un visage, un accent, ils sont vivants. Pour terminer par le dessert, qui n'est plus de glace, je vous sers une louchée... d'*ex*.

Burnier, directeur de revue. Desanti Dominique, écrivain. Desanti Jean Toussaint, philosophe. Duras, écrivain. Ellenstein, historien. Eltsine, président de la Russie. Garaudy, philosophe. Gorbatchev, retraité. Imbeni, maire de Bologne. Israël, cancérologue. July, directeur de journal. Kahn, directeur d'hebdo. Konopniki, romancier. Kouchner, ministre. Morin, sociologue. Merle, écrivain. Ochetto, secrétaire du PDS italien. Parmelin, auteur. Pignon, peintre. Poperen Jean, ministre. Poperen Claude, ouvrier. Rebérioux, historienne. Robrieu, historien. Roy, poète. Semprun, ancien ministre des Cultures d'Espagne. Tazieff, volcanologue, ancien ministre. Vernant, professeur au Collège de France... 280 millions d'*ex*-Soviétiques et moi, et moi, et moi.

Claude Llabres

Signes de deuil
au temps du salariat

Marité Bonnal, Alain Simon

Mise à la retraite, licenciement, faillite... « après avoir quitté le monde des actifs, muni de son cadeau d'adieu, le disparu professionnel pénètre dans l'au-delà du troisième âge », et le chômeur suit le chemin de l'ANPE, « pavé de bonnes intentions ». Une réflexion sur la perte du travail et d'une identité sociale.

Pendant une quarantaine d'années, l'*homo occidentalus* a feint de se croire immortel. Tout concourait à lui laisser croire qu'il allait faire son deuil de la mort. Sans doute les conflits de la première moitié du XXᵉ siècle, pour avoir généralisé les décès jusqu'aux holocaustes, avaient fini par rendre inconcevable la répétition de telles apocalypses. Comme si la Camarde était sortie de la scène après avoir joué son ultime représentation. La guerre froide, elle-même, finissant par se congeler en équilibre de la terreur, garantissait contre les conflits : puisque le hara-kiri collectif n'était plus envisageable, la paix était assurée !

Les progrès de la médecine ont éloigné aussi les présences de mort. En amont, la réduction de la mortalité infantile a fait croire que la survie n'était plus un miracle statistique. En aval, de multiples contributions au prolongement de la vie ont repoussé les échéances. Entre ces deux moments, vaccinations, antibiotiques, soins curatifs ont permis de franchir sans dommage la plupart des obstacles du *steepple chase* vital. Alors que, au début du siècle, chaque adolescent se savait déjà un survivant pour avoir côtoyé la mort d'un frère, d'un père ou d'un aïeul, l'adolescent d'aujourd'hui n'ayant jamais vu de cadavre en arrive à croire que la mort est un accident, une anomalie. Il faut dire que cette perception est relayée par les besoins d'enquête, de recherche de responsabilités, d'autopsies qui s'expriment de plus en plus fréquemment lorsque le fil de la vie est rompu.

Dans le même temps, les activités salariées se sont multipliées. Elles ont été le plus souvent associées à un univers urbain dans lequel la mort est moins lisible que dans les campagnes. Le macadam des trottoirs dissimule lui aussi les traces de mort que les sous-bois et chemins forcent à rencontrer. Tandis que les cortèges des enterrements ruraux réunissaient la collectivité autour du mort et de la mort, les funérailles citadines se résument à un furtif convoi de berlines et un attroupement discret.

Puisque la lutte pour la vie semble gagnée, la lutte pour le niveau de vie devient l'objet des principaux investissements. Un emploi, sa conservation deviennent condition *sine qua non*. Chacun sait que l'entreprise qui salarie devient le lieu de la socialisation de substitution. Ne pas entrer dans ce type de structure, en être exclu revêt alors la forme extrême de la désocialisation. S'il est vital d'être employé, il devient mortel d'être au chômage. Les entreprises ont ainsi récupéré simultanément l'ensemble des aspirations de vie et des inquiétudes de mort. Il est troublant de constater que, au sein des entreprises, se sont développées des transpositions symboliques des principales angoisses de deuil. On peut hasarder deux typologies parallèles : les morts sociales dont l'entreprise menace le salarié comparées aux morts physiques dont il se croit prémuni.

La mortalité infantile du salarié revêt deux aspects principaux. Le plus préoccupant est certainement le mort-né que l'on appelle aujourd'hui le primo demandeur d'emploi. Enfant de la scolarité obligatoire, il ne parvient pas à trouver son premier emploi. Sans doute la gestation scolaire jusqu'à seize ans l'avait-elle mal préparé à affronter le monde. On pourrait évoquer aussi ces sortes d'avortements spontanés que constituent les rejets par le système scolaire de ces marginaux qui dérivent souvent vers la délinquance. Certains adolescents naissent à la vie professionnelle comme des prématurés fragiles qu'un stage de formation complémentaire tentera de sauver.

La deuxième variante pourrait être l'échec du jeune embauché qui ne survit pas à la période d'essai d'un mois. L'entreprise connaît également ces enfants chétifs que la mort professionnelle menace à tous moments et qui sont aux prises avec de brefs contrats à durée déterminée ou de petits boulots. La précarité des TUC renvoyait les familles aux inquiétudes des maladies chroniques. Parfois l'entreprise s'apparente à l'Assistance publique : le développement des formations en alternance, la généralisation des contrats d'apprentissage permettront de garantir une survie professionnelle à des jeunes sans diplômes. Il est sans doute possible de loger dans la catégorie que nous décrivons l'énorme proportion des créations d'entreprises qui ne survivent pas à leur première année d'existence malgré les soins que peut prodiguer l'État *via* l'Agence nationale pour la création d'entreprises.

Maladies et morts du salarié

Nous n'envisagerons pas dans cette rubrique l'évidence de l'accident du travail. Même si certaines professions intègrent statistiquement la présence de la mort, celle-ci n'est alors plus symbolique mais bien réelle. Nous pensons plutôt à ces ruptures individuelles du contrat de travail que constituent les licenciements personnalisés. Les symptômes peuvent être des conflits avec la hiérarchie voire une lettre circonstanciée ou une mise à pied. Parfois la mort professionnelle survient sans crier gare, le licenciement pour faute lourde n'ayant été précédé d'aucun signe alarmant. Préventifs ou curatifs, certains traitements comme l'intervention de délégués syndicaux et le recours aux prud'hommes tentent d'enrayer l'évolution des maladies.

Il arrive qu'on parte en cure grâce à l'ANPE avec une perspective de guérison-réinsertion professionnelle. Le convalescent tentera la réintégration, réapprendra les gestes de la vie en parcourant les petites annonces. Sa rééducation sera facilitée par les formations, les ouvrages consacrés à la rédaction des curriculum vitæ et la participation aux entretiens d'embauche. À l'origine de la rupture du contrat de travail se trouve parfois la volonté du salarié lui-même : la démission. Certains comportements d'échec relèvent de l'hypocondrie et débouchent sur un itinéraire jalonné de préavis. On a même vu des fonctionnaires renoncer à la sécurité de l'emploi : un suicide salarial en quelque sorte.

Même s'il refuse d'y trop penser, le salarié se fait rappeler chaque mois que sa vie professionnelle aura une échéance. Les cotisations sociales prélevées sur son bulletin de salaire renvoient à l'issue inexorable de la fin de son statut : le départ à la retraite. L'espérance de vie moyenne est quasiment chiffrée, trente-sept ans et demi de cotisations et le compte sera bon. Aucune illusion n'est possible quant à une éventuelle transgression de la fatalité. Le couperet tombera selon la loi ou la convention collective. Nombreux sont les rituels qui jalonnent l'itinéraire vers la mort annoncée. Les remises de médailles du travail célébreront les années de fidélité à l'employeur ou l'ancienneté dans le statut salarié. À moins qu'elles ne rythment le compte à rebours.

Des préparations à une mort douce sont même organisées, relayées par des associations spécialisées pour éviter que le choc de la fin de l'activité soit trop rude, voire fatal. Un accompagnement mercantile peut être constaté. Après avoir quitté le monde des actifs, muni de son cadeau d'adieu, le disparu professionnel pénètre dans l'au-delà du troisième âge. Cet autre monde comporte ses objets, revues, messages qui finissent par constituer un ghetto. On a suffisamment parlé d'une marginalisation qui confine à l'exclusion, et les tentatives d'intégration ne font que les renforcer insidieusement : l'exemple des compagnies proposant une assurance-vie sans examen de santé préalable même aux plus de soixante-cinq ans souligne bien la discrimination.

Catastrophes et épidémies
dans la vie professionnelle

La mort n'est plus ici affaire de destin individuel, des groupes entiers peuvent être concernés. Dans toute entreprise, les salariés vivent dans la crainte d'une cessation d'activité qui les laisserait catastrophés. Il est possible que les responsables de la sécurité n'aient pas décelé, alors qu'il était encore temps, les signes avant-coureurs : combien de fois a-t-on vu les banquiers ou commissaires aux comptes être accusés de non-assistance à salariés en danger ? Lors d'un dépôt de bilan, la décision du juge est attendue avec autant d'inquiétude que le résultat d'un diagnostic. Que l'on aille vers le règlement judiciaire et les victimes seront alors dégagées des décombres. L'administration judiciaire ouvre une période de rémission pour les rescapés, le syndic réservant son pronostic. Plusieurs mois seront nécessaires avant d'être sûrs du sort réservé. La liquidation provoque une dispersion des actifs et certaines machines-outils ou branches d'activité pourront alors être greffées sur d'autres entreprises. Mais le risque de rejet demeure.

Quand l'ampleur des dégâts dépasse l'échelle d'une entreprise isolée, leur caractère progressif et apparemment irrépressible peut s'apparenter à une épidémie. Lorsqu'un secteur professionnel comme la sidérurgie, le textile, le chantier naval entre en crise, des dizaines d'entreprises sont effacées de la vie économique. L'épidémie va gagner également les sous-traitants. Des dizaines de milliers de victimes seront dénombrées, des villes, voire des régions, seront sinistrées. Les grandes inquiétudes qui naissaient jadis au temps du choléra ou de la peste resurgissent. Pour protester contre l'inexorable, on voit les commerçants des cités atteintes tirer le rideau de fer et une opération ville morte est décrétée. De véritables migrations collectives sont envisagées, l'État intervient en déclenchant un plan Orsec social comme lorsqu'une catastrophe naturelle a frappé. Si tous les salariés n'en meurent pas, toutes les entreprises en sont atteintes et chacun vit dans l'angoisse de la contagion.

Dans certains cas, c'est une catastrophe naturelle bien réelle qui peut provoquer l'épidémie sectorielle. La sécheresse de ces dernières années a ravagé les professionnels des loisirs d'hiver et leurs salariés. Il faut parfois faire appel à des prothèses comme la neige artificielle pour sauver ce qui peut l'être. Tenter de convaincre le vacancier de Val-d'Isère des vertus du VTT à Noël tient lieu de *placebo*.

Aux grands maux, les grands moyens. La collectivité est mobilisée, on fait même parfois appel à un Monsieur Chantier naval ou un Monsieur Lorraine, nés de l'urgence, pour transfuser et vacciner les entreprises en détresse. Une amputation est décidée et c'est le licenciement économique. Certaines épidémies proviennent de virus identifiés, localisés et désignés : comme une grippe asiatique, la menace nippone conduit à proposer une mise en quarantaine. C'est alors le protectionnisme, avec ses quotas, droits de douane et contingentements dont le but est de provoquer l'apparition d'anticorps. Nous évoquerons pour mémoire certaines formes, évidemment rares, de suicide collectif. On a vu parfois des chefs d'entreprise en difficulté décider délibérément d'un dépôt de bilan qui entraîne les salariés dans la chute collective.

La mondialisation des marchés a poussé aux extrêmes les concurrences. Il s'agit pour les entreprises d'atteindre ce qu'elles appellent la taille critique qui leur permettra d'être présentes dans la guerre économique. Racheter un concurrent plus petit ou plus faible est devenu la forme de croissance privilégiée. La rationalisation qui s'ensuit comporte son bilan social. On comptera bientôt les pertes dans l'état-major de l'entreprise vaincue mais aussi chez les sans-grade. Dans cette guerre-là, les offensives surprises peuvent s'appeler OPA, certaines branches d'activité se trouvant dépecées et d'autres annexées. Les salariés ont été contraints de découvrir le caractère omniprésent de ce type de menace, ont dû apprendre à vivre les inquiétudes et parler un nouveau langage guerrier. Chez Télémécanique, on sait maintenant qu'un « chevalier blanc » est une société qui vient à la rescousse de l'agressé et emporte l'adhésion de ses salariés en garantissant la sécurité des emplois. Les anciens des Produits chimiques Ugine-Kulhmann n'oublieront pas le démantèlement de leur entreprise éclatée comme l'empire austro-hongrois.

L'ampleur des conflits, les morts professionnelles qu'ils suscitent conduiraient à évoquer les génocides s'il ne fallait réserver ce mot à d'autres enjeux. Lorsque toute l'industrie automobile et électronique européenne est menacée, c'est tout un peuple de salariés qui risque de disparaître. L'embrasement des conflits économiques peut se généraliser, on parle alors de « crise » en se souvenant avec nostalgie de la belle époque de l'avant-crise, de ces années dont on ignorait, sur le moment, les splendeurs.

L'immortalité professionnelle

Dans le même temps où les aléas du salariat se sont multipliés, certains statuts garantissant l'emploi confèrent à leurs titulaires la sérénité de ceux qui se croient professionnellement éternels. S'il n'existe plus ou quasiment plus d'entreprises comme Michelin ou Schneider auxquelles on est attaché à la vie et à la mort, les administrations ont prolongé l'illusion d'éternité. Chacun sait cependant que de nombreux postes ne sont pas justifiés du seul point de vue économique et s'apparentent alors à des emplois sous perfusion. La collectivité en arrive parfois à l'acharnement thérapeutique. Même le dernier bastion qu'est la fonction publique n'apparaît plus sous protection. Nombreux sont aujourd'hui les salariés qu'elle recrute avec des contrats précaires. Les privatisations et certaines restructurations comme celle des PTT ont rendu plus aléatoires des situations jusqu'alors au-dessus de toute inquiétude.

Rituels de deuil

La société ne saurait s'accommoder d'une mort non causée, elle amorce un processus de recherche des origines du décès. Le salarié qui perd son emploi fait l'objet d'une autopsie. Il y procède déjà lui-même en recherchant jusqu'à les disséquer les causes de la perte de son statut. Travail de deuil douloureux dans le cas d'un destin individuel où le salarié se sent rejeté et doit trouver à qui en incombe la responsabilité. C'est l'ère du doute vis-à-vis de soi-même et des soupçons vis-à-vis d'autrui. Chercher l'erreur, retrouver à qui profite le crime sont parmi les enjeux des bilans de carrière que, dans l'introspection ou à l'aide d'auxiliaires extérieurs, le sans-emploi élabore.

Passages obligés, retours en arrière sont condition première du permis d'inhumer l'ancienne existence, droit d'entrée dans la nouvelle. Les conseillers d'orientation de l'ANPE sont dans l'ambivalente position du médecin et du légiste qui contribuent à la fois au diagnostic et à la sanction. De cela dépend le futur statut économique du demandeur d'emploi. Ce statut devient d'autant plus fragile que les rationalisations d'entreprises sont de moins en moins relayées par une assistance étatique qui diminue sans cesse. Fragilisé, moins assisté, il traîne son deuil. Son rapport au temps est bouleversé. C'en est fini des journées rythmées de déplacements et d'horaires rigoureux, et l'absence de contraintes le propulse dans l'interminable, voire l'éternité.

Les privés d'emploi vont devoir accomplir un premier rituel : faire part. La rupture n'est plus seulement individuelle, elle concerne l'ensemble de l'entourage qui choisira le soutien ou la fuite. Les inquiétudes de chacun étant réactivées, l'ambiance, les habitudes et les relations sociales s'en trouveront modifiées. De même que l'annonce d'un décès dans les pages d'un journal permet par acquis de conscience de garantir une notoriété posthume à un mortel inconnu, de même il y a comme une ambition prométhéenne dans l'espoir fou que le monde des entreprises se préoccupera de la destinée d'un dérisoire demandeur d'emploi qui publierait une annonce d'offre de services. Pour le commun des mortels, seuls des mailings ciblés, une candidature spontanée auront une chance d'être remarqués. Il sait aussi qu'il recevra en retour bon nombre de condoléances attristées.

L'ex-salarié doit écrire son autobiographie que l'étymologie de *curriculum vitæ* authentifie comme le récit d'une vie accomplie. À l'heure du zapping, il faut gommer le détail, éliminer les tâtonnements du passé, valoriser l'image que l'on propose à la postérité, en l'occurrence les futurs éventuels employeurs. Désormais sa vie se présente dans le raccourci du format A4. Mais sa personnalité ne sera véritablement décelée qu'à travers la lettre de motivation qui dépasse la platitude descriptive de la rubrique nécrologique pour prétendre à l'apparence de l'authenticité. À travers l'annonce ou le récit de sa vie, la volonté de séduire l'emporte sur la valeur de l'individu. Il s'agit de laisser croire que l'on possède les qualités mythiques que les entreprises sont supposées rechercher. Dans cette volonté de rentrer dans des modèles normés, il faut aussi faire son deuil de sa propre personnalité et de ses fragilités, et affronter l'univers des héros imaginaires auquel il faut s'identifier.

Chacun a pu constater que les panneaux de signalisation sur les places des villes indiquent désormais le chemin de l'ANPE au même titre que celui des autres lieux de pèlerinage de la vie sociale, mairie, gare, église et cimetière. Quand 10 % de la population active est au chômage, les migrations conduisent vers l'ANPE des flux de citadins qui viennent accomplir leur rituel de pointage et ranimer la flamme de l'espoir en consultant les panneaux des offres d'emploi. Une socialisation d'un second type s'établit pour lui dans des nouveaux lieux de rencontre, l'ANPE mais aussi les stages de formation, qui comportent un nouveau langage, de nouvelles fréquentations, de nouvelles craintes et de nouveaux espoirs. Bien rares sont les Orphée qui se retournent sur l'ancienne rive pour retrouver *in situ* leur ancien univers. Une phase de purgatoire de plusieurs mois s'ouvre, croisée des chemins des indemnisés. L'ANPE aussi est pavée de bonnes intentions.

Deux tempéraments limites dans la manière de vivre son deuil font des privés d'emploi des veufs joyeux ou inconsolables. Certains désespèrent. La multiplication des refus donne progressivement à penser que la nouvelle situation est sans issue. On accuse l'âge, l'insuffisance de la formation ou la conjoncture pour expliquer l'inexorable. On finit par n'être même plus demandeur d'emploi pour s'accepter chômeur définitif. L'enfer. D'autres au contraire vivent la période dans l'attente confiante de la réinsertion. Riche d'opportunités, assimilable à une étape sabbatique, le chômage est pour eux l'occasion de rebondir. Reconversion, création d'entreprise, formulation de nouvelles ambitions les dynamisent. Tout au plus doivent-ils respecter les règles de la décence, les clauses de non-concurrence qui se trouvent dans leur ancien contrat de travail et ressemblent étrangement à des délais de viduité. Ils savent qu'ils retrouveront un statut et peuvent profiter du temps retrouvé.

Tout donne à penser que l'avenir sera au salarié nomade qui devra s'être préparé dès sa scolarité à un itinéraire jalonné de *time out* ponctuant les reconversions successives qu'exigera le nouveau destin du professionnel adaptable. Une préparation à l'insécurité sociale peut contribuer à dédramatiser les périodes flottantes.

La mort fait son come back

La mort symbolique concerne désormais tous les salariés et, simultanément, les angoisses de mort réelle réapparaissent. L'*homo occidentalus* redécouvre que la vie est aléatoire, la crainte de la transmission mortelle par l'épidémie resurgit. Durant quelques semaines on a même donné à croire que la guerre pouvait à nouveau porter la mort. Homme ou salarié, le destin est mortel, le chômage une fatalité. Les efforts déployés pour l'enrayer ne pouvant viser qu'à le contenir dans des limites politiquement supportables, plus personne ne croit désormais qu'il soit éradicable. À titre individuel, l'intérim, les contrats à durée déterminée, le temps partiel et le travail à domicile qui se développent ne permettent plus de s'illusionner sur l'éternité. Et chasseurs de têtes et organismes de

décrutement sont assaillis de demandes pour une survie professionnelle.

Une nouvelle évolution est perceptible au début des années 90.
Sans vouloir faire de l'humour noir à propos du livre blanc sur les
retraites, sa publication témoigne d'un glissement dans le rapport
que les salariés entretiennent avec la fin de leur vie. La retraite par
répartition dispense chaque actif de s'interroger sur son propre futur,
la charge en incombant à la génération suivante. À l'inverse le finan-
cement par un système de capitalisation renvoie chacun à une auto-
prise-en-charge de son destin, notre futur étant ce que nous en
ferons. Avec le livre blanc un débat est lancé : derrière la question
de la solidarité entre les générations se pose la problématique de
la réconciliation de chaque individu avec sa propre mort. Plus
l'homme repousse les causes de mort physique, plus il feint de se
croire immortel et plus il a l'impression de signer avec la vie un
contrat à durée indéterminée. Mais avoir investi dans son contrat
de vie n'a pas dispensé de signer le contrat de mort. Reste à apprendre à jouer avec la mort professionnelle en sachant accepter les aléas
de la vie.

Marité Bonnal, Alain Simon

Les touristes de la désolation

Paul Virilio

---

*En quelques décennies la nouvelle révolution des transmissions
n'a fait que renouveler celle des transports. La vitesse permet
presque d'arriver avant d'être parti. Il n'est maintenant plus
besoin de se déplacer... Cette perte de distanciation annonce-
t-elle « la mort d'un monde qui a fait son temps » ?*

> « Pour que vive l'art du cinéma
> il faut accélérer sa mort. »
> Dziga Vertov (1919)

La révolution industrielle - cette industrie
soi-disant industrieuse et progressiste - nous a abusés sur son
compte : elle n'était finalement qu'une *révolution du moteur*. De
même, le septième art - le cinématographe - est devenu une industrie florissante parce qu'il était un *art du moteur*, et tout d'abord
de la motorisation de l'instantané photographique, de ses 17 puis
24 images fixes soudain animées, produisant l'illusion d'optique de
la projection filmique. Retombée imprévue de l'industrie et de ses
procédures répétitives, hommage d'un moteur propagateur d'images aux autres moteurs, en des temps où, sur le marché américain,
le cinéma, soutenu par les grandes banques, allait disputer la première place à l'industrie automobile. « Pourquoi doubler une Ford
puisqu'il y en aura toujours une devant vous sur la route ? » pro-
clamait, en 1925, Henry Ford, l'homme du travail à la chaîne, qui,
ayant inventé la « voiture populaire », en produisait environ 8 mille
par jour dans ses usines de Detroit.

Comme dans le déroulement du film, il y aura toujours sur
la route une série, un défilement d'images fugaces, et, quand on
s'arrêtera, ce sera dans un *drive-in movie*, on quittera un moteur
pour un autre moteur ; et l'automobile, après avoir donné à voir

au conducteur assis au volant le trajet accéléré du voyage, exhibera au travers du pare-brise le film et ses séquences oniriques défilant sur l'écran géant planté au bord de la route. Ce sera aussi le grand embarquement des « rotatives à images » à bord des véhicules les plus divers, avions, navires, chemins de fer..., sans oublier les ciné-matographes ambulants, sans feu ni lieu, allant des villes aux vil-lages les plus reculés pour y débusquer des spectateurs, atteindre le plus grand nombre de clients.

Sans parler des trains-cinémas de « propagande et d'agitation » de la révolution soviétique, s'arrêtant dans chaque gare russe afin d'y projeter des films ou en tourner - inspirés, pourquoi pas, des *Hale's Tour*, ces salles construites vers 1905 aux États-Unis, sur le modèle des wagons Pullman. Longues d'une quinzaine de mètres, elles étaient équipées d'appareils imitant les secousses, les sifflements, les halètements de la machine, pendant la projection de films pris depuis l'avant d'une locomotive. Déjà, *nous ne marchions plus dans l'image*, comme l'expliquait saint Augustin, *c'était l'image qui se mettait en marche pour nous*, elle arrivait de partout, envahissait en rangs serrés notre environnement immédiat.

*

On le constate depuis plus d'un siècle, au sein du mode de production, les diverses *machines à voir* n'ont fait qu'obéir à la loi générale de la motorisation industrielle, l'*accélération*, et le moteur cinématique n'a cessé de se succéder à lui-même, généra-tion après génération. De même que la longue durée de la pose photographique s'était vue réduite en quelques décennies à la quasi-instantanéité, provoquant en 1887 la commercialisation de l'appa-reil instantané portatif et peu avant la Seconde Guerre mondiale, avec la vitesse accrue des processus de développement, la mise sur le marché des appareils Leica, Rolleiflex et Ermanox qui permet-taient une exposition bien en dessous de la seconde, on passait, après la mise en marche de l'instantané photographique par les pré-curseurs tels l'Anglais Muybridge et le physiologiste français Marey, de l'unique caméra portative de l'ingénieur Moisson, utilisée par Louis Lumière, à son industrialisation. Pour en venir finalement au rejet des lourds véhicules porteurs des origines (automobiles, navi-res, grues, etc., nécessaires au tournage et à la diffusion) au profit de la libération d'une image autopropulsée à la vitesse limite des ondes électromagnétiques, qui permettra bientôt de voir et d'entendre de loin comme c'était déjà le cas avec la téléphonie, la radio et la télévision, mais aussi d'agir à distance, grâce à la téléprésence instantanée, à la téléaction immédiate.

Alors que le cinéma industriel vieillissant s'enfonçait irrémédiablement dans un passé théâtralement exhumé, analysé, pillé à coups de *remake* et de célébrations posthumes, l'accélération du transfert image/son créait chez un public toujours plus vaste un registre d'émotions inédites : direct, temps réel, *replay, scan freeze...* toute une nouvelle esthétique de l'instantanéité, de l'ubiquité, et bientôt, comme nous le verrons plus loin, une redoutable manipulation technique de *ce qui est en train d'arriver*. On peut donc obtenir un schéma assez clair de cette guerre du temps déclarée entre un cinéma qui meurt de son accélération et un autre qui en naît, pure illusion électro-optique. Du *Voyage dans la lune* entièrement truqué de l'illusionniste Georges Méliès à *Une Femme sur la lune* de Fritz Lang, exposant sur grand écran, en 1929, le premier compte à rebours de l'histoire et finançant de ses deniers le lancement bien réel d'une fusée expérimentale qui devait s'élever à une quarantaine de kilomètres au-dessus de la plage de Horst en Poméranie... à la retransmission mondiale, *en direct*, du débarquement américain sur la lune, à plus de 350 000 kilomètres de la terre - tournage réussi grâce notamment au travail préparatoire de Douglas Trumbull, homme de cinéma et spécialiste des effets spéciaux cosmiques (les films *Startrek, 2001, The Andromeda Strain...*) qui avait réalisé pour la NASA des simulations en animation du futur alunissage, avec de nombreux trucages.

Les progrès technologiques n'ont donc cessé de pousser à l'extrême l'illusionnisme, le surréalisme d'un Georges Méliès, multipliant à plaisir son art de l'escamotage cinématique du temps et de l'espace réels, amalgame détonant d'une photogénie de l'hallucination et de l'inconscient avec un cinématographe que les précurseurs (Marey, Lumière) prétendaient objectif et scientifique, mixage triomphant de l'utopie et de la technique, en train de devenir, qu'on le veuille ou non, une nouvelle appréhension du monde.

Être là ou ailleurs sans y être vraiment, à l'instar d'un acteur et de sa doublure, se réunir à distance instantanément, s'égarer dans une commutation des apparences sensibles qui complète le télescopage des lieux de la télécommunication n'est pas sans risque, on le constatait déjà avec l'affaire de ces *golden boys* stockant dans leurs centraux des données financières internationales si nombreuses et à une telle vitesse qu'ils avaient fini par les perdre littéralement de vue, perte de contrôle qui allait provoquer en 1987 un krack mondial quasi instantané, suivi d'un mini-krack, deux ans plus tard. Cependant, il ne s'agissait là que des prémices de la grande déréglementation électro-optique et acoustique qui allait avoir des conséquences géostratégiques et sociopolitiques incalculables dans les années qui suivirent.

*

Il y a un peu moins de trente ans, la télévision pouvait déjà être considérée comme la principale responsable de ce qu'on a appelé la « révolution des aspirations montantes », parmi les classes les plus déshéritées des États-Unis. En exposant avec insistance dans les films publicitaires l'opulence de la société de consommation américaine, le média préféré des minorités sociales et raciales avait été, au dire des experts, la cause première des émeutes violentes qui se déchaînèrent alors dans les ghettos du sud du pays, puis plus au nord, à Detroit et Newark, en 1967[1]. Responsabilité, encore aggravée par les reportages télévisés de ces troubles, des meneurs noirs, tels Stokely Carmichael ou Rap Brown, ayant peu d'émules jusqu'à ce que les chaînes de télévision et de radio, en leur accordant quotidiennement l'antenne, n'en fassent provisoirement des stars.

On observait là les débuts d'une spirale infernale, puisque la télévision, après l'avoir créée, attisait la violence dont elle était chargée de rendre compte au public, et cela par la simple présence de ses caméras sur le terrain des affrontements et des pillages. Aux États-Unis, cette interactivité de la publicité et de l'information télévisées devait rapidement inciter les militants et leaders étudiants à suivre l'exemple des minorités noires et à attirer l'attention des médias sur le « ghetto universitaire », en incendiant et occupant les

---

1. De nombreuses informations commentées ici sont tirées de l'ouvrage de E. Emery, Ph. H. Ault, W.K. Agee, *Introduction to Mass Communications*, Dodd, Mead & Company, New York.

campus. Cette fois, cependant, le phénomène s'internationalisa et les jeunes Américains furent quasi instantanément imités par la foule estudiantine, ici et là dans le monde. Avec la *glasnost*, les télévisions occidentales eurent ensuite la possibilité d'agir à distance sur les habitants des pays de l'Est comme, trente ans plus tôt, les parias des ghettos américains, en exaspérant des désirs nés de l'enfermement, de la frustration et de la souffrance sociale, puis en parachevant leur œuvre « politique », avec la diffusion, vingt-quatre heures sur vingt-quatre, des images de soulèvements populaires (réels ou simulés), aidant ainsi à la propagation instantanée des troubles, et cela jusqu'à la révolte des « ventres creux » de Moscou, en août 1991.

À cette occasion, les télévisions internationales transmirent en temps réel un épisode particulièrement spectaculaire : dans la nuit du 22 au 23, à la lueur des projecteurs, la foule moscovite assistait au déboulonnage et à la chute de la statue colossale de Felix Dzerjinski qui se dressait face aux anciens bâtiments du KGB. Mort en 1926, ce personnage avait été en son temps le maître de la diplomatie secrète soviétique et le théoricien génial de cette « désinformation stratégique » qu'il résumait en une phrase : « Les Occidentaux prennent leurs désirs pour la réalité, on va leur donner ce qu'ils désirent ! » La dramaturgie télévisuelle entourant la mise à bas du colosse de bronze avait donc une signification précise : le rêve soviétique était, ce soir-là, une illusion qui se dissipait, le rêve américain, une illusion qui durait encore.

*

Pendant la guerre froide, les publicitaires américains étaient eux aussi passés maîtres dans l'art de faire prendre les rêves pour les réalités. Face à la redoutable machine de désinformation soviétique, ils devaient jouer un rôle déterminant, en rendant tangible et politiquement souhaitable ce territoire mythique, connu durant toutes ces années sous le nom générique de *monde libre*. Étroitement intégrée à la propagande, taxée d'immoralité par ses détracteurs et, notamment, les ligues de défense des consommateurs (a-t-on le droit de tenter et même de décevoir les citoyens à ce point, sans tomber dans l'illégalité ?), la publicité devait, à la faveur des événements internationaux, se détacher peu à peu des réalités de la production industrielle américaine, pour envahir « ces forêts de symboles qui observent avec des regards familiers ceux qui les traversent... »

En quelques décennies, l'industrie publicitaire parvint ainsi à saturer pêle-mêle toutes les sphères de pouvoir, le militaire comme le religieux, les sciences, le sport, les arts plastiques, la philosophie, l'éthique, l'aide humanitaire, les minorités raciales, sexuelles ou autres, sans compter les pressions qu'elle exerce sur le monde parlementaire, grâce à son lobby de Washington, dont les membres se disent « prêts à s'associer à la recherche des solutions à tous les problèmes qui se posent au peuple américain ». Un peuple dont chaque individu serait désormais soumis à plus de 1 500 manifestations publicitaires par jour, sous des formes ostensibles, déguisées, voire subliminales.

Directement liée au nouvel environnement technologique des armes de communication, l'ampleur sans cesse accrue du marché des médias d'exportation que la publicité contrôlait (films, revues, disques, cassettes, etc.) pouvait donc paraître à des hommes comme L.T. Steele « le moyen véritable d'édifier le monde de demain ». Le publicitaire n'étant plus l'« honnête homme », l'homme instruit du siècle des Lumières, mais l'« homme universel » du siècle de la vitesse, aspirant à une « écologie mondiale » qui servirait de contre-feu non plus à une menace soviétique pour l'instant absorbée elle aussi, mais, ce qui semble pour le moins paradoxal, à la pression industrialiste.

*

Cette déclaration d'indépendance paraît aujourd'hui contredite par les faits. La reconversion du capital industriel et scientifique, la fin de la guerre idéologique entre l'Est et l'Ouest, le contrôle absolu des médias exercé ostensiblement par le Pentagone durant le conflit du golfe Persique ont, ces derniers mois, porté un coup sérieux à la crédibilité du couple *information/publicité*. Le chiffre d'affaires annuel de l'industrie publicitaire, qui était passé de 4 milliards de dollars en 1947 à plus de 25 milliards à partir des années 70, s'effrite dangereusement, si bien qu'on peut se demander si les publicitaires américains ne sont pas en train de devenir des Don Quichotte se battant contre les moulins du monde imaginaire qu'ils ont inventé.

« Un monde plus beau que dans vos rêves », comme ces séjours enchanteurs proposés par les agences de voyages et qui semblent à portée de la main, improbables utopies vers lesquelles les populations se précipitent d'Est en Ouest... *Touristes de la désolation*, comme ces Albanais débarquant à demi nus et sans bagages sur les côtes hostiles du Mezzogiorno, la région la plus défavorisée de la Communauté européenne, pour s'apercevoir qu'ils ont été bernés et que le pays de cocagne exhibé par la télévision italienne n'avait jamais existé qu'à l'état de fantasme, dans l'infinité de leurs frustrations. « L'Italie n'est pas en mesure d'accueillir ces milliers d'Albanais qui assiègent nos côtes », devait déclarer M. Andreotti. La multitude des candidats à l'exil sera donc impitoyablement parquée dans le stadio della Victoria, avant d'être rapatriée. Pour apaiser les esprits et faire monter ces malheureux dans les cars qui devaient les conduire à l'aéroport, il suffira de leur faire croire que leur avion allait s'envoler vers l'Amérique...

*

Nous ne sortons pas indemnes de la guerre froide. À l'épuisement économique, à la ruine matérielle des nations, s'ajoutent l'égarement psychologique, cette confusion de l'espace réel et de l'espace virtuel induite par près de cinquante années d'une désinformation médiatique devenue *plus télétopologique qu'idéologique*. Mais ce type de désinformation n'avait-il pas débuté beaucoup plus tôt, lors de cette « motorisation de la vision » du transport ferroviaire qui faisait déjà des corps « des colis qu'on expédie » ?

Au début du XIXᵉ siècle, non seulement le chemin de fer avait permis la création de l'industrie du tourisme, mais il avait inauguré une nouvelle forme d'inégalité sociale, traduite très précisément par l'invention de *classes de vitesse*. Ainsi, le riche voyageur prendra-t-il un « train de première classe » qui lui offrira le luxe du confort mais, surtout, celui complètement inédit de la rapidité de l'éloignement, l'ivresse de s'en aller en vitesse. Vers 1900, il accomplira, par exemple, le trajet Paris-Fécamp (station balnéaire alors réputée) en trois heures quarante-huit. Le voyageur du train de seconde classe mettra quatre heures quarante-quatre, celui du train de troisième classe entre six et sept heures. Aujourd'hui encore, un supersonique comme Concorde maintient ce luxe d'un temps de parcours qui épuise celui du séjour, provoquant l'accélération du vagabondage touristique ou affairiste, de la fuite en apesanteur.

L'embarquement dans le véhicule rapide serait donc l'apothéose sans cesse renouvelée d'un arrachement accéléré des corps à la proximité familière des gens et des choses, et, depuis le XIX\ :sup:`e` siècle, la révolution du moteur ne ferait qu'accomplir le dégoût et la haine du *monde présent* d'un romantisme finissant : *Weltschmerz*, mal du siècle, « dangereuse maladie du corps et de l'âme » des êtres entraînés irrésistiblement ailleurs par une vision qui n'est plus la leur, le voyage accéléré n'était qu'une invitation à égarer les corps dans l'espace comme, au même moment, l'Histoire invitait les esprits à se perdre dans le temps. N'est-ce pas Michelet qui écrit : « Chaque climat est un remède, la médecine future sera une émigration prévoyante. »

Au siècle de Pasteur, l'émigration touristique s'apparente effectivement à une mesure d'éloignement prophylactique de l'environnement habituel, perçu comme malsain. Le chemin de fer, en transportant à grande vitesse les corps incapables et inutiles vers des sites plus propices (le Sud, la mer, la montagne...), assurerait en somme la rapidité de leur guérison, la victoire sur ces états pathologiques proches de la mort, où *les heures sont comptées*. Partir ne serait plus « mourir un peu », mais ressusciter à une autre vie ; le bain de mer serait comme un nouveau baptême et, plus tard, avec l'épanouissement du tourisme de masse, la mer du Nord ressemblera, certains jours, aux rives surpeuplées du Gange.

Mais déjà, on s'inquiétait de l'usage qui pourrait être fait de ce temps gagné sur le temps perdu, et Heine écrivait en 1843 : « Par les chemins de fer l'espace est anéanti, il ne nous reste plus que le temps. Si nous avions seulement assez d'argent pour tuer aussi ce dernier d'une façon convenable ! » Au moment même où s'activait le prolétariat et où s'ébauchait la figure héroïque du travailleur, allait se constituer une sorte d'avant-garde où se dévoilait déjà la fin du monde industriel, cette déconstruction postindustrielle que nous sommes en train de vivre, avec son interrogation majeure sur l'inutilité d'une humanité en train de perdre tout rapport productif à son milieu, à une terre qui ne serait plus qu'un chantier abandonné. Et, en effet, dans les stations touristiques qui se multiplient, tout célèbre la gratuité des actes, leur totale inutilité.

En plein siècle des ingénieurs, quand triomphe le fonctionna-

lisme, les objets sur la plage n'ont qu'un fonctionnement symbolique, saugrenu, la plupart du temps introverti (régates, badming-
ton puis ski nautique, surf, planche à voile…). Le sport se développe avec entêtement parce qu'il ne sert à rien sinon à tuer le
temps. Tennis et golfs tiennent lieu d'aménagement d'un territoire
mis prémonitoirement en jachère et qui ne sera bientôt plus qu'un
vaste parc d'attraction, peuplé de palaces et de villas la plupart du
temps déserts. C'est aussi la prolifération des hippodromes, casi-
nos, salles de jeux et, vers 1920, le remplacement des concerts
symphoniques hebdomadaires par la musique de jazz jouée en permanence comme aux États-Unis, les danses *crazy* où la gesticulation se fait de plus en plus rapide, désordonnée. La famille tradi-
tionnelle éclate, les corps sont mis à nu, le changement de parte-
naires est toléré, l'adultère plus facilement admis. Anticipation de
la *société permissive*, les lieux de loisir (*licere*, être permis) favori-
sent aussi l'apparition d'une avant-garde criminelle, une démocratisation des délits : vols ou détérioration de véhicules, hold-up, chè-
ques en bois, cambriolages, mais également vandalisme gratuit, des-
truction du matériel de plage, etc.

*

Il y a une vingtaine d'années, en juillet 1969, plus de
500 millions de téléspectateurs dans le monde assistaient en direct
au vol d'*Apollo* 11 et aux premiers pas de *l'homme sur la lune*.
À ce propos, un journaliste pouvait écrire : « Les images retrans-
mises en direct de la lune donnèrent à *tous les hommes* le sentiment qu'ils participaient à une grande épopée de l'exploration. »
Par la démocratisation de l'accès à la vitesse limite des ondes électromagnétiques, la télévision a donc créé une *égalité des classes de
vitesse* : ainsi la vision extrême de l'astronaute dans l'immensité cos-
mique peut instantanément devenir celle de l'habitant enfermé dans
l'étroit ghetto terrestre. Dès lors, les révolutions politiques semblent
désuètes et il n'y aura bientôt plus besoin de dictatures totalitaires
pour que la contrainte territoriale devienne intolérable à tout un
chacun. À la phrase d'un astronaute déclarant récemment :
« L'homme sans cesse est ramené à *la dérision de ses propres dimensions* », fait désormais écho la remarque du psychologue, à propos
des jeunes délinquants d'un ghetto urbain : « La façon de situer

leur corps dans l'espace est pour eux une énigme, alors ils font tout très vite, sans comprendre. »

Cette perte de la distanciation, ce mépris des dimensions du corps propre, sorte de mort écologique inaperçue, gouverne le monde postindustriel et le caractère insensé des actions qui s'y déroulent (ne l'oublions pas, la télévision est souvent le seul contact des populations marginales avec le monde extérieur). Ainsi on observe ces dernières années une exaspération pathologique du sentiment de la ghettoïsation qui tend à s'étendre du quartier à la ville, à la région, voire à la nation. L'espace réel n'est plus perçu que comme un obstacle, une limite intolérable résolue par la violence. « Brûle baby, brûle ! » Souvenons-nous encore du slogan des émeutiers américains de Newark inaugurant cette dévastation de leurs propres maisons, de leur quartier, par leurs habitants...

En quelque trente ans, la toute nouvelle *révolution des transmissions* n'a fait que renouveler celle des *transports* commencée au siècle précédent. La société dysfonctionnelle des ghettos reflète celle des villes d'eau et des cités obsolètes nées du voyage ferroviaire. Les modernes *touristes de la désolation* succèdent aux touristes de la neurasthénie, de la tuberculose, du spleen, qui hantaient les stations balnéaires du XIXᵉ siècle, en proie à la haine du monde présent. Le chômage, la misère la plus noire aboutissent paradoxalement à un désœuvrement comparable à celui de la richesse et de la maladie. La fuite loin de l'environnement familier jugé invivable et malsain n'est plus le fait du simple voyageur aisé.

Aux élections de septembre 1991, la « coalition bourgeoise » est venue à bout de l'austérité du vieux socialisme à la suédoise, de son système d'assistanat et de plein emploi. Le slogan du groupe « Nouvelle Démocratie », membre de cette coalition victorieuse, était : AMUSEZ-VOUS ! Il préconisait aussi la libéralisation de la vente de l'alcool, sans doute pour que chacun puisse accomplir les libations d'usage et célébrer dignement *la mort d'un monde qui a fait son temps* !

Paul Virilio

2. *L'absence*

Perdre l'autre dans l'amour comme dans la mort, c'est réactiver un deuil qui a déjà eu lieu, où se jouent le rêve du « pour toujours » et la chute du « plus jamais ».
Une fois dans l'histoire humaine, les survivants se sont trouvés interdits de deuil. Sans représentation possible des morts, les mots étaient absents.

« Emmène-moi au cimetière »

Isabelle Yhuel

Trouver les mots pour témoigner de cette expérience de la perte d'un proche. À travers ces entretiens s'expriment les regards portés sur un passé vécu en commun, l'irréparable de l'absence sans retour, et la façon dont chacun tisse à nouveau la vie. Des paroles simples et directes qui s'efforcent de ne pas sublimer cette réalité-là, pour la rendre acceptable.

Une sonnerie de téléphone aiguë, urgente retentit dans une maison vide : Victoria, matin après matin, appelle sa sœur, morte le 12 septembre 1987. Durant des mois, elle formera lucidement ce numéro sur le cadran, à cause des quelques secondes d'attente, d'un résidu d'espoir ; elle écoutera l'envers lointain de cette sonnerie jamais interrompue par la main qui saisirait le combiné. Comme pour essayer d'accepter le concret de cette nouvelle : sa sœur ne vit plus. Huit heures... Non, sa sœur n'est pas en train de se réveiller dans sa grande maison solitaire, un peu froide ; elle ne traîne pas ses pantoufles jusqu'à la cuisine pour un café chaud, ne verse pas un peu de lait dans la tasse, maladroitement à cause de ses rhumatismes. Elle n'est pas là. Elle est morte. Elle avait quatre-vingt-six ans.

Jour après jour, pendant des mois, elle répétera ce geste du téléphone inventé, qui a pris la valeur rituelle d'une prière... Victoria est à la ville, elle connaît les mots : « On s'appelle, on garde le contact ! » Garder le contact, la grande affaire ! Retenir la personne disparue au bout d'un fil qui peu à peu s'allonge, se détend... Elle a continué à lancer son appel qui sonnait en « la » dans la demeure vide. Pendant vingt mois exactement : puisque, le 12 mai

1989, Victoria meurt à son tour. Pas réellement de chagrin, d'un sentiment de lassitude probablement - pour ne pas abandonner le contact fondamental en allant voir elle-même, peut-être. Elle a refusé un ultime deuil au bout de sa vie.

Le deuil impossible. - Deux sœurs, Alice et Marguerite, trente-cinq ans et trente-quatre ans. Leur père meurt à cinquante-neuf ans d'un infarctus, en 1984. Elles n'ont pratiquement jamais vécu avec lui, puisque peu après leur naissance il s'est marié avec une autre femme dont il a eu plusieurs enfants. Le père meurt en laissant des dettes, après des démêlés retentissants avec la justice qui ont ému l'opinion et terriblement secoué son entourage - après avoir continué à faire peur, de loin, à ses deux filles.

Alice. - Mon père, j'avais toujours souhaité qu'il meure d'une crise cardiaque. Il parlait toujours de son cœur, de son docteur qui lui avait encore redit combien il avait un cœur de jeune homme. Il se croyait immortel - ça m'exaspérait -, donc la seule chose qui me paraissait pouvoir l'atteindre c'était une mort violente, par le cœur. Et il est mort comme ça. Longtemps j'ai pensé qu'il s'était passé quelque chose de bizarre autour de sa mort, qu'on ne m'avait pas raconté la vérité. Je pensais que sa femme et ses autres enfants l'avaient laissé mourir exprès ; qu'ils n'étaient pas allés chercher le médecin à temps.

Vous pensiez que tout le monde attendait sa mort avec autant d'impatience que vous ?

Alice. - Oui, et je ne me trompais pas d'ailleurs. Quand je suis arrivée à Toulouse pour l'enterrement, il n'y avait absolument pas une atmosphère de tristesse. Il n'y a que moi qui pleurais. Sa femme m'a dit : « Arrête, tu vas me faire pleurer ! » Ils racontaient sa mort comme s'ils parlaient du petit chat, comme si ça n'avait pas vraiment d'importance finalement. J'avais l'air complètement incongrue avec mon chagrin, moi !

Vous l'avez vu mort ?

Alice. - Oh non, jamais je n'aurais le courage de voir un mort.

Et les jours suivants, vous vous êtes dit : ouf, il est arrivé ce que je souhaitais qu'il arrive, je suis tranquille ?

Alice. - Non, j'étais triste ; c'était dur ; je me sentais coupable. Il aurait pu mourir d'autre chose plutôt que de coller tellement à mon attente. En même temps, ça faisait un soulagement, c'est sûr.

Comment se fait le deuil quand on est soulagé par la mort de son père ?

Alice. - Le deuil, il s'était fait avant, je suppose. Sinon je n'aurais pas souhaité sa mort. Lors de ses absences répétées. C'était pour ça que je voulais qu'il meure, puisqu'il n'avait pas été capable d'être présent pour moi.

Vous aviez fait le deuil de votre père plus tôt, à l'âge où il aurait dû s'occuper de vous et où il ne l'avait pas fait ?

Alice. - Oui, j'ai fait le deuil à cinq ans, quand il a quitté la maison. Je l'avais fait mourir « pour de faux » et je pouvais croire que, quand il mourrait pour de vrai, ce serait moins difficile.

Mais est-ce qu'il y a eu un moment, une fois sa mort réelle advenue, où vous avez été rattrapée par un tas de sentiments mêlés auxquels vous ne vous attendiez pas ?

Alice. - Une fois qu'il est mort c'est embêtant parce qu'on ne se souvient que des bons côtés de la personne, et tu oublies complètement pourquoi tu voulais tellement qu'il meure. Je savais que j'avais voulu qu'il meure avec une ardeur énorme mais je ne me souvenais plus du tout pourquoi.

Alors comment se fait le deuil à ce moment-là ?

Alice. - Il ne se fait pas. Je ne l'ai pas encore fait, je crois. J'ai juste eu le réflexe, le jour de l'enterrement, de demander un souvenir à sa femme. En fait je voulais un petit cadre en bronze de Berlioz, le seul objet auquel mon père tenait vraiment, qu'il avait toujours eu sur sa table de nuit, qui l'avait suivi dans ses innombrables déménagements. On était dans sa chambre, et sa femme a dit : « Oh, tiens, je vais te donner ça. Il l'avait toujours avec lui. » Mais elle a dit ça comme si ça n'avait aucune importance pour elle. C'était extrêmement choquant parce qu'en fait elle s'en foutait complètement qu'il soit mort. Il faut dire que leur vie avait été assez infernale les dernières années.

En rentrant chez moi, j'ai mis le cadre sur ma table de nuit et puis je n'ai plus reparlé de mon père pendant des années, ni regardé de photos, ni rien. C'était classé dans un coin, en attente.

Marguerite. - Moi, quand notre père est mort j'étais en voyage avec mon premier mari ; impossible à joindre. Le jour de mon retour, ma sœur m'attendait à l'aéroport. Elle me dit : « J'ai une mauvaise nouvelle à t'annoncer. » Je pense tout de suite à ma grand-mère, ce qui était dans le cours naturel des choses. Elle me dit : « Non, papa. » Et mes premiers mots ont été « soulagement ». Pourtant je n'avais jamais eu conscience d'attendre sa mort, mais les premiers moments après l'annonce de sa mort m'ont paru être les premiers où je vivais enfin apaisée. J'ai eu une impression de liberté, à pouvoir enfin me mouvoir tranquillement dans un monde dans lequel il n'était plus, avec tout son terrorisme de pensée, sa présence monstrueuse dans ma tête et son absence béante dans la réalité.

Je n'ai plus réellement pensé à lui pendant des années, par contre j'ai beaucoup agi. J'ai quitté mon mari quelques mois après cette nouvelle, comme si ma relation avec cet homme n'avait plus aucun sens puisque mon père était mort ; j'ai eu des enfants avec un autre homme, très différent du premier. Et c'est dans la septième année après sa mort - sept ans, comme si j'entrais alors dans l'âge de raison du deuil, que c'était le laps de temps qu'il m'avait fallu pour croire réellement au cadavre de mon père quelque part en décomposition, donc inoffensif - que j'ai commencé à réclamer des photos à ma mère : de lui, d'eux deux, et de nous avec eux les quelques années de leur vie commune. À partir de là, j'ai repensé toute mon enfance différemment, et puis sa mort. Le fait qu'il soit mort pendant mon absence, ç'avait été comme une ultime dérobade, une de plus après toutes celles qu'il m'avait fait subir pendant ma vie.

Il n'y a pas eu de corps à voir. Je pense que c'est important de voir le corps mort, parce qu'il y a au moins alors une chose concrète, tangible, qui tranquillise, et à partir de là peuvent commencer la tristesse, toutes les émotions. La rage même. Là j'ai toujours un peu craint qu'il ne soit pas réellement mort et qu'au moment où j'allais enfin me détendre il réapparaisse, menaçant. Comment entamer un deuil dans cette situation ? Dans ma famille, on ne pleure pas, on ne dit pas sa tristesse : tout est occulté. J'étais seule. Je ne supportais aucune des filles, ces « péronnelles » qui, au hasard des conversations, pouvaient parler de leur père, de l'importance qu'il avait eue pour elles, etc. Une jalousie féroce me prenait. Je n'osais pas penser à lui, en fait. Il y avait une énorme frousse car toujours il m'envahissait sous la forme d'une ombre géante, sombre, prête à m'engloutir.

Un jour, enfin, c'est lui en humain qui est venu, et c'est maintenant toujours la même image qui revient : lui debout, me dominant largement comme si je devais éternellement lever la tête pour l'apercevoir dans un polo marron clair un peu terne, qui semble toujours un peu sale, une image du quotidien pas très sympathique. Avant lui, j'avais perdu mes parents nourriciers, que j'adorais. Après leur mort, j'ai toujours pensé que là où ils étaient ils me voyaient, comprenaient mes actes de l'intérieur. Je savais qu'ils me protégeaient, qu'ils avaient une infinie bonté pour moi. Je leur parlais tous les soirs en m'endormant. Avec mon père, je n'osais pas. Je n'étais pas sûre qu'il puisse avoir cette même bonté dans son regard, pour moi, terrestre. Si je suis seule dans l'appartement un soir, que je me mette à penser à lui, je repousse bien vite ces pensées car peut-être il pourrait apparaître, profitant de ma solitude, me demander des comptes. Il me menace toujours un peu.

Le difficile aussi est de savoir que, puisqu'il est mort, notre rapport sera donc ce qu'il a été exactement et rien de plus. Et c'est bien peu. Et en même temps, je ne peux pas vraiment avoir de regrets, car je sais que, de toute façon, même s'il vivait encore, rien de nouveau ne serait possible. C'est cela le plus dur, se dire que rien n'aurait pu advenir de plus, que sa mort n'a rien suspendu en plein vol. Que je n'aurai jamais un père à admirer, un père complice. Tant que je vis dans ces regrets, je sais que mon deuil n'est pas fait. Mais maintenant je pleure en pensant à lui, ce que je n'avais jamais fait. J'accepte d'être en colère, en regret, en tristesse, toutes les émotions mélangées.

Vous parlez de votre père ensemble ?

Alice. - Justement, seulement depuis un an ou deux. Maintenant nous nous racontons des histoires de notre enfance, nous nous montrons les photos.

Marguerite. - Ce qui m'a le plus ébahie, c'est d'apprendre, par cet entretien, que ma sœur avait elle aussi été soulagée par sa mort. Je me croyais bien toute seule dans ce genre de sentiment honteux.

Alice. - Je crois que nous avons commencé le deuil depuis que nous nous sommes mises à parler ensemble de lui, à lever la chape de silence.

C'est quoi le deuil, alors ?

Alice. - C'est pouvoir parler avec humour, avec tristesse, avec vérité surtout de celui qui est mort. Sans crainte. Pouvoir en parler à ses enfants, même si ce qu'on dit est contradictoire. C'est avoir la parole libre, se sentir autorisée à penser ce qu'on pense.

Est-ce que vous auriez aimé que votre père meure d'une mort lente en ayant le temps de prendre congé de vous ?

Marguerite. - Ah non, j'aurais eu horreur de voir la tête de froussard de mon père confrontée à l'idée de sa propre mort. Il aurait été dans une panique totale et n'en aurait été que plus insupportable, encore moins disponible pour moi.

Le deuil ritualisé. - Jean, cinquante-cinq ans, fils de cultivateurs, professeur dans une petite ville du Limousin. Il a perdu son père il y a vingt ans.

Jean. - Je crois que le deuil peut commencer avant la mort réelle de la personne. Il y a un détachement qui se fait lorsqu'on sait que quelqu'un va mourir : il y a une résignation, comme un pré-

deuil. Pour mon père, il y a eu une nuit de veille, pendant son
agonie, durant laquelle le deuil a commencé. J'ai pleuré pendant
deux jours. J'ai pleuré convulsivement, sans pouvoir m'en empêcher. Mon père est mort dans les traditions rurales, dans son lit,
dans sa chambre, avec les voisins autour de lui. Il a eu une agonie
publique.

Est-ce que ça vous a aidé ?

Jean. - Oui. On sent son angoisse partagée. C'est comme si on
assistait à un événement ritualisé qui permet de se décharger un
peu du poids. Ça permet d'extérioriser. Je sanglotais avec les gens,
autour, qui pleuraient aussi. On pleurait à haute voix. Il y avait
Roger, Paul et Fernand. Il n'y avait que des hommes, puisque c'était
un homme qui mourait. Tout le monde bramait à haute voix. Et
moi j'étais dans une ambiance familière puisque j'avais déjà assisté
à ce rituel plusieurs fois, lors de la mort de voisins. On sent son
appartenance à une même grande famille, qui a déjà vécu cette
douleur, et la vivra encore. Ce n'est plus une aventure personnelle
mais une aventure de société. On est pris en charge par le voisinage. Ça permet de purger la douleur.

Seul, je pense que j'aurais réprimé mes sanglots. Là il y avait
un côté mimodrame. La présence des autres, qui pleurent aussi,
vous autorise à pleurer, ça crée le partage. Et on sort de là - je
suis sorti de là - totalement épuisé. On peut s'immerger dans son
chagrin pendant trois jours sans avoir peur d'y sombrer puisqu'il
y a toujours quelqu'un pour partager ce chagrin avec vous.

*Est-ce que ça peut paraître sacrilège de continuer à se nourrir, à s'occu-
per de son corps quand son père vient de mourir ?*

Jean. - C'est-à-dire qu'on fait du café pour tous ces gens qui
viennent en visite. Ce sont les voisins qui s'en occupent, qui font
aussi une soupe et disent à la famille : « Il faut vous nourrir, ne
pas perdre vos forces. » La famille du mort est prise en charge
comme un enfant. Les voisins s'occupent de la marche de la ferme :
donner aux poules, traire les vaches, etc. La famille peut s'engloutir totalement dans sa peine.

Et ce rituel, il fonctionne quel que soit le mort, même s'il s'agit d'une mort accablante comme celle d'un enfant ?

Jean. - Oui, bien sûr, parce que avant tout il y a le devoir envers le mort, le respect dû au mort. Donc ça doit se passer « comme ça ». Il y a d'abord les visites qui permettent de repleurer en public - les adieux de tout le voisinage. Puis, il y a les obsèques qui sont un moment très fort, à cause de l'église, du catafalque. Ensuite, huit jours après, il y a la huitaine, et là on fait du théâtre : on installe dans l'église un catafalque qui a la même forme que la bière et on refait exactement la même messe d'enterrement ; on rejoue la « scène d'adieux ». C'est très important, pas du tout de l'hypocrisie. Il s'agit d'un simulacre purgatoire. Il y a le même encens, les mêmes odeurs. Et on se remet à pleurer comme huit jours auparavant. Moi j'ai repleuré, or je ne pleure pas facilement. Ensuite, il y a la quarantaine, une messe quarante jours après, et enfin le « bout de l'an », la même cérémonie toujours, un an après les obsèques. Là aussi du théâtre, au meilleur sens du terme, au sens religieux du théâtre. Ces messes rituelles, c'est la certitude que le mort ne sera pas oublié, que la vie peut donc reprendre tout doucement puisqu'il y aura ces dates auxquelles on est sûr de se retrouver pour penser à lui. La reprise du cours de la vie en est moins sacrilège.

Les années qui ont suivi sa mort, j'ai beaucoup rêvé de mon père. Il ressortait de sa tombe avec son petit costume marron que je pourrais décrire très précisément, il arrivait et j'étais fou de joie de le revoir. Il disait : « Ah, on a eu peur ! » Je lui brossais la terre qu'il avait gardée sur les épaules. Je pense que le deuil est fait quand tout est devenu tranquille dans sa relation avec la personne morte. La période de deuil doit vider des regrets, du chagrin trop vif ; pour faire place à une sorte de sérénité. Il faut du temps. Je pense à lui très souvent, au moins une fois par semaine. Je vois le cimetière, au loin, de ma fenêtre.

Pourquoi avez-vous été si hésitant à accepter cet entretien ?

Jean. - C'est une sorte de protection, Pourquoi pendant une heure reparler de tout ça, se rebaigner dans ces émotions. C'est quand même insupportablement triste, de toute façon, le fait qu'il ne soit plus là. C'est ramener la certitude presque charnelle de ma mort à moi !

Le deuil refusé. - Les enfants perdent un jour leurs parents. Mais qu'en est-il lorsque cet ordre naturel de la succession des générations n'est pas respecté ? Lorsqu'on perd, à cinquante ans, son fils de vingt-deux ans ? Jean-Fred est mort dans l'explosion d'un immeuble à Massy, un peu plus d'un an avant cet entretien.

Francis. - Je ne sais pas si je suis en deuil. Je ne pense pas. Comme je n'ai pas d'attaches religieuses, j'ai un chagrin qui va durer. C'est ainsi. Les premiers jours on nage dans le brouillard, on est obligé de se droguer : calmants, somnifères. Il m'a fallu un an pour qu'à certains moments je croie à ce qui s'est passé. Au début, j'ai refusé de me plonger dans le chagrin. Ça a été instinctif. Je me suis jeté dans le travail et, à des moments privilégiés, le soir surtout, je repensais à tout ça. J'essaye encore de partager la journée : il y a le travail, les loisirs, et les moments où je repense à ça. Mais si un matin je dois prendre ma voiture pour faire trois cents kilomètres, pendant trois cents kilomètres je ne pense qu'à ça. J'essaye de ruser avec les pensées. Perdre un fils ça n'a rien à voir avec perdre une grand-mère. C'est anormal, c'est beaucoup plus révoltant. On ne peut pas se sortir de ça.

On reçoit encore régulièrement du courrier adressé à Jean-Fred. À la fois c'est un chagrin, et en même temps on se dit : il a encore du courrier ! Des traces de vie qui font comme un rai d'espoir... mais c'est assez pénible. J'ai des réactions différentes tous les jours. En fait, ça ne s'arrange pas. Je n'accepterai jamais. Il y a les gens qui restent : la fiancée qui vient nous voir. C'est pénible et ça aide. La difficulté va être d'évoluer, de ne pas se fossiliser. On va avoir tendance à vouloir toujours voir l'autre comme à l'époque de l'accident, à le figer. La fiancée, elle va changer. Il faut qu'elle change, qu'elle s'en sorte. Ça aussi ce sera douloureux. Et bien, en même temps.

De temps en temps je vois des silhouettes qui lui ressemblent : un petit blond avec un jean. C'est horrible. Je serai toujours en deuil. Je vais essayer de gérer ce chagrin, c'est tout. Mes voisins ont aussi perdu leur fils dans la même catastrophe. Leur réaction a été totalement différente : ils ont vendu sa voiture, ils n'ont plus voulu voir la fiancée. Moi, c'est l'inverse. Tout ce que je peux garder, je le garde. La vie reprend parce qu'on peut parler de lui, pleurer ensemble et conserver le noyau affectif dans lequel il a vécu. Après, le temps passera et je ne sais pas comment ça évoluera, car malheureusement le temps est là. La mémoire va se perdre.

Les années qui vont passer vous font peur ?

Francis. - Oui, beaucoup. Je me sens encore tout proche de lui, mais il n'y a qu'un an et je commence déjà à avoir du mal à revoir certaines scènes. L'appartement a été entièrement pulvérisé. On n'a pratiquement plus rien, plus de photos, plus de vêtements, juste un ballon dans la voiture. J'ai retrouvé quelques objets chez des amis, mais rien quoi ! Bien sûr que ça n'apporterait rien, des médailles, des objets, mais ça serait quand même quelque chose. Moi, j'étais collectionneur. J'ai décidé de ne plus l'être. Comme tout ce que j'aimais a été détruit, maintenant je m'abstiens. Il y a comme une ironie du sort insupportable. On cherche toujours sa propre responsabilité. Je me dis que j'aurais eu les moyens d'habiter ailleurs, etc. J'en parle d'ailleurs pour ne pas vivre dans cette culpabilité, mais elle est là quand même. Les quelques photos que j'ai récupérées, je les range mais je ne les regarde pas encore. C'est trop douloureux.

Vous dites « encore », donc il y aura le temps où vous pourrez les regarder ?

Francis. - Oui, je sais que je vais pouvoir les regarder. Je veux pouvoir les regarder. J'ai un ami qui a fait une vidéo des dernières vacances de ski. Je n'ai pas encore eu le courage de la visionner, même s'il n'y a que quelques brèves images de lui. Mais je la regarderai.

Est-ce que ça ne marquera pas la fin d'une forme de deuil de pouvoir supporter la vue de ces images ?

Francis. - Je ne crois pas. La souffrance sera toujours à vif. C'est difficile aussi à supporter parce qu'il y a une fierté du père pour le fils ; c'est le fils qui va remplacer le père. Il y a une transmission qui aurait dû se faire et qui ne se fera pas : au niveau d'avoir fait un peu plus que les parents ; simplement au niveau d'être devenu un homme. C'est un gâchis monstrueux. Il me disait : « Qu'est-ce que tu vas laisser quand tu vas partir ? » Je disais : « Je te laisserai. » Et malheureusement ce n'est plus vrai.

Est-ce que ça aide de savoir qu'il est mort alors qu'il était un jeune homme de vingt-deux ans plutôt épanoui ?

Francis. - Oui, ce qui me fait du bien c'est qu'il y a quatre ans j'ai perdu une belle-sœur. J'ai dit à mon fils : « C'est quand même malheureux de perdre la vie à trente-neuf ans. » Et il m'a répondu : « Mais ça vaut le coup quand même. » Je me raccroche à des phrases comme ça.

Le fait d'être en ville, ça n'aide pas. À la campagne, on parle plus souvent et plus naturellement de la mort : on parle de la mort de son chien, de celle de sa vache. On tue un lapin, des canards. On sait que le grand-père est là mais on le voit s'affaiblir. On sait qu'on peut tomber d'un arbre et mourir. En ville, on a l'impression de vivre dans un cocon, un peu dans une immortalité latente. Alors quand il vous tombe une telle chose, on n'est pas du tout préparé. Jean-Fred, c'est quelqu'un qui aimait tous les films à catastrophe. C'est horrible parce que, dans tous ces films, le héros s'en sort toujours. Et là, lui, il ne s'en est pas sorti. Ce n'est pas ce qu'on nous avait appris. C'est comme une grossière erreur.

Est-ce qu'il y a des périodes de répit un an après ?

Francis. - Oui, quand on dort.

Le deuil comme une mue. - Françoise, à vingt ans, a trouvé insupportable la mort, dans une compétition automobile, de l'ami allemand avec lequel elle vivait.

Le deuil, ça commence quand ?

Françoise. - Ça ne commence pas du tout après la nouvelle. Car la nouvelle, d'abord je ne l'ai pas acceptée. Je n'ai pas voulu voir le corps de mon ami mort. Je suis tombée dans les pommes, puis dans le coma, ce qui a été une protection. Ça n'était pas un coma profond puisque j'entendais tout ce qui se passait autour de moi, mais c'était une façon de me mettre en retrait. Le deuil n'a commencé que des mois après, quand j'ai accepté cette absence physique de Peter. Je n'ai absolument pas pu regarder les photos, toucher à ses vêtements, ranger l'appartement pendant longtemps. Tout est resté tel qu'on l'avait quitté ce matin-là. Je ne voulais pas le faire car je voulais essayer de prolonger, de faire en sorte qu'il vive encore un certain temps. Ça ne s'est fait que six mois après.

Les six premiers mois, c'est comment alors ?

Françoise. - J'étais déchirée, anéantie. Physiquement, je me sentais très lourde et je n'avais plus envie de vivre, plus du tout envie d'avancer. Ce qui a été superbe après, bien plus tard, c'est que j'ai pris conscience qu'il faut avant tout, dans la vie, vivre pour soi ; prendre conscience que l'on est vivant, et ne pas vivre par rapport à un autre. À cette époque, j'ai fait une recherche approfondie sur la philosophie orientale. J'ai trouvé le réconfort que je cherchais, c'est-à-dire que je suis sûre maintenant qu'après la mort il existe autre chose. Le deuil a pu commencer pour moi lorsque je me suis dit que même si une personne était absente physiquement, elle pouvait être encore plus présente auprès de moi. Je me suis dit : Peter n'est plus là, mais je sais qu'il vit quelque part, sur d'autres plans de conscience, et je suis persuadée qu'il me voit, m'entend. Il fait partie de ma vie, mort ou vivant. La mort n'est qu'un passage et le deuil a été l'acceptation de ce passage de la vie à une autre forme de vie.

Vous êtes-vous aidée avec des rituels ?

Françoise. - J'ai pratiqué le yoga indien, le yoga égyptien. Je me suis orientée aussi vers les textes sacrés, qu'ils soient chrétiens ou indiens. J'ai accepté de pleurer, j'ai accepté d'avoir quelquefois envie de me suicider, et toute cette pratique m'a rééquilibrée. Je me suis dit que, malgré cette douleur, le monde continuait à tourner, que des enfants riaient, que des gens s'embrassaient dans la rue. Ça fait partie du deuil d'accepter de voir les autres s'embrasser. Le deuil avait bien avancé quand j'ai été capable de rigoler en voyant des gens s'embrasser, sans ressentir ni jalousie, ni manque. Faire le deuil, c'est échapper aux phrases qu'on se répète beaucoup au début : « Je ne méritais pas ça ! » enfin toutes ces réflexions qu'on a pu entendre, enfant, dans sa famille. C'est se dire : « Voilà, il m'arrive une chose douloureuse, qu'est-ce que je peux en faire ? Il y a certainement quelque chose à comprendre. » Je n'ai été capable de le dire réellement que cinq ans après. Avant, j'étais dans l'opacité de la vie. J'arrivais à travailler quand même. Je faisais des traductions, je sortais des Allemands aux Folies-Bergère ! C'était horrible. Mais j'ai accepté d'être dans le brouillard.

Quand j'ai rencontré cette femme extraordinaire qui m'a enseigné le yoga, je me suis mise à beaucoup parler de Peter ; j'avais même peur de délirer. J'éprouvais le besoin d'entrer dans les églises, d'allumer des cierges. Je craignais de devenir cul béni comme ma mère. J'allais réciter des mandras en sanskri, ou j'allais faire des prières, ou tout simplement je parlais à Peter, je l'insultais même parfois pour m'avoir laissée là. Je me suis lancée dans des sports très actifs comme l'équitation et, au galop, je criais pour vider ma peur, mes frustrations, et pour ne pas pourrir lentement. J'avais une frustration du corps inouïe. Je ne supportais plus qu'un homme me regarde, je ne supportais plus de porter des jupes courtes : je ne supportais plus mes seins, ma sexualité. Ça a été très cruel. J'ai mis cinq ans à accepter qu'un autre homme me touche. Il m'a fallu tout un réapprentissage corporel. Chaque fois qu'un homme s'approchait, il y avait la main de Peter qui s'interposait.

Inconsciemment, je me suis dirigée vers des hommes qui étaient incapables de m'aimer, qui étaient tout le contraire de ce que j'avais connu avec Peter. Je me privais. Je ne me donnais plus le droit au bonheur. Je faisais tout pour que ces relations ne durent pas, car j'avais peur que ces hommes ne disparaissent subitement. Alors je me retirais du jeu.

Est-ce qu'il y avait une tradition de deuil dans votre famille qui a pu vous aider ?

Françoise. - Pas du tout. En plus, ma famille a été très indifférente à mon malheur car mes parents étaient contre le fait que j'aille vivre avec Peter. Faire le deuil, c'est le contraire de l'oubli, c'est le moment où on ne souffre plus en pensant à l'autre. C'est vraiment comme ressentir un allégement du corps qui semble libérer l'âme, comme dit Marguerite Yourcenar. Je peux penser à Peter sans pleurer, sans avoir mal à l'estomac. Je peux y penser joyeusement en me rappelant les blagues que nous pouvions faire ensemble.

Lorsque vous avez eu, quelques années plus tard, le deuil d'une petite fille, avec laquelle vous étiez très amie, et qui est morte, est-ce que le fait d'avoir vécu le deuil de Peter vous a aidée ?

Françoise. - Oui, beaucoup, parce que j'avais l'impression que mon corps avait enregistré certains phénomènes et qu'ensuite, lors du deuil de cette petite fille amie, même si la douleur était grande, des réactions instinctives me sont venues. J'ai été moins paniquée par ce qui m'arrivait que la première fois. J'ai accepté beaucoup plus vite l'évidence de la mort ; j'ai pleuré, je me suis laissée aller à mon chagrin et ça a été beaucoup plus facile.

Après le deuil de Peter, je n'ai plus jamais été comme avant. Faire le deuil, c'est accepter l'idée que les choses ne seront plus jamais comme avant, et en même temps se dire que ça vaut le coup de continuer. Le deuil, c'est comme un magma, une période de jachère. Mais la vie ensuite, quand elle renaît, est plus vivifiante. Tu redécouvres toutes les sensations comme après une période de jeûne ; tu apprécies les goûts, les couleurs, les moments simples de la vie deviennent très intenses. Tu as quitté une vieille peau. C'est une mue.

Le deuil comme un embrasement. - On peut éprouver, dans nos sociétés contemporaines, où l'on ne s'avance plus dans le voyage de la vie de compagnie avec la mort, comme une honte de la mort qui vous touche, comme si vous étiez responsable de ce malheur qui, un temps, vous englue. Responsable aussi d'apeurer vos voisins en leur rappelant que nous sommes mortels et qu'ils seront, un jour, eux aussi, atteints.

Christine Spengler[1], pour supporter son deuil, avait choisi de le noyer dans le deuil du monde, de fuir partout où la guerre immergeait les populations dans un deuil quotidien et effroyable.

---

1. *Une femme dans la guerre*, Paris, éditions Ramsay, 1991.

Elle ne s'est pas posé la question du convenable, du congru, de ce qui doit ou non se faire. Elle est allée hardiment là où instinctivement elle devait aller. Aussi, son deuil, elle le métamorphose en une œuvre éclatante, un des plus intenses hommages que l'on puisse faire à ses morts.

Christine Spengler. - Pendant les dix ans qui ont suivi la mort d'Éric, dans ma tête il m'attendait toujours à la maison. Le seul endroit au monde qui me terrorisait, ce n'était pas les bombardements, les horreurs, les charniers, mais ce petit cimetière quelque part en Alsace, que je ne voulais surtout pas voir. L'Alsace était devenu synonyme de deuil, de corbeaux noirs qui, lorsque j'ai reçu à Saigon le télégramme bleu m'annonçant la mort de mon frère, m'ont poursuivie dans les rues. Ces oiseaux de malheur, je me suis dit qu'ils veillaient déjà, sans que je le sache, sur le berceau blanc d'Éric, à Mulhouse. Et ces oiseaux allaient ensuite me poursuivre comme un leitmotiv sur les lieux maudits de mes reportages.

Pendant toutes ces années, je fuyais. Je fuyais, habillée comme une veuve, au Kurdistan, en Bolivie, en Amérique latine, au Viêt-nam, au Cambodge, pour témoigner, pour photographier le deuil du monde. J'étais moi aussi une veuve, et c'est pour ça que les femmes en Iran se laissaient photographier si facilement, et c'est pour cela qu'il y a partout ce regard frontal des gens qui me regardent vraiment en face ; et très souvent les femmes ouvrent leur tchador pour moi, parce qu'elles sentent que je suis comme elles, solidaire de leur deuil.

Quand je suis arrivée à Mexico, après ce terrible tremblement de terre qui avait englouti des milliers de familles, les gens me regardaient avec étonnement et me disaient : « Toi aussi tu portes du noir ? Tu n'as pourtant perdu personne ici ? » Je répondais : « J'ai perdu quelqu'un que j'adorais, un frère. » « Comment, un frère ! Et nous, nous avons perdu nos familles entières, cette jeune fille a perdu les quatorze membres de sa famille, mais alors, si on devait porter le deuil, il nous faudrait des mètres et des mètres de crépon noir. » Pour moi, ça a été une leçon terrible. Le deuil d'Éric m'avait fait perdre le sens de la couleur et c'était une terrible punition. Non pas de m'habiller en noir, mais de rêver en noir et blanc, de voir en noir et blanc, et de ne photographier qu'en noir et blanc. Car la couleur pour moi, c'est la vie, c'est le comble de la beauté, du luxe. Par exemple, approcher un bâton de rouge à lèvres de mes lèvres aurait été un authentique sacrilège.

Après dix ans d'absence, je réussis enfin à faire ce pèlerinage interdit, à Mulhouse. Ma douleur a été immense de devoir accepter qu'Éric gisait là, dessous cette pierre tombale noire comme un étang, enterré comme je le savais avec son costume de tweed turquoise que j'adorais. Je me suis dit : « Je suis seule, ils sont tous morts, mon frère, tante Marcelle ; je ne peux plus faire comme si ce n'était pas vrai. Mais moi, je connais le secret pour ramener les morts à la vie. » Et pour la première fois depuis dix ans, j'ai couru acheter un rouleau de film couleur ; j'allais leur faire des hommages, des autels des dieux comme j'ai vu faire une fois, en reportage, au bout du monde, comme font tous les jours les mères et les sœurs des martyrs en Iran, ces immenses cimetières que j'affectionne et que je photographie chaque fois que je retourne là-bas puisque mes premiers mots, quand j'arrive en reportage, sont de dire au taxi : « Emmène-moi au cimetière. »

Ce que j'aime le plus en Iran, c'est cette osmose entre les vivants et les morts, pas comme chez nous justement où les vieux sont rejetés dans les asiles et les morts dans leur fosse, et vite on s'enfuit et on ne se retourne pas. Tandis que là-bas, on va à l'encontre des morts tous les jours, comme ces femmes qui se promènent paisiblement à l'ombre des portraits géants, dans leur tchador, au crépuscule : peut-être qu'elles ne parlent même pas des morts, parce que les morts font partie de la vie quotidienne. C'est cette attitude que j'ai prise moi aussi.

Donc, en 1983, je choisis pour les photos de mes morts toutes les couleurs les plus éclatantes, non seulement les rouges resurgissent - qui ne sont autre chose que le sang des guerres - avec une violence inouïe, mais les turquoise, les opale, les roses tendres, les orange, les mauves, les capes de toreros de mon enfance madrilène. Je pare cette tombe de Mulhouse de mille bougies et de fleurs, de ces portraits photographiques de mes morts, autour desquels je fais des ornements avec des pétales de roses, des artichauts, des poivrons, des graviers, semblables à ces autels des dieux en Amérique latine et au Viêt-nam. Si bien que, lorsque je quitte, au crépuscule, le petit cimetière, j'ai réalisé une tombe andine : le portrait d'Éric brille et me sourit.

Et maintenant, quand je pars en reportage, je déploie mon arsenal de photos, sur les petites cheminées ou sur les commodes de mes chambres d'hôtel, comme les toreros déploient leur macarenas pour se donner du courage avant d'affronter la mort. Depuis que j'ai fait ces photos, dans le cimetière de Mulhouse, je me sens beaucoup moins seule. Mes morts me sourient, partout. Je ne regarde jamais par la fenêtre de cet appartement tellement lumineux, parce que je vis toujours enfermée dans mon monde intérieur et presque toujours avec les morts, pas seulement les miens : Éric, tante Marcelle, ma vraie mère, mais tous ces visages - les fleurs de la guerre - que j'ai tant photographiés.

La vocation de votre vie est d'être plongée dans la guerre, la mort, le deuil. Mais quand le deuil personnel vous a rattrapée à Saigon, quelle différence y a-t-il eue ?

Christine Spengler. - Il n'y a pas eu de différence. Car cette douleur personnelle, je l'ai très vite transformée en douleur universelle, puisque, trois jours après l'enterrement d'Éric, je suis allée non plus au Viêt-nam, mais au Cambodge, au pays des têtes coupées. Parce que je voulais mourir sans doute, mais je voulais, si ça arrivait, mourir en témoignant. En allant au Cambodge, je me suis dit que je serais très vite obligée de faire la différence entre un suicide - qui est malgré tout, quelque part, un luxe - et tous ces gens beaucoup plus à plaindre qu'Éric et qui n'auraient demandé qu'à vivre. M'éloigner trois jours après a été une façon de remettre mon deuil à sa place.

Comment pensez-vous à votre frère aujourd'hui, presque vingt ans après sa mort ?

Christine Spengler. - J'y pense comme aux photos que j'ai faites de lui. Je ne pense plus tellement à lui comme il était ; je pense à lui comme à quelqu'un qui m'attend et que je vais retrouver, mais en aucun cas avec tristesse. J'ai une relation merveilleuse et très privilégiée avec les morts, qui n'est aucunement basée sur la peur. Les morts, j'ai pris l'habitude, comme font les gens en Iran, en Bolivie, en Amérique latine, de leur parler toute la journée d'une façon incantatoire, de regarder leurs photos.

La douleur de la mort d'Éric a été comme ensevelie sous toutes les autres douleurs que vous avez pu côtoyer ?

Christine Spengler. - Oui, tout à fait. En photographiant les gens que j'ai aimés : tante Marcelle, Éric, je les ai ramenés dans le domaine des vivants. Quel bonheur lorsque les gens, voyant la photo de tante Marcelle tellement belle, entourée de poivrons et avec une coiffure de nacre et d'œillets - on dirait un Botticelli - me disent : « Mon Dieu, qu'elle est belle ! » Quel bonheur lorsqu'un musée m'achète vingt photos de guerre et dix photos du deuil personnel d'Éric et de tante Marcelle, et que je me dis que, même lorsque je serai morte, ils continueront, grâce à moi, de sourire sur des murs. C'est ça la magie de ce que j'ai fait, de ces photos, c'est de pouvoir ramener les gens à la vie pour toujours.

C'est un peu comme une lutte entre vous et la mort. C'est vous qui avez gagné ?

Christine Spengler. - Oui, j'ai cette impression. Et, comme vous voyez, je vais beaucoup mieux puisqu'à présent je porte moi-même des couleurs éclatantes que je n'aurais jamais portées auparavant. Je suis dans une époque de sortie de deuil, donc je peux porter du rouge à lèvres. Il faut inculquer aux enfants le culte des ancêtres, comme dans ces petits restaurants vietnamiens tellement touchants où brille, dans un coin, l'autel des ancêtres avec la photographie des grands-parents. Les gens seraient moins tristes s'ils se familiarisaient avec la mort, puisqu'elle est inéluctable. Au fond, j'ai l'impression que la mort est comme l'état naturel dans lequel nous voguons en permanence, et puis il y a ces quelques années : vingt, quarante, soixante ans, ou un peu plus, que nous vivons sur terre. C'est comme une échappée.

Isabelle Yhuel

Perte et passion

Jacques Hassoun

---

*Passion et deuil procèdent d'un même manque, d'une unique
souffrance. Pressentie ou ravivée, ce qui se joue c'est
l'expérience d'une perte ayant déjà eu lieu. Que l'on aime
passionnément ou que l'on meure de chagrin, on retrouve
l'enfant abandonné.*

Que la passion dans son extrême soit funè-
bre, nul doute à cela. Austère et savante comme le *cante jondo*,
ample comme le *cante grande*, torturée et spectaculaire dans le cri
qui soutient le *cante chico*, érotique et funèbre dans la chorégra-
phie qui l'accompagne, la passion, au même titre que le chant flamenco, est en proie à ses *duendes*, ses démons, qui bousculent
jusqu'à la folie l'existence de celui qui en est la proie, au lieu même
d'une attente insue où va se rejouer le drame d'un deuil impossible. Comme la passion, le flamenco est l'expression d'un exil. Ne
dit-on pas de cette musique qu'elle tire son nom des chants nos-
talgiques que les Andalous cantonnés dans les Flandres et aux Pays-
Bas modulaient pour évoquer leur province natale ? À leur retour,
ils entendront nommer « chant flamand » ce qui était pour eux
l'expression extrême du déchirement andalou.

Ainsi donc, à poursuivre notre métaphore jusqu'à son terme
nous dirons que la passion amoureuse est toujours l'expression d'un
exil, d'une séparation radicale.

Car, contrairement à l'amour où l'imaginaire d'une réciprocité
semble être mis en scène, où le quotidien lui-même vient abraser

la violence des sentiments, la passion est d'emblée inscrite dans la fatalité d'une séparation.

Elle représente, pour celui qui en est la proie, un « *pour toujours* » dans lequel le sujet s'engage dramatiquement. Depuis toujours, il était en attente de cette rencontre. Depuis toujours celle-ci était comme un suspens qui aurait dû venir combler une séparation première que nulle parole n'était venue dialectiser : une blessure béante a été révélée par cette rencontre qui depuis toujours attendait l'*être* susceptible de combler de sa présence une faille jusqu'alors méconnue.

Retrouvaille bouleversante, unique, source de douleur exquise et d'exaltation extrême, la passion met en scène l'*alphabet des masques* qui proclame un *depuis toujours* bouleversant. *Depuis toujours je t'attendais. Depuis toujours je savais que tu viendrais.* Mais quel est ce savoir qui compose les strophes d'une romance de quat' sous, désuète, dramatique et ridicule tout à la fois ?

Quel est ce savoir tyrannique qui autorise le passionné à clamer sa joie démesurée, sa peine déchirante ?

Quel est ce savoir qui lui fait dire *tu as creusé - à ton corps défendant - bien avant que je ne te rencontre, un creux - un abîme - que tu te dois de combler. Ton absence me sépare de moi-même. Tu est requis(e) d'être présent(e) au rendez-vous que je t'ai fixé, dès lors que je t'ai rencontré(e). À chaque seconde de mon existence ton absence devient un fardeau, de mon corps j'ai fait une couche dans laquelle je te somme de t'étendre. Qu'importe que ce lit soit semblable à celui de Procuste, tu es mien(ne) à la mesure de mon assujettissement... et c'est à la place exacte que je t'ai assignée que tu te dois de te retrouver. Ta place est en moi et nulle part ailleurs. Je te garde, je t'englobe et je me perds en toi, je me perds et me dissous dans cette déchirure ; cette invagination que tu as ouverte m'aspire et tel Narcisse je te rejoins, toi...* « *mon double en nature, ma raison d'être* ».

Somme toute ces propos témoignent que la cruauté, qui dans la passion semble être constamment présente, est à la mesure de la fatalité qui semble commander les actes, les gestes, les propos de celui qui est la proie d'une jouissance qui, tel le Buisson Ardent, brûle et ne se consume pas. Nulle issue, nul plaisir ne peut ni ne doit pouvoir soulager cette jouissance. Car la rencontre avec l'Unique est ravissante, bouleversante. Elle est comme cette mise en

abîme que saint Jean de la Croix évoque, et qui tient captif
l'aimant :

> « A ce simple cheveu
> Que sur mon col tu as vu voltiger ;
> Tu le vis sur mon col,
> Tu y restas captif,
> Tu te blessas dans un seul de mes yeux. »

Ce simple cheveu est là, depuis longtemps, depuis toujours, de
toute éternité. À celui qui force le destin pour accéder à la terrible élection de la passion, de s'y laisser prendre. Nul ne peut s'y
préparer. Ça s'abat sur lui et ça révèle l'attente. C'est dans cette
mesure que l'élu aura la grâce immense de pouvoir accueillir et
reconnaître ce *cheveu sur le cou* pour s'y laisser prendre, s'y précipiter, s'y engloutir. Sans retour possible. Une passion peut s'oublier.
Une passion peut en chasser l'autre. Mais une passion ne peut s'éviter. Elle est de l'ordre de la fatalité, du Destin que Freud définit
comme la « dernière figure de cette série qui débute avec le couple parental » et qu'il rattache à « l'angoisse de mort... dont il est
très difficile de se libérer ». « Je n'y peux rien » pourrait en être
la formule... dont on trouverait l'écho dans ce poème gnostique
égyptien qui précède et accompagne la communion :

> « Ce n'est pas moi qui t'ai semé
> Ce n'est pas moi qui t'ai foulé
> Ce n'est pas moi qui t'ai fauché
> Ce n'est pas moi qui t'ai brisé
> Ce n'est pas moi qui t'ai meurtri
> Ce n'est pas moi qui t'ai pétri
> Ce n'est pas moi qui t'ai roulé
> Ce n'est pas moi qui t'ai brûlé. »

Et le peuple de répondre : « Pardonne-nous de t'avaler... » Car
*nous sommes condamnés à t'avaler, même si comme sujets nous
nous absentons de tout le processus qui nous a amenés à cet endroit.
Notre liberté n'y est pas engagée. Nous sommes pris dans ce qui
nous dépasse, nous précède... et qui - cicatriciel - est resté depuis
toujours comme en suspens.* Cette cicatrice demeurée silencieuse et
qui dans la passion vient, tel un membre fantôme, faire souffrir
le sujet est celle d'un deuil qui n'a pu s'accomplir.

Deuil de la merveille, deuil de l'enfant à jamais exilé d'une image merveilleuse, deuil d'un Moi idéal, deuil d'un double spéculaire... telle est la série d'impossibles auxquels le passionné est confronté et qui culmine dans cette exigence exprimée à l'endroit de l'objet de la passion : celui-ci est sommé de devenir identique à l'image meurtrie, d'un double éternellement jeune, éternellement triomphant. Somme toute, ce qui rend la passion tellement étrange est cette constante référence, au plus fort de la jouissance et de l'exaltation, à un vacillement de l'être, à une crainte sinon à une terreur de la séparation toujours susceptible de faire irruption, toujours susceptible de venir rompre cette félicité bouleversante pour raviver un deuil énigmatique qui soutient l'existence déchirée des grands passionnés.

La passion serait ce temps de solitude phénoménal - à deux - qui débute par un « depuis toujours », se poursuit par un « pour toujours » et meurt dans un « plus jamais (ça) ».

Or, la perte d'un parent, d'un proche, d'un être aimé peut parfois réveiller une souffrance aussi ravageante que celle que la passion exerce sur le sujet comme si celui-ci était tout entier emporté dans les profondeurs, dans les enfers, par l'irrémédiable de cette séparation.

La mort délie des liens sensibles d'un sujet à l'autre, définitivement.

Les illusions religieuses y trouvent leur fondement : vie future, résurrection des morts... autant de promesses qui se jouent de l'irrémédiable le plus absolu, autant de constructions pieuses offertes pour soutenir l'« âme accablée », pour tenter aussi d'amoindrir le sentiment de culpabilité et pour essayer enfin d'accompagner celui qui est en proie à cet événement dans son deuil. Or, si celui-ci connaît un temps dont nul ne peut et ne doit faire l'économie, il est des cas de deuils, que l'on nomme pathologiques, qui présentent tous les traits de la mélancolie dans laquelle le sujet semble être l'objet d'un conflit énigmatique qui le mobilise - au même titre que la passion - tout entier.

Figé dans le non-espoir d'une vaine attente, arc-bouté au déni de cet irrémédiable, l'endeuillé semble être comme un enfant abandonné dans le noir et qui ne peut imaginer un seul instant que quiconque pourrait se souvenir de lui.

L'endeuillé vit dans le souvenir de *la disparue*.

Ce féminin pourrait étonner. Or, mon hypothèse serait la suivante : dans un deuil qui ne peut s'accomplir c'est toujours *cette Autre* qui est en jeu. Celle qui manque à l'appel, à l'invocation, celle qui n'a pas pu se détacher, qui n'a pas su pouvoir apprendre à son enfant à jouer de l'absence et de la présence pour faire de cet espace le lieu fondateur de toute relation ludique, aimante ou amoureuse.

Ainsi le point commun entre un deuil pathologique, qui semble outrepasser les limites même de sa fonction, et la passion serait dû à ce « jamais plus » qui barre la route à une félicité qui tente de ruser avec le sort commun..., avec l'intrication des pulsions de vie et de la pulsion de mort.

L'endeuillé dérange autant par l'extravagance de sa mélancolie que par l'écho qu'il éveille chez tous : sa souffrance met en scène l'incomplétude qui est au principe du désir et de l'existence ainsi que la confrontation avec les extrêmes que la passion en sa déroute et la mort éveillent.

Dans l'un et l'autre cas, le *plus jamais de félicité, plus jamais de fusion dyadique avec l'Autre, avec la disparue* est remis en scène. Cette souffrance taraudante, térébrante donne à celui qui l'éprouve un avant-goût de ce que peut être l'*éternité* dans sa dimension inhumaine, infernale. Rien ne semble pouvoir venir mettre un terme à cette douleur. La mort elle-même semble impossible, tant la route du désir est barrée, tant le sentiment de culpabilité aussi semble devoir interdire l'expression ultime d'un possible désir de se donner la mort.

La clinique l'atteste : c'est plus tard, quand cette souffrance sidérante semble s'amender, que les risques de suicide - comme premier acte de désir, comme reconnaissance d'une incomplétude - sont pensables.

Mais peut-on dire que le deuil consécutif à un décès - dans ce que cette expérience peut receler comme réel - et celui qui fait suite à une passion seraient semblables sinon homothétiques ?

Rien n'est moins sûr.

Proust écrit dans les dernières lignes d'*Un amour de Swann* :

« Et avec cette muflerie intermittente qui réapparaissait chez lui dès qu'il n'était plus malheureux et que baissait du même coup le niveau de sa moralité, il s'écria en lui-même : "Dire que j'ai gâché des années de ma vie, que j'ai pu mourir, que j'ai eu le plus grand amour pour une femme qui ne me plaisait pas, qui n'était pas mon genre." »

Cependant que Marina Tsvetaeva donne congé à l'*homme de sa vie* par cette phrase :

« Aimer, c'est voir un homme comme dieu l'a conçu et comme ses parents ne l'ont pas réalisé. Ne pas aimer, c'est voir l'homme tel que l'ont réalisé ses parents. Ne plus aimer, c'est voir à sa place une table, une chaise[1]. »

Ces chutes cruelles disent bien ce qu'il en est de la passion : un engagement toujours renouvelable auprès d'un(e) Unique, cependant que la mort d'un proche relève constamment d'un irrémédiable absolu que le survivant expérimente jusque dans son corps, dans son entendement.

Certes une mort relance presque constamment la passion qui liait ces deux-là, l'un à l'autre. Certes une mort peut ranimer chez le vivant la déliaison entre pulsion de vie et pulsions de mort au même titre qu'une passion, mais il reste que le décès d'un proche fige celui-ci dans une phrase interrompue, dans une parole suspendue qui ne saurait jamais plus atteindre son destinataire.

La mort est une barre portée sur la toute-puissance infantile. Elle est notre première expérience de la vie subjective (au titre de mort au désir de l'Autre, au titre d'*enfant-mort*). Rencontrée dans le réel, elle donne un avant-goût du silence radical et d'un non-retour absolu.

De la passion à la mort, il est une limite. Celle qui, en termes d'illusions fragiles et d'idéalisations inconsistantes, est fondatrice du sentiment religieux et des institutions ecclésiales.

Que la Passion par excellence (celle figurée par la crucifixion de Jésus de Nazareth) ait suscité chez Jean de la Croix ou Thérèse d'Avila quelques pages sublimes ne nous étonnera guère. Leur mystique les condamne à considérer comme seule vie pensable celle qui, relevant de la passion christique, succède à la mort réelle. L'extrême même de leur extase se situe hors du commun et signe la différence radicale entre ce qui attache deux vivants l'un à l'autre, fût-ce dans une relation aliénante, avec ce qui se dénoue radicalement

---

1. Marina Tsvetaeva, *Neuf lettres avec une dizième retenue et une onzième reçue*, éditions Clémence Hiver.

dans un décès. Car ce que suscite l'intolérable d'une mort est que celle-ci semble s'imposer de l'extérieur comme une fatalité qui, à l'instant où elle s'accomplit, est ressentie comme une injustice énigmatique et non comme ce qui témoigne de la logique radicale du vivant : se savoir (et savoir l'autre) mortel. Reste pour celui qui survit la confrontation à l'insupportable d'une image qui s'estompe au point de devenir une évanescence spectrale.

D'où la nécessité d'un rituel, fût-il laïque.

D'où la nécessité d'un lieu d'assignation qui permet d'inscrire une mort dans le social.

Aussi, qu'est-il de plus troublant, de plus inquiétant, de plus « passionnément » bouleversant qu'une absence de lieu assigné à une dépouille ? C'est à ce titre que les disparitions des corps dans les camps d'extermination ont créé les conditions d'un deuil impossible. Point extrême où le *plus jamais* renvoie le sujet à une solitude radicale, littéralement inhumaine, en le privant de ces lieux d'inscription - pierres tombales, épitaphes - qui peuvent au terme d'un long parcours étayer une inscription symbolique et permettre le travail de deuil.

Condition minimum pour que notre incomplétude révélée par la mort s'inscrive dans une généalogie de mortels, c'est-à-dire de vivants.

Jacques Hassoun

Nevermore

Cécile Wajsbrot

« *Il n'y a pour survivre à la mort de l'autre qu'une voie : la reconnaître. Mais le "jamais plus" ne peut pas venir d'abord. C'est le résultat d'un chemin, d'un trajet, le parcours même des lignes où l'on se perd.* » À *travers des exemples pris dans la littérature, les tentatives du poète pour nier le* never more *et l'impossibilité d'y échapper.*

Un soir, un poète - mais c'est aussi un homme - est seul dans sa maison. Et il entend frapper à la porte de sa chambre. Qui est-ce ? La nuit tombée depuis longtemps - il est minuit -, la tempête au-dehors, et le souvenir d'une Lénore perdue, voilà où fait irruption le visiteur, qui insiste, frappe à la fenêtre - la porte a été ouverte, mais sur le vide, seulement - et apparaît enfin, en « majestueux corbeau digne des anciens jours ». « Lugubre et ancien Corbeau, errant loin du rivage de Nuit - dis-moi quel est ton nom seigneurial au rivage plutonien de Nuit ? » Le Corbeau dit : « Jamais plus ! » L'homme solitaire s'emporte. A-t-on jamais vu un nom semblable ? Puis il dérive, dans le souvenir de Lénore perdue. L'oublier ? Jamais plus ! répond l'oiseau. La revoir, sur cette terre ou ailleurs ? Jamais plus. Et ce corbeau, qu'il reparte ? Jamais plus.

Dans la *Genèse d'un poème*, Edgar Poe explique comment l'inspiration n'est qu'apparence, et à quel point tout est travail et volonté, dans la création littéraire, soumis à l'effet produit. Ce faisant, peut-être en rajoute-t-il un peu. Il faut un refrain, quel meilleur refrain qu'un simple mot, « ces considérations me menèrent inévitablement à l'o long, comme étant la voyelle la plus sonore,

associé à l'r, comme étant la consonne la plus vigoureuse ». Et
comme l'atmosphère se devait d'être mélancolique, « il eût été absolument impossible de ne pas tomber sur le mot *nevermore - jamais
plus* ».

Quel sujet, se demande Poe, pourrait correspondre à la répétition de *nevermore* ?

> « De tous les sujets mélancoliques, quel est *le plus* mélancolique selon
> l'intelligence *universelle* de l'humanité ? - La Mort, réponse inévita-
> ble. - Et quand, me dis-je, ce sujet, le plus mélancolique de tous,
> est-il le plus poétique ? (…) - C'est quand il s'allie à la Beauté. Donc
> la *mort* d'une *belle femme* est incontestablement le plus poétique sujet
> du monde, et il est également hors de doute que la bouche la mieux
> choisie pour développer un pareil thème est celle d'un amant privé
> de son trésor. »

L'amant privé de son trésor essaie par tous les moyens de nier
la réalité - la perte de Lénore -, peut-être ne l'a-t-il pas perdue,
peut-être peut-il oublier, peut-être la retrouver, il se heurte à chaque fois au même mur, ce rigide jamais plus, impitoyable, et la
dernière tentative, faire partir ce témoin de l'impossibilité, faire taire
celui qui scelle la perte définitive, se heurte encore au mur, jamais
plus. Il n'y a rien à faire. Cerné de toutes parts, l'amant se rend,
le corbeau va rester, le corbeau du souvenir et de l'absence, et il
lui faudra vivre avec. L'amant privé de son trésor, expression ambiguë. Lénore est morte, certes, mais le mot n'est jamais dit. On
le comprend à certains signes, une atmosphère, et à cette répétition, jamais plus.

Mais Musset, autre poète, autre amant privé de son trésor - sa
Lénore s'appelle George Sand - cherche la consolation - et la vengeance - dans la poésie, celle des *Nuits*.

Mai. Les poètes, dit Musset,

> « Quand ils parlent ainsi d'espérances trompées, de tristesse et d'oubli,
> d'amour et de malheur
> (…)
> Leurs déclamations sont comme des épées :
> Elles tracent dans l'air un cercle éblouissant,
> Mais il y pend toujours quelque goutte de sang. »

Au-delà de l'art poétique d'un romantisme du pélican, où souffrance et art se nourrissent l'un de l'autre, ces *Nuits* sont comme

le journal de bord d'un amant privé de son trésor, et qui tente de survivre. Dans toute perte, il y a un goût de mort - quelque goutte de sang.

Décembre. Le temps a passé.

« Et je songeais comme la femme oublie,
Et je sentais un lambeau de ma vie
Qui se déchirait lentement.
(…)
J'enveloppais dans un morceau de bure
Ces ruines des jours heureux. »

L'absence, la perte, au lieu de faire partie totale de l'être, se détache lentement - travail de deuil, dirait-on aujourd'hui, où le mot deuil se galvaude, comme si on avait peur de son trop d'absolu, et qu'on cherche à l'user avant de devoir, malheureusement, l'utiliser. Musset, lui, est né en un temps où l'expression n'existait pas. Mais comme l'autre poète, qui tente de trouver une consolation dans les paroles du corbeau, et, puisqu'il n'y parvient pas, essaie de le chasser, il veut l'oubli.

Août. Le plein été. Plus d'un an a passé.

« Crois-tu donc qu'on oublie autant qu'on le souhaite ? »

Ou le lambeau ne s'est pas détaché, ou il se détache plus lentement que le poète ne pensait. Enterrées prématurément dans leur bure, les ruines du passé - et qu'il soit heureux ou pas, peu importe, ce qui importe, c'est qu'il soit passé, et, par conséquent, non présent - ont la vie dure. Le corbeau ne partira pas.

Octobre. C'est la dernière nuit, c'est l'automne, pas un hasard, sans doute, si Musset termine ce cycle de la perte par cette saison-là, un rendez-vous d'automne où personne ne vient.

« Le sévère dieu du silence
Est un des frères de la Mort »

enseigne la Muse.

Alors, le poète, qui se croit guéri, parle, il raconte cet amour, maintenant qu'il le peut. Et de le raconter, la haine revient, la passion, que la Muse tente d'apaiser.

« Je te bannis de ma mémoire,
Reste d'un amour insensé,

Mystérieuse et sombre histoire
Qui dormiras dans le passé. »

Silence et oubli sont les piliers de la fin, de l'absence, de la perte, les portiques du temple où l'histoire s'enfouit. Silence et oubli, l'exil et la mort - « je te bannis de ma mémoire » -, faire du temps un lieu d'où on s'éloigne.

Sur une ligne le silence et la mort, sur l'autre l'espace et le temps se confondent abusivement, se croisent et, à leur point d'intersection, la perte. Elle gît au cœur, se drape dans l'imparfait - « et puis nous marchions sur la plage, tu cherchais des coquillages, comme un enfant », innocence et paradis perdu, qui ne se vit en paradis que parce qu'il a été perdu -, peut faire le détour du passé simple pour aboutir au présent d'une mémoire, « nos rêves étaient semblables, je me souviens », point de passage vers un avenir - « combien faudra-t-il de plages, combien d'autres visages, pour comme toi oublier la maison, et l'enfant aux cheveux blonds que nous n'aurons pas » - forcément négatif, composé surtout de ce qu'il n'y aura pas, mesuré à l'aune du passé, de ce qu'il y aurait pu avoir. L'oubli, c'est autour que le cercle se referme, mais c'est toujours l'oubli de l'autre, que le récitant soit poète et s'appelle Musset ou que ce soit une chanson, écrite par Françoise Hardy.

« Et quand je pense à toi, croire que j'ai rêvé », soupire Musset. Celui qui raconte ne peut pas oublier - et pour cause -, il lui reste reléguer dans le rêve, l'illusion, ne pouvant pas dire je ne l'ai pas vécu, il prétend oui, j'ai vécu, mais en rêve. Suprême ruse du poète des *Nuits* pour ne pas se briser aux écueils du silence. À cela, bien sûr, la littérature aide aussi.

L'esquif est chargé, pêle-mêle ont été entassés l'imparfait, l'impossible, l'absence, l'exil, une fois le bateau parti, rien ne peut *jamais plus* être comme avant, il avance en eau trouble, l'océan est vaste, la tempête à venir, ou plutôt, la navigation ne se fait qu'entre deux tempêtes.

Perdre, Orphée ne s'y résoud pas. « J'ai voulu pouvoir supporter mon malheur et je l'ai tenté, je ne le nierai pas ; l'Amour a triomphé. C'est un dieu bien connu dans les régions supérieures ; l'est-il de même ici ? Je ne sais. » Voilà ce qu'il déclare à l'entrée des Enfers, où il vient chercher Eurydice. Or, le fleuve qui sépare les vivants des morts, celui où Charon fait passer d'une rive à l'autre et qui se nomme l'Achéron, en attendant l'autre fleuve, le Léthé

- qui veut dire l'Oubli -, où boivent les ombres pour oublier leur vie, or, l'Achéron, nul vivant ne peut le franchir. Orphée émeut Pluton et Proserpine, comme le raconte Ovide, dans *Les Métamorphoses*, comme Virgile l'a conté avant lui dans ses *Géorgiques*, il peut ramener Eurydice au jour à la condition, que tout le monde connaît, de ne pas se retourner. On sait aussi que, après avoir remonté le « sentier abrupt, obscur, noyé dans un épais brouillard », paysage que ne renierait pas Edgar Poe, Orphée se retourne, « tremblant qu'Eurydice ne disparût ». Voulant éviter la disparition, il la provoque : « Aussitôt elle recula, et la malheureuse, tendant les bras, s'efforçant d'être retenue par lui, de le retenir, ne saisit que l'air inconsistant. »

Apparemment, l'histoire est claire. Si Orphée ne s'était pas retourné, Eurydice serait remontée d'entre les morts, l'interdit pouvait être transgressé une fois mais, une deuxième fois, il n'en est pas question. Il a beau rester une semaine devant la porte, cette fois, on ne le laissera pas passer. L'exception peut advenir, comme exception, le royaume des morts s'est ouvert à Orphée, à Énée et, bien plus tard, à Dante, sur le chemin de Béatrice, à chaque fois, donc, à un amant privé de son trésor, mais une seule fois. Ensuite, on retombe dans l'ordinaire *jamais plus*. D'ailleurs, il n'est jamais question d'arracher Didon ou Béatrice au royaume des morts. Et Orphée, comme par hasard, échoue. C'est sans doute qu'il ne pouvait pas réussir.

Platon, dans *Le Banquet*, l'explique ainsi : « Ils ne lui montrèrent qu'un fantôme de la femme qu'il était venu chercher, au lieu de lui donner la femme elle-même, parce que, n'étant qu'un joueur de cithare (la restriction est de Platon), il montra peu de courage et n'eut pas le cœur de mourir pour son amour », le comparant à Alceste, femme d'Admète, qui eut, elle, le courage de mourir à la place de son époux et qui, pour récompense, fut rappelée du royaume des morts par les dieux. Sans entrer dans cette polémique - savoir qui a aimé le plus - on peut tout de même relever les mots de Platon, « une ombre de femme », et les rapprocher de ceux d'Ovide, elle ne saisit « qu'un air inconsistant ». La distance impossible à abolir, la différence qu'on n'effacera jamais plus ne peut mieux s'exprimer. Rien n'existe plus, tout n'est qu'ombre, inconsistance. Vouloir retrouver celle qu'on a perdue ne mène à rien, sinon à devenir soi-même comme cette « ombre de femme », de l'« air inconsistant ». Orphée n'est allé aux Enfers que pour mesurer la réalité de sa perte, la toucher du doigt, si on peut dire, un doigt qui rencontre le vide, car il n'y a que du vide.

Image extrême de l'autre différence, celle du présent et du passé, le souvenir qui torture Musset le tourmente à cause de cette immiscion de la présence dans l'absence, ou de l'absence dans la présence, de cette union de deux impossibles contraires. Dans le souvenir, le plus cruel est que quelque chose existe, qui feint de ressembler encore à ce qui existait. Orphée, après avoir vu Eurydice - il fallait qu'il la voie, qu'il voie qu'elle ne ressemblait pas à Eurydice, qu'elle n'en était que l'ombre, il eût été plus monstrueux qu'il la ramène au jour et qu'il ne s'aperçoive qu'après, trop tard, que ce n'était plus elle mais son ombre, Eurydice revenue eût été semblable à tous ces revenants qui hantent sans relâche la vie en lambeaux de ceux qui les appellent -, seulement après, prend conscience de sa disparition réelle, de la perte, seulement alors il y croit.

La voie pour survivre à la mort de l'autre, c'est la reconnaître, pas l'accepter, mais au moins la reconnaître. Jamais plus. Le poète a besoin de le répéter, pour que cela devienne vrai. Croire que l'autre peut revivre, c'est croire qu'il vit encore, et mener la vie de Heathcliff, sur la lande sauvage des *Hauts de Hurlevent*, dans la vengeance d'une mort non reconnue, dans la confusion des générations - faire payer à la fille la cruauté de la mère - et dans l'attente, éternellement figée, du signe de Cathy qui ne fut pas donné dans la vie et qui ne le sera pas plus dans la mort. « Croire que j'ai rêvé », c'est au fond la même chose. État photographié dans une autre chanson de Françoise Hardy.

> « J'ai fait de lui un rêve pour ne plus en souffrir
> et je vis dans mon rêve sans souvent en sortir
> d'autres que lui s'en viennent
> d'autres que lui s'en vont
> je reste dans mon rêve
> sans bien les voir au fond »,

une vie sans vie, errance entre un passé sans avenir et un présent « sans consistance », une vie en exil.

Alors, quelle différence entre perdre et perdre, entre croire qu'on a rêvé et croire que l'autre va revivre, sans doute aucune, tant qu'on ne se dit pas jamais plus, aucune. La même irréalité baigne les ren-

contres futures imaginées et les revenants redoutés, la même illusion entoure de « son épais brouillard » le départ vécu comme une
mort et la mort vécue comme un départ. Ce sont toujours ces lignes,
celle du silence-mort, celle de l'espace-temps, toujours l'intersection et, au cœur, la confusion suprême.

Quand Alba de Cespedes, dans son roman, *Elles*, raconte l'histoire d'Alexandra et de l'amour fou qu'elle a vécu avec François,
de sa compréhension tardive du silence de François, qui ne lui disait
jamais assez qu'il l'aimait, qui ne lui expliquait jamais pourquoi
il se comportait comme il se comportait, il faut du temps avant
de s'apercevoir que cette histoire doit se lire au passé, et non au
présent, du temps pour se détacher de la vision d'Alexandra, qui
parle à François comme elle le croit, le compagnon à ses côtés, du
temps pour s'assurer, et de plus en plus, jusqu'aux claires pages
de la fin, que François n'est plus à ses côtés, que le futur n'est
qu'un irréel, et que, si François n'est plus là, ce n'est pas qu'il
est parti, c'est qu'il est mort.

Il faut du temps à cause de la narration, qui prend racine et
origine dans, toujours, le même épais brouillard, le temps de la
remontée d'Orphée et d'Eurydice, et dans la négation de l'évidence,
jamais plus. Car jamais plus ne peut pas venir d'abord, c'est le
résultat d'un chemin, d'un trajet, le parcours de ces lignes où l'on
se perd, bien sûr, et même à Alexandra, il faudra tout le roman,
des centaines de pages, pour parvenir à sa vérité, l'opposé du jamais
plus - il faut dire que, pour compliquer les choses, c'est elle qui
l'a tué. Au terme du parcours, « il est tel, en somme, que j'avais
toujours rêvé qu'il serait. J'arrive à soupçonner que mon geste violent lui a donné la conscience de son amour, et qu'il a reconnu
celle qu'aimée de lui j'avais l'ambition d'être ». Le plein brouillard s'est installé sur les frontières, la vie, la mort, le rêve, la réalité n'ont plus aucun sens, rien ne sort de la conscience indistincte
d'Alexandra ; la vérité serait trop brutale. « Croire que j'ai rêvé »,
en ce sens, non, il n'y a pas de différence.

Pourtant, la métaphore n'est pas un modèle d'existence, la métaphore n'est pas la seule figure de la littérature. L'histoire de Didon
et Énée, racontée par Virgile, dans *L'Énéide*, reprise par Purcell dans
son opéra, en est une preuve. Didon, frappée de la pire flèche de
l'amour, celle de la passion, ne supporte pas le départ d'Énée -
il faut dire que tout cela a été arrangé par les dieux, leur amour

et ce départ - et se tue de désespoir, en se jetant sur le tranchant d'une épée. Énée, aux Enfers - pour voir son père - rencontre aussi la reine Didon. Il lui avoue être parti malgré lui, sur ordre divin. « Et je n'ai pu croire que ce départ te causerait une si grande douleur... Arrête ; ne te dérobe point à nos regards. Qui fuis-tu ? C'est la dernière fois que le destin me permet de te parler. »

Didon s'éloigne, « hostile, dans la forêt ombreuse ». C'est l'exact inverse de la descente d'Orphée. Énée ne descend pas pour Didon, et encore moins pour la faire remonter des Enfers. Il sait que sa descente n'est qu'une visite, il connaît la valeur et la rigueur du jamais plus. « C'est la dernière fois que le destin me permet de te parler. » Et parce qu'il connaît le jamais plus, qu'il ne lutte pas contre, comme Orphée, il peut parler, et dire la vérité, tenter de réparer le mal qui a été fait. Mais le mal est irréparable, le jamais plus, plus absolu que ce qu'il imagine, lui n'a pas voulu écouter la douleur de Didon de son vivant, Didon morte ne veut pas plus - ne peut pas - écouter sa parole, même vraie. Rien ne s'efface et elle demeure drapée dans son silence, « frère de la Mort ». Elle ne reconnaît rien et se fige dans la douleur. Énée, lui, reconnaît, la certitude de la dernière fois lui descelle les lèvres, et fait couler ses larmes, il dit adieu - voilà la différence, tout de même, entre le silence frère de la Mort, l'au revoir, et l'adieu.

Albertine, *La Fugitive*, est partie, en laissant une lettre où elle dit adieu au Narrateur. Abus de langage, car le seul adieu définitif est celui de la mort, puis celui du silence, le frère, un départ expliqué, cela s'appelle un au revoir. Première réaction du Narrateur, ce n'est pas grave, je vais la faire revenir. Deuxième réaction dans la foulée, je croyais ne plus l'aimer mais, au fond, je l'aime. Et tout ce qu'elle écrit de cette séparation, elle n'en pense pas un mot, « elle ne l'a évidemment écrit que pour frapper un grand coup, afin que je prenne peur ». La subtile dissection de l'épais brouillard se poursuit, l'enregistrement précis du séisme de la séparation, mais ce qui nous intéresse, c'est la décision du Narrateur de récupérer Albertine par tous les moyens. Une fois assuré de l'endroit où elle se trouve, il envoie Saint-Loup en émissaire, certain de la réussite de cette mission.

L'attente est pourtant douloureuse, et il faut lire ces pages brisées, toute *La Fugitive*. L'attente est peuplée d'Albertine, l'amour a horreur du vide, et oscille entre elle reviendra et elle ne reviendra jamais. Avant le départ d'Albertine, la question était celle de l'amour, je l'aime ou non. Dans l'urgence, la question s'efface devant celle des moyens du retour. Et Albertine, dont le Narrateur s'éloignait, occupe à nouveau le centre de ses pensées. « Je n'étais plus jaloux, je n'avais plus de griefs contre elle, j'aurais voulu vite la revoir. » La revoir, c'est ce qui compte, et malgré tout, dans la séparation, la revoir, c'est encore toujours possible. Albertine répond. « Mon cher ami, si vous aviez besoin de moi, pourquoi ne pas m'avoir écrit directement ? J'aurais été trop heureuse de revenir ; ne recommencez plus ces démarches absurdes. »

Du moment que la revoir est une certitude, l'urgence a disparu. Vous avez eu raison de vouloir partir, lui écrit-il. « Adieu pour toujours », adieu renchérissant sur son adieu à elle, et tout aussi faux, ce n'est qu'un au revoir, une « lettre feinte (écrite) pour avoir l'air de ne pas tenir à elle ». Pour la faire revenir plus vite encore. La réponse d'Albertine confirme la séparation. Elle n'a pas compris ou elle ne veut plus jouer avec ces règles-là. Après le retour de Saint-Loup, le Narrateur envoie à Albertine un « télégramme désespéré », pour la revoir. Il n'y a pas de réponse, le télégramme suivant annonce la mort accidentelle d'Albertine, provoquant « une souffrance inconnue, celle d'apprendre qu'elle ne reviendrait pas. Mais ne m'étais-je pas dit plusieurs fois qu'elle ne reviendrait peut-être pas ? Je me l'étais dit en effet mais je m'apercevais maintenant que pas un seul instant je ne l'avais cru ».

C'est la différence du jamais plus, l'unique verrou est celui de la mort, même s'il faut parfois croire le contraire pour continuer à vivre, croire un départ comme la mort, une mort comme un départ. Deux lettres d'Albertine parviennent après, contradictoires, qui paraissent à présent cruellement absurdes, l'acte supplémentaire d'une comédie sans objet. L'essentiel a une fois encore basculé, ni la question de l'amour ni celle du retour, mais l'angoisse d'une vie où tout est imprégné d'elle. Car « la mort d'Albertine était en contradiction avec toutes mes pensées relatives à elle, mes désirs, mes regrets, mon attendrissement, ma fureur, ma jalousie... dans mon imagination maintenant, Albertine était libre ; elle usait mal de cette liberté, elle se prostituait aux unes, aux autres ». Aussi l'enquête qu'il n'avait jamais pleinement osé mener de son vivant, pour savoir si elle l'avait trahi avec des femmes, il la mène maintenant, sous prétexte de vérité.

Mais cette enquête, outre que seule la mort la permet, car, comme l'expérimente Énée, la mort fait parler, n'est-elle pas l'ultime diversion tentée pour nier que jamais plus il ne verra Albertine, cherchant par tous les moyens à la faire revenir - épais brouillard où se confondent absence et mort, espace et temps -, l'envoi d'Aimé à Balbec, pour découvrir le passé d'Albertine, figurant ce double déplacement. Après seulement, la mort d'Albertine prend consistance ; pour en arriver là, le Narrateur devait résoudre l'autre question, innocence ou culpabilité d'Albertine, au lieu de vie ou mort d'Albertine, question douloureuse mais tout de même plus supportable, puisqu'elle écarte le jamais plus.

Le parcours est long, sinueux, et revient à son point de départ, la même question, l'aimer ou pas ? Car, pour pouvoir la perdre, accepter l'idée de ne la revoir, jamais plus, il faut ne plus l'aimer, pas à pas se déprendre. C'est là que mène l'enquête, loin du désir de vérité, et le parcours du souvenir, en termes clairs, on peut appeler cela de l'oubli.

À Venise, où le Narrateur passe quelques semaines avec sa mère, il reçoit un télégramme mal écrit.

> « Vous me croyez morte, pardonnez-moi, je suis très vivante, je voudrais vous voir, vous parler mariage (...) Albertine. » « Non seulement cette nouvelle qu'elle était vivante ne réveilla pas mon amour, non seulement elle me permit de constater combien était déjà avancé mon retour vers l'indifférence, mais elle lui fit instantanément subir une accélération si brusque que je me demandai rétrospectivement si jadis la nouvelle contraire, celle de la mort d'Albertine, n'avait pas inversement, en parachevant l'œuvre de son départ, exalté mon amour et retardé son déclin. »

Telle aurait été la réaction d'Orphée, s'il avait pu reconduire Eurydice à la lumière du jour, telle est la sagesse d'Énée de ne pas chercher à rappeler Didon du royaume des ombres. Lorsqu'on a avancé sur la route du jamais plus, le demi-tour n'est plus possible. Il fallait sans doute cette lettre pour le savoir - puisque tous les coups du destin ont pris, pour le Narrateur, non la figure d'un oiseau prophétique, mais la forme de lettres et de télégrammes. *Nevermore* obstinément répété ou messages divers à direction unique, l'effet est le même, amener à reconnaître la perte, la nommer. Cette lettre n'est pas pour moi, dit le Narrateur au réceptionniste de l'hôtel. Il a raison, il y a erreur sur la personne, mais pas comme il le croit. Plus tard, apprenant le mariage de Gilberte, il comprendra qu'il a confondu les deux signatures, Albertine et Gilberte.

Expérience extrême de la métaphore, vous me croyez morte, de l'épais brouillard, de « croire avoir rêvé ». Mais il fallait cette expérience, ces allers-retours du départ à la mort, de la mort au départ, pour comprendre le chemin, défaire les lignes faussement assemblées, entendre les chuchotements dans le silence, et savoir que le contraire de jamais plus n'est pas toujours, mais encore.

Cécile Wajsbrot

Clichés

Claudie Danziger

La photo apparaît nostalgique pour les uns, fidèle ou au contraire trompeuse ou carrément mensongère pour les autres. Rares cependant sont ceux qui lui résistent. Rangées ? Cachées ? Exhibées ? Jetées ? Quatre témoignages, quatre comportements pour nous aider à comprendre - à travers l'usage que l'on fait des photos des vivants et des morts - le rapport ambigu que l'on entretient avec la photo.

Cliché 1

Entretien avec Nicole Godevais

La photographie est un leurre. On croit capter les moments heureux alors qu'on fixe le temps qui s'écoule, on pense inscrire l'instant dans l'éternité alors qu'il est déjà passé. Mémoire nécessaire, la photo permet de s'approprier les vivants en les exposant. Rangée, elle protège des morts tant que le deuil n'est pas accompli.

Claudie Danziger. - Faire des photos, est-ce selon vous photographier le vivant, le réel ?

Nicole Godevais. - Non. C'est même tout le contraire. Chris Marker disait que, pour les Américains, la réalité est l'antichambre de la photographie ; pour moi, la photo est plutôt l'antichambre du deuil. À partir du moment où on fait la photo d'un instant, d'une personne, on sait que cet instant est en train de mourir, donc on essaie de le fixer et ce que l'on en fixe, c'est une altération de l'instant. On pervertit l'instant par la photographie. On l'empêche d'être dans le réel. On est déjà dans la nostalgie. On le vit déjà vécu.

Faire des photos, c'est une démarche de deuil, cela peut être le deuil du lieu, le deuil du moment, le deuil des êtres. Quand on revoit les photos longtemps après, ce qu'on recherche, c'est retrouver les lieux à peu près en état, se rappeler un décor qui bien souvent a disparu.

Vous dites que photographier c'est être déjà dans la nostalgie ; ne pourrait-ce pas être tout simplement l'envie de fixer un moment heureux ?

Certainement, car c'est très rare qu'on fixe les enterrements ou les choses tragiques. Généralement, on ne fait pas de photos des gens sur leur lit de souffrance. On fait surtout des photos lors des anniversaires mais, là encore, c'est une façon de porter le deuil de l'année qui vient de passer. En fait, la photo porte moins sur le sujet que sur le temps.

La photo, ce n'est jamais la joie pure ?

La joie pure, elle se suffit à elle-même. Elle n'aurait pas besoin de la photo pour exister dans l'instant. C'est plutôt la peur de la perdre. Cela me fait penser à cette exposition de photos de la femme de Jacques Roubaud. Elle, elle s'est photographiée morte. Elle a vu manifestement sa mort. Elle a photographié son ombre, l'ombre portée dans un rai de lumière, c'est d'un tragique total. À mon avis, elle a mis en scène son ombre et même l'ombre par terre.

J'ai été frappée par quelque chose de l'ordre de l'image cette fois. Il s'agit de Monet qui a éprouvé le besoin de peindre sa première femme sur son lit de mort et on voit ce visage déjà nimbé et récupéré dans un autre système, un autre ordre des choses. Alors, qu'est-ce qu'il a voulu retenir ou constater ? Et que veut-on retenir ou constater quand on photographie les gens sur leur lit de mort ? Je pense aux photos de Proust par exemple. En fait, on les photographie de l'autre côté mais encore à portée de vue.

Qu'avez-vous comme photos à portée de vue dans votre maison ?

J'ai plein de photos de mes enfants, petits. Je me retiens d'ailleurs pour ne pas en mettre partout, car cette espèce d'iconolâtrie
pourrait avoir une connotation narcissique.

*Mais ces enfants ont grandi. N'êtes-vous pas embarrassée de les figer dans
un temps qui n'est plus le leur ?*

En fait, on ne les fige pas tellement. On se les approprie. C'était
le moment où étant petits, ils étaient nos objets. Maintenant, Dieu
merci pour eux, ils s'appartiennent. Alors nous, pour ne pas les
perdre, on se les approprie sur une image où ils étaient encore les
petits qu'on pouvait protéger. Je suppose qu'ils préféreraient qu'on
les aime pour ce qu'ils sont devenus mais maintenant nous ne nous
sentons plus le droit de nous emparer de leur image. J'ai remarqué que, parmi les milliers de photos qu'on a pu faire, celles auxquelles on tient le plus ce sont souvent celles qui ont été faites
à l'école dans des poses conventionnelles où ils sont très sages, bien
proprets, bien gentils.
Je voudrais aussi parler de la fonction de l'image. Je connaissais
une très jeune comédienne qui est morte dans un accident d'avion.
Elle avait eu le temps de tourner quelques films. Après sa mort,
sa mère allait d'un cinéma à l'autre voir sa fille en vie. Pendant
des mois elle n'a rien fait d'autre que ça. L'image : c'était la seule
existence qui lui restait de sa fille. Il y a aussi quelque chose qui
est plus important que la photo qui, elle, est muette, c'est le son.
On peut regarder des photos de nos enfants ou de gens qu'on a
aimés mais, si on les enregistre en train de prononcer leurs premières petites phrases, alors là, il y a la présence à cent pour cent.
C'est totalement la vie. Beaucoup plus que l'image figée de la
photo.

Et les photos des morts. Qu'en faites-vous ?

Les morts sont tous rangés. Ils sont nombreux dans les albums mais
je n'aurais pas idée de les mettre au mur.

Vous les cachez alors ?

Oui en quelque sorte, on a trop de mal à faire un vrai deuil, celui des parents par exemple. On n'en finit pas en général du deuil des parents ; alors on ne va pas, en plus, gratter ses plaies. C'est utile de refouler. De toute façon, une photo du père ou de la mère ne nous aide pas à les comprendre. Seul le souvenir vif, brûlant, ravageur nous les restitue. Et puis, je ne peux pas regarder les photos de mon père. Parce que je le trouvais immensément beau et l'image qui m'en est donnée ne correspond pas à l'idée que je me faisais de lui. Il y a une espèce de fatuité dans certaines photos qui le représentent, que je n'avais pas saisie à l'époque. L'image objective serait-elle fausse ? Quant à la vision que j'ai de lui, j'ai plutôt envie de la faire disparaître pour qu'il n'y ait plus de souffrance, pour que le deuil soit vivable.

Y a-t-il des photos d'êtres disparus que vous pouvez regarder ?

Oui, ceux pour lesquels le deuil est fait, bien fait. C'est bien de les avoir là. C'est un rappel de la chronologie, de l'histoire. Classés, rangés, ils sont là. Ils sont dans leurs trucs comme ils sont dans leurs cercueils. Ils sont classés, quoi.

Mettez-vous les photos dans des cadres ?

Non, je n'aime pas bien figer les choses. J'aime bien pouvoir les tripoter, et puis un cadre c'est encore une pierre tombale. C'est un emprisonnement, tandis qu'une photo à l'air libre...

Quelles photos avez-vous dans votre sac ?

Ma photo d'identité, cela fait partie de l'identité, des photos des enfants aussi.

Pourquoi cette nécessité de les porter sur vous ?

Parce que je me dis que si je me trouve malade ou forcée à l'exil cela sera nécessaire de les avoir. Mais c'est encore un leurre. Il m'est arrivé d'être séparée, contre ma volonté, des gens que j'aimais. À ce moment-là, on ne peut pas regarder les photos, c'est trop douloureux. C'est toujours la même chose : quand on a perdu ou qu'on risque de perdre, c'est irregardable.

Y a-t-il des photos indispensables ?

Oui, celles qui appartiennent à l'histoire. Les images des camps par exemple, sinon n'importe qui pourra toujours dire que c'était un détail de l'histoire et puis comment prouver quand il n'y a plus de mémoire ? Le document historique, c'est d'une très grande importance. Cela a à voir aussi avec le deuil cette mémoire-là.

Propos recueillis par Claudie Danziger.

Cliché 2

Entretien avec Agnès Rosenstiehl

Pour Agnès, les photos sont plus vraies que sa vie. Rangées en ordre chronologique, elles sont à la fois le langage que nul autre ne saurait déchiffrer, le journal intime auquel personne ne doit accéder, le fil de son existence que toute photo perdue viendrait briser.

Claudie Danziger. - On va parler de photos. De photos de gens qu'on aime...

Agnès Rosenstiehl. - C'est impensable d'avoir autre chose que des photos de gens qu'on aime. Il y a parfois des gens qui vous envoient des photos d'un bébé que vous ne connaissez pas. Vous avez un mal de chien à garder les photos de gens que vous n'aimez pas. Les photos des gens que j'aime, j'ai horreur qu'on me les pique et cela commence par les miennes. Mes photos j'ai l'impression qu'elles sont plus vraies que moi. Elles sont objectives. Elles montrent quelqu'un qui a existé. Moi, je ne suis pas très sûre que j'existe. Mes photos c'est vraiment la preuve, noir sur blanc.

Alors pour vous les photos ne sont pas liées à la mort ?

Si, cela se mélange. Vous avez des photos de votre vieux père avec votre jeune enfant. Le glissement se fait puisque sur les mêmes photos vous avez les morts et les vivants.

Que faites-vous des morts et des vivants, les rangez-vous dans le même endroit ?

Oui, systématiquement. Ce qui m'intéresse c'est la chronologie. C'est comme une espèce de film du temps qui s'est écoulé. Cela dit, j'ai été témoin d'une attitude tout à fait différente. Quand j'étais petite, j'étais frappée par les photos des morts de ma grand-mère. Elle avait un tableau sous verre derrière lequel étaient : le frère mort à la guerre de 14, le mari mort à la guerre de 14, sa fille... Il n'y avait que des morts. On faisait la tournée, j'avais trois, quatre ans et elle disait : « là c'est... », « là c'est... », il y avait une commémoration des morts. Comme chez les Japonais, une sorte de culte, et moi, fascinée par le deuil, par l'absence, par le noir, je lui disais : « Redis-moi, redis-moi, qui c'est, ces morts-là ? »
J'ai un souvenir d'une photo d'un mort : à soi tout seul une histoire. J'étais minuscule, on avait déjà décelé que je chantais juste et que je serais musicienne, comme la fameuse tante, sœur de mon père, qui était une grande musicienne morte de façon dramatique. C'était affreux, j'avais trois ans et on me mettait déjà au piano pour que je ne perde pas de temps à réintégrer ce que la pauvre tante avait su, j'étais sa réincarnation. Je travaillais tous les jours mon piano, sous la photo, posée sur le piano, de la morte au piano. Vous imaginez ce que peut représenter cet exemple de : « Le piano mène à la mort directe. » J'ai mis beaucoup de temps pour comprendre que le piano menait à la mort pour moi, j'ai mis un temps fou. Je ne comprenais pas pourquoi ce piano m'avait torturée toute mon enfance. Inconsciemment, j'imagine, s'était formée une idée parfaitement logique de piano égale mort.
Cette tante avait un regard intense. Elle regardait son piano et elle en était morte. J'ai encore cette photo, je l'ai retrouvée sur la cheminée et, vous voyez, cette photo je n'en avais pas horreur. Je n'ai pas pensé à dire : enlevez-moi cette photo, cela me gêne. Pire que cela, cette photo, eh bien, j'avais l'impression que j'allais la consoler. Je sentais que c'était bien cela que l'on attendait de moi, que j'aille consoler la terre entière de la mort de cette femme, et je la plaignais, la pauvre. La pauvre petite fille, car sur la photo elle a douze ans, et je me disais que j'allais peut-être la faire revivre. Alors au lieu d'avoir de la crainte, ou de la haine, j'ai eu une tendresse pour elle. Je me disais « oh ! la pauvre », et pour-

quoi la pauvre ? Parce que c'était un peu moi ! La boucle est bouclée. Je me plaignais moi-même de ma future mort, de ma future
place sur le futur piano.

Ne dit-on pas toujours « les pauvres » ?

Je pense que pour les gens qui sont vivants dont j'ai les photos,
je n'ai pas ce réflexe-là. J'ai plutôt le réflexe de voir le temps qui
a passé avec les transformations et surtout les petits côtés. Elle a
un bouton..., oh il est gros..., il a l'air fâché... Il n'est pas si gros
que ça... Une sorte d'humanisation des personnes, le contraire du
propos de la photo qui est de les magnifier.

Donc vous voyez l'accident. La photo vous restitue-t-elle un peu de l'être ?

Oui, absolument, dans ses petits travers, dans ses côtés médiocres
et touchants. La photo finalement, je la vois très précieuse, cha-
leureuse, proche et assez honnête. Pas traîtresse, restituant mieux
que l'image, restituant un peu l'âme. C'est pour ça que ces personnes mortes éveillent toutes en moi beaucoup de compassion.
Peut-être même que d'être sur la photo avec des vivants qui sont
morts depuis, nous fige dans un moment ni mort ni vivant. Cela
se situe dans le domaine de l'âme qui parle. Ce n'est pas seulement les corps qui sont montrés. C'est les âmes que l'on ressent.
Là, l'idée de la mort est un peu effacée. Je vois la vie de mon
père continuer après sa mort. Quand Pierre et moi, tout d'un coup,
quelque chose nous semble comique, on dit : « Cela aurait mis le
père dans une rigolade ! » Et à ce moment-là on rigole de son rire,
pas du nôtre : on sait comment il aurait ri. On rit pour lui ; je
n'évoque pas le bruit du rire, mais l'angle sous lequel il aurait vu
ça, et on s'y met.

*Le rire... Alors pour vous, les photos peuvent être consolatrices. Peuvent-
elles participer au travail de deuil ?*

Qu'est-ce que vous entendez par travail de deuil ?

*Un chagrin qui ne serait plus dedans, prenant toute la place, empêchant
d'avancer, mais dehors...*

Oui, il me semble que le chagrin sort parce qu'il est effectivement exprimé, le deuil réel provoqué par l'absence se fait jour comme quand vous ouvrez une boîte maintenue fermée, mais c'est très curieux parce que vous parlez d'avancer. Or, moi, je n'ai pas du tout l'impression d'avancer. Il y a des gens qui ne sont pas tellement morts pour moi ; qui, objectivement, sont morts et qui ne le sont pas vraiment. Ils sont comme des fantômes ; alors, leurs photos contribuent un peu à leur donner du corps, et au fond ils sont aussi présents que tout ce que l'on a pu dire dans les légendes de fantômes. Ils reviennent vous hanter quand vous ouvrez la porte, mais quand vous refermez la boîte de photos, alors attention ! Ça reste. Ça reste pendant un temps assez long. Ayant regardé les photos d'un mort, je ne referme pas comme je refermerais l'album de photos des vacances.

Regarder la photo d'un mort ne suscite jamais la douleur ?

Non, cela fait jaillir l'amour en moi. Je n'ai perdu de très proche que deux personnes plus âgées que moi : mon père, qui avait quatre-vingts ans et ma grand-mère qui est morte à cent trois ans. J'ai vraiment été épargnée par la vie ! En plus elles sont mortes à un âge naturel. Le chagrin est le même, mais ce n'est pas heurtant. Vous n'avez pas en plus le choc à l'idée que ce n'est pas dans l'ordre des choses. Mais, vous savez, les photos ce n'est pas plus terrible que les objets. Pour moi, une photo c'est comme le couteau par exemple. Il y a un petit couteau qui était à ma grand-mère. Il a été usé, cinquante ans d'usure, il est devenu mince comme ça... Les objets sont encore plus puissants pour moi que les photos. Ils suggèrent le geste, la main les a touchés et il y a une espèce de vapeur humaine qui émane des objets touchés.
Des objets très familiers, comme les objets de cuisine ou des objets de bureau, sont pour moi infiniment plus terribles que les photos, parce qu'alors la personne est véritablement autour de l'objet, elle le nimbe complètement au point que je n'arrive pas à ranger cet objet-là avec les autres. J'ai l'impression qu'il est entouré d'une espèce de volume d'air impalpable qui l'empêche d'être rangé avec les autres objets. Alors, ça, voilà ce que peut-être les photos devraient m'inspirer et qu'elles ne m'inspirent pas, mais pas du tout, au contraire. Avec la photo, je replonge, la photo des gens

que j'ai énormément aimés me fait ressentir leur proximité. Ils me sont rendus. Il n'y a pas de tristesse car, à ce moment-là, les moments vivants ressortent, ils se mettent à nager autour de la photo, il y a de l'avant et de l'après, et puis paradoxalement cette émotion devant des gens que vous avez aimés peut se muer en rage. Vous pouvez vous dire, c'est le jour où il m'a dit : « Pousse-toi... »

Mais vous ne leur en voulez jamais de vous avoir abandonnée ?

Comment le pourrais-je ? Mon père est mort en disant : « Mais je ne veux pas mourir ! » Je ne peux pas l'accuser de m'avoir lâchée ! Trois jours avant sa mort, il disait : « Mais je ne suis pas d'accord, je ne comprends pas, je ne comprends pas pourquoi je dois partir... »

Justement partir... quand vous partez, quelles photos emportez-vous avec vous ?

Aucune, paradoxalement, parce que je suis très fétichiste. Même à l'étranger je n'en emporte pas. D'abord parce que toute photo est réductrice. Aucune photo en fait ne vous restitue la personne, aucune, vraiment aucune. À moi, elle me parle parce que je connais la langue, mais quelqu'un d'extérieur à qui je montrerais : c'est ma fille, c'est mon fils, je sais que ce serait une langue morte pour ces gens-là. Elles ne parlent qu'à moi ces photos. Il n'y a que moi qui sache lire cette langue-là. Je peux même vous dire que j'en jette parfois, en estimant que là il y a eu faute de syntaxe.

Quel type de photos jetez-vous ?

Celles où les êtres ne correspondent pas à ce qu'ils sont dans mon esprit. Quand cela me semble barbare, parce que je les trouve importantes, les photos. Vous savez, chez nous les photos sont rangées depuis les photos des morts de ma grand-mère que j'ai remises dans des albums jusqu'à celles du mois dernier, en continu, dans des classeurs, année par année. Vous voyez, c'est un peu maniaque, moi je ne suis pas tout à fait sûre d'avoir existé mais là je peux consulter, je peux voir.

C'est une démarche historique ?

Oui, mais je ne trimbale pas mon journal intime - que sont mes photos - dans mon portefeuille. Elles ne concernent que moi. Je ne les montre jamais. Cela me semble impensable, c'est d'une trop grande intimité.

Ressentez-vous le besoin chez vous, dans votre chambre, par exemple, d'avoir certaines photos ?

Non, je n'ai pas besoin de les regarder. Les preuves sont rangées, c'est comme des papiers, et quand les enfants piquent dedans, je suis furieuse, c'est comme si on m'enlevait quatre ou cinq jours de ma vie. Je retrouve des trous, impression qu'on m'enlève une tranche comme les casiers d'ordinateur du film *L'Odyssée de l'espace*, quand on lui enlève certains casiers de mémoire. Je fais œuvre de compilation, d'archiviste pour la famille au point que, ne voulant pas me faire piller, j'ai donné à chacun des enfants, quand ils sont partis de la maison, des photocopies, ou des tirages quand j'ai pu en faire, pour qu'ils aient leur édition. C'est une vraie saga familiale.

Revenons sur le mot « piller », cette hantise du pillage. Parlons, si vous le voulez bien, de cette photo où votre mère allaite ses petits jumeaux.

C'est une photo clé, je l'ai toujours connue, cette photo. Autrefois, on faisait des séries. Elles étaient assez longues parce qu'on ne faisait pas beaucoup de photos. Ce rouleau-là faisait partie de celles que mon père avait faites de mes petits frères venant de naître, moi dans le secteur... Alors, quelquefois on ne voit que moi, quelquefois on ne voit que mes deux petits frères, quelquefois on voit ma mère avec un petit frère, les deux, ou moi avec un petit frère. On voit que c'est la série parce qu'on reconnaît les costumes, et pour moi la série entière est entachée de cette photo-là. J'arrive par récurrence à ce que vous me demandez, mais je veux d'abord vous donner le contexte. Tout le rouleau, que je repère parce que j'ai toujours cette petite robe à carreaux et cette petite chemise blanche, tourne autour de cette photo clé terrible et aucune des photos de cette série ne me laisse indifférente parce que je sais qu'elle participe d'une journée, journée qui a engendré cette photo-là. Tout le rouleau est noir pour moi, noir d'ombre. Chagrin, abandon, tristesse, l'expression que j'ai là-dessus...

J'ai envie de me prendre dans les bras et de me consoler. J'ai deux ans et demi sur cette photo et je me dis que les deux parents qui étaient là, ils ont vu l'expression de cette petite fille et ils n'ont pas su la lire. Ils m'apparaissent comme deux crocodiles, deux crocodiles à la peau épaisse... Ne pas avoir vu cette espèce de regard perdu. Ma mère a donc les deux bras pris, une tête là, une autre tête là. Moi je suis un peu sur le côté et j'essaie de faire une timide caresse sur la tête d'un des... bébés. On sent l'espèce d'effarement. Cette photo résume froidement toute mon existence. Alors là vous pouvez parler de deuil pour moi... Là oui... Quel deuil de soi ! Les gens que j'ai aimés, qui ont existé, même ceux qui ont engendré le piano ne me mettent pas dans cet état de haine. Cette photo, en revanche, me jette dans la haine.

Dans la haine et le deuil ?

Oui. Deuil des bras, de l'embrassement, d'être en bras, dans les bras, cela résume tout ce qui me sous-tend et qu'aujourd'hui encore je n'ai pas dépassé. Il n'y en aurait eu qu'un, cela ne m'aurait peut-être pas fait le même effet, mais deux ! D'abord on a un père et une mère, et puis chaque être lui-même est symétrique. Il y avait deux couples à la maison, deux adultes, deux bébés. Toute ma vie, petite, j'ai rêvé que j'aurais un jour une jumelle. Enfin être deux, ne pas être seule. Cette photo, aujourd'hui encore j'ai du mal à en parler... J'ai su que cette horreur-là, je la répéterai à mon tour, et cela n'a pas manqué. Je n'ai pas eu de jumeaux, mais j'ai fait prendre une photo de moi allaitant un de mes fils, l'autre à côté. Je voulais voir, je voulais banaliser la première photo, constater qu'une mère allaitant un enfant, cela n'avait rien de dramatique, qu'il n'y avait rien en elle de malintentionné. Effacer la première photo, l'exorciser, découvrir grâce à la photo numéro deux des sentiments plus humains. Déhorrifier, mais cela ne marche pas ! La première photo me poursuit toujours, elle détient mon mal. Dessus il y a écrit MAL et c'est indétachable de la photo. Je peux la retourner, la refaire, la revivre, la psychanalyser, le mal sera toujours là. Elle engendre un deuil.

Toutes les personnes de cette photo sont aujourd'hui vivantes, et pourtant cette photo porte la mort en elle. La mienne, seulement la mienne. Elle porte la mort de l'espoir, la mort de la tendresse, la mort de l'embrassement, une sorte de condamnation. L'abandon est au programme, c'est comme s'il était mon destin. Je vis ça tous les jours, l'abandon. Je n'ai pas d'autre chagrin que ça, le chagrin permanent de l'abandon. Je me suis construite dessus, je me suis bâtie sur un monde effondré...

Vous êtes dessinatrice. Quel rapport les petites filles que vous dessinez ont-elles avec la petite fille éperdue de la photo ?

Elles sont arrêtées à l'âge de celle que je regarde. Elles sont arrêtées là. Ce que je dessine le mieux, le plus facilement, c'est ça. Cet âge où je suis bloquée car après il y a le malheur qui arrive, se développe. Donc je ne peux pas dessiner des gens plus âgés que cela. J'ai le crayon pour dessiner l'agilité des jambes, des genoux, la liberté du corps des petites filles qui ont deux ans et demi. Le corps idéal a deux ans et demi.

Elles n'ont pas grandi dans les livres ultérieurs ?

Si. J'ai dessiné des enfants qui avaient huit ou neuf ans. Ils n'ont pas cette espèce de sensualité évidente qu'ont les tout-petits dans mes dessins. La sensualité immédiate. Moi je l'ai dans la main qui dessine, cette sensualité presque masturbatoire, l'enfant heureux dans son corps à cet âge-là. Au-delà, je me force, je pense. Alors le deuil, moi je l'ai fait sur cette photo en l'ayant vue. Mais je ne l'ai pas fait en un jour, le deuil. Mes petits frères sont nés et j'ai mis un certain temps à comprendre que ma place était prise, amputée, mangée. C'est en revoyant la photo que j'ai réalisé que, ce jour-là, j'avais deux ans et demi, mais en fait le temps s'étale, cette photo, elle fait comme une énorme tache d'huile.

Ne pensez-vous pas que ce deuil a été en même temps une source de création ?

Mais si, bien sûr. D'abord il fallait prouver que j'étais meilleure que mes frères, meilleure en tout. Cela m'a aiguillonnée de devoir être à la fois un garçon et une fille, de devoir épater tout le temps pour gagner l'amour. J'étais un clown quand j'étais petite. Je faisais tout pour me rendre intéressante. J'imagine cette photo où, lentement, les yeux de ma mère se seraient tournés vers moi.

Je connais quelqu'un qui a jeté toutes les photos de son passé. En jetant les photos du malheur, ce qu'elle voulait jeter, c'était le malheur même. Or, vous non seulement vous les avez gardées mais, plus encore, vous les avez classées. Comment peut-on classer la souffrance ?

C'est terrible : je cultive la douleur comme étant ce que je sens de plus fort. Tout le monde recherche la violence des sentiments, l'intensité, on recherche toujours plus. L'intensité est fascinante et, pour moi, ce qui est le plus intense c'est la douleur et j'ai l'impression que cette intensité-là je n'entends pas m'en priver. C'est en fait la seule façon de m'avoir et d'avoir. Finalement je n'aurai jamais *été*, j'aurai toujours *eu*. Il m'aura toujours manqué d'être. Aller dehors... sentir... non, même pas sentir, car je capturerais l'odeur et je la transformerais en idée. Je ne peux pas oublier que j'*ai*, et *être* c'est oublier. Il faudrait que j'ouvre les bras et que je lâche tout...

Propos recueillis par Claudie Danziger.

Cliché 3

Entretien avec Marie-Louise Audiberti

Exposer pour ne pas oublier, laisser la souffrance se dévider à son rythme, cultiver le remords de ne pas avoir su garder en vie ceux qu'on a aimés. La photographie, porte-parole des disparus, remplit toutes ces fonctions. Entre l'image désormais inaltérable de ceux qui ne sont plus et la marque du temps sur ceux qui restent, le fossé ne cesse de grandir.

Marie-Louise Audiberti. - Quelqu'un que j'aime vient de mourir. Immédiatement je saisis l'une de ses dernières photos. Aucune ne

me restitue le visage des derniers temps, un visage peut-être éma-
cié, douloureux, vieilli. Un visage que j'ai encore dans mes mains,
dans mon regard. La photo ne ressemble pas à la personne que
je viens de quitter, mais c'est tout ce qui me reste de son apparence. Alors pendant un temps, je me contente de cette photo trompeuse. Je me fais croire que c'est bien lui, là sur la photo. Que
c'est bien mon père, cette silhouette encore altière, que c'est bien
ma mère, cette femme âgée, mais souriante, pelotonnée dans sa
robe de chambre, ou que c'est bien ma sœur, cette femme
piquante, montrant son meilleur profil. La photo choisie, dans un
premier temps je la tiens dans mes mains, je la transporte d'une
pièce à l'autre et, très vite, je l'expose. Sur un meuble ou sur le
mur, d'abord pour ne pas oublier, et aussi peut-être pour que les
gens qui viennent chez moi n'oublient pas.

*Claudie Danziger. - Pourtant l'oubli est une condition de la mémoire.
Cette photo exposée n'aurait-elle pas plutôt comme fonction de vous faire
souffrir ?*

Il faut commencer par souffrir. Cette souffrance, je l'entame tout
de suite car si je ne prends pas la photo immédiatement, j'ai peur
de perdre l'être, de perdre son image, tandis qu'avec la photo je
le récupère peu à peu tout en laissant ma souffrance se dévider.
Exposer la photo d'un être cher qui vient de mourir, c'est une façon
de maintenir le lien avec lui...

Vous donnez l'impression de vous sentir coupable.

C'est vrai qu'il y a toujours vis-à-vis de quelqu'un qui meurt cette
idée que l'on n'a pas mis suffisamment de force pour le retenir
dans la vie. On est plein de remords. Remords de l'avoir laissé mourir, peur d'oublier les souffrances de sa vie, remords d'être soi-même
en vie. Et puis, quand le deuil est accompli, on a un peu honte :
on l'a bien lâchée, cette personne. On en a fait son deuil, donc
on s'est arrangé du fait qu'elle n'était plus là ! Pour ce qui est
de ma mère, je regarde aussi les photos d'elle que je n'aime pas,
qui sont celles où elle était le plus âgée et où déjà ce n'était plus
tellement ma mère. Je ne veux pas non plus effacer cette femme-là.

N'avez-vous pas un peu peur des morts ?

C'est étrange. On ne sait pas où ils sont. On rêve d'eux, ils sont terriblement présents. Les photos de mon père me paraissent plus menaçantes que celles de ma mère parce qu'il est mort plus jeune. Il est mort vivant. Ma sœur aussi. Ils sont morts vivants. Je continue d'avoir un dialogue avec eux, puisque le père et la sœur qui m'ont quittée étaient des êtres de dialogue, de parole, des êtres avec lesquels j'avais eu un vrai langage et ce langage est toujours là. Quand je les regarde, je les ressens. Je reste en contact avec eux. Il y a des zones de terreur, de culpabilité. C'est vrai ils me font un peu peur. Ils peuvent m'en vouloir d'être vivante ! Quelquefois d'ailleurs, je les trouve bien plus vivants que moi. Et puis, je vais bientôt finir par rejoindre l'âge où mon père est mort. Je vais finir par être plus vieille que tous ces gens-là ! Eux, ils sont arrêtés dans leur vie. Moi, je peux encore faire plein de sottises. Je peux encore devenir vieille, devenir affreuse. Ils ont pris en mourant une dimension supérieure. Ils se sont immobilisés dans quelque chose que l'on ne viendra plus leur enlever, quelque chose qui ne pourra plus se dégrader. Maintenant pour eux, ça y est. C'est fait.
Leur histoire est terminée. La mienne ne l'est pas encore et, vis-à-vis d'eux, en face de leurs photos prises dans leur jeunesse, avec leur malice et leur drôlerie, je me sens dans une position inconfortable, comme entre deux chaises. Je suis entre ma vie et la leur. Quelquefois, je les entends me dire : « Mais qu'est-ce que tu fais encore là ! Nous, on a terminé. Toi, tu n'as pas encore pris le bon rail, quelle est cette distance que tu gardes vis-à-vis de nous, alors que tu es Nous ? »

Mais vous n'êtes pas eux ! Ils sont morts, vous êtes vivante !

Oui, mais je me vis indissociée. Se retrouver l'unique survivant de la famille nucléaire, c'est ne plus savoir très bien à quel groupe on appartient. Celui des vivants ou celui des morts ? Il se trouve aussi que je les représente pour beaucoup de choses de la vie pratique, que ce soit les enfants de ma sœur, les œuvres de mon père, les assiettes à dessert de ma mère ! Je suis leur porte-parole et il faut que je réponde d'eux. Quand je regarde leurs photos, il me

semble qu'eux aussi me regardent et me disent : « Est-ce que tu
t'en tires bien de cette affaire ? » C'est tout cela que me disent
les photos des disparus. Mon rapport avec eux est inscrit dans leurs
photos, dans la façon dont je les regarde, la façon dont elles sont
rangées. En fait, je les range avec les photos de mes enfants, de
mon mari. Je les mets à côté des vivants. Ainsi, ils sont bien moins
redoutables que s'ils étaient à part !

Y a-t-il un moment où la photo se fait moins menaçante ?

Oui, il vient un moment où le mort rattrape le visage de la photo.
J'ai oublié que mon mort n'avait plus cet aspect-là. Peu à peu la
photo se fait moins agressive, elle rentre dans un meuble, un secrétaire. Le mort n'est plus seulement celui des dernières photos. Au
cours des mois, des années, il se met à ressembler à toutes ses photos. La personne est en train de se composer non pas en un être
abstrait, mais en un être unique, fait de tous ses âges et de toutes
ses images. Les vêtements, les coiffures, les situations. Tout cela
varie énormément d'une photo à l'autre, mais c'est le même individu. Il y a une question qu'on se pose parfois quand on entend
parler de résurrection. Sous quelle forme est-on censé ressusciter ?
Eh bien, peut-être sous une forme qui les engloberait toutes, comme
lorsqu'on passe d'une photo à l'autre. Peut-être notre réalité réside-
t-elle dans cette diversité.
Un autre phénomène, c'est qu'au bout d'un moment les morts ne
sont plus morts. La photo peut être si vivante qu'elle efface la réalité
de leur mort. Mais tout ça ne se fait pas sans mal. On peut crain-
dre, en regardant les photos de jeunesse, de gommer un peu facilement les souffrances de l'âge ou de la maladie. On a quelque
remords à se goberger de l'apparence jeune alors que la personne
non seulement n'est plus jeune, mais n'est plus. Quand un enfant
meurt, *a fortiori* un bébé, c'est encore autre chose. On est dans
un deuil impossible parce que justement il manque l'avenir, il manque le chemin de vie. Dans les photos, on ne constate que le devenir inaccompli. C'est quoi, une vie, sinon un chemin qui serpente
à travers les âges ? Mais quand la vie s'arrête dès l'aube, il manque tous les âges qui étaient inscrits chez le bébé : la petite fille
de cinq ans, de neuf ans, l'adolescente, la jeune fille, bientôt la

femme. Les photos, il faut se les projeter dans la tête. Comment serait-elle aujourd'hui si elle avait vécu ?

Ce deuil arrive-t-on un jour à le faire ?

Non. On ne le fait pas. Il reste toujours cette interruption brutale qui n'aurait pas dû être. Donc il y a une colère, un remords, une fureur. Le travail de deuil ne peut pas se faire, car on est en face de quelque chose d'anormal, d'illicite.

Qu'avez-vous fait des photos de ces morts illicites ?

Je les ai exhibées. J'avais le sentiment qu'il fallait que je les prolonge...
Pour les morts on connaît la fin de l'histoire. On a toutes les étapes. Pour les vivants, c'est plus angoissant. On regarde une transition, on regarde un passage. On n'a pas la fin du roman. Cette photo que l'on garde et regarde n'a fixé qu'un moment. Comment ceux que l'on aime vont-ils évoluer ? Quel leurre suis-je en train de regarder, alors que le vivant m'échappe ?
Je ne garde pas de photos dans mon sac, mais je regarde souvent les photos de famille. J'aime également les photos d'autres familles. Elles racontent une histoire. Mais regarder les photos de famille, c'est forcément nostalgique. Les vivants et les morts me renvoient à ma propre vie. Qui étais-je quand ils étaient ainsi ? Quand mon père portait ce complet étriqué, ma mère ce col de renard, quand ma sœur s'était fait couper les cheveux. Et ma propre image, comme pour les disparus, est déjà, depuis belle lurette, une image composite. La photo est toujours nostalgique. Elle est par nature du passé, elle est dépassée. Elle fixe un moment qui ne sera plus. L'instant fixé est toujours derrière nous. Toute photo sécrète une mélancolie légère. Toute photo est chargée de deuil. Feuilleter un album de photos procure une sorte de délectation morose.

Ouvrons l'album. La photo c'est avant tout un objet concret. Même en noir et blanc, il y a de la couleur. Et surgissent les odeurs, les sensations. Voici mon père. Il a trente-six ans, une petite moustache, une cravate ridicule et voyante, un complet trop serré. J'ai du mal à me souvenir précisément de cette image de lui, mais avec cette photo toute une époque me revient. Toujours sur la photo d'un proche, on arrive à déceler l'étincelle familière : un mouvement de la bouche, une façon de se tenir. Sur cette photo, je vois les oreilles de mon père, longues et pointues.

Les oreilles, ça ne change guère avec le temps. Je cherche la blessure, deux cicatrices sur sa joue droite. Je les distingue mal. Et le voici vers l'âge de cinquante-cinq ans. Il doit être en Algérie. Il est là en touriste. Chapeau, lunettes de soleil. Il n'est plus le jeune homme trop gros mais l'homme mûr, habillé à la diable. Son pantalon tombe en plis sur son ventre, ses manches de chemise sont retroussées. À l'arrière, discrète, une jeune femme, bardée elle aussi de chapeau et lunettes noires. À cette époque, mon père est un écrivain reconnu. Il a trouvé sa place. Et le voici, maintenant, sur cette petite photo, genre Photomaton. Il est déjà malade, il a beaucoup maigri. Dans ses yeux, une lassitude. Et j'ai envie de comparer cette photo avec celle du jeune homme de dix-huit ans, romantique et superbe, tel qu'il était sur l'une des rares photos conservées. Le plus âgé semble être le père ou le grand-père du plus jeune, alors que c'est l'inverse, c'est le jeune qui a engendré le vieux. Les vivants dont on aime à suivre l'histoire, ce sont nos enfants. Pour eux, ce n'est pas fini. Mais sur les photos de mes fils adultes, je cherche à me souvenir, à retrouver dans leur visage celui de l'enfant, quand il était encore à moi. L'adulte m'étonne et peut me charmer, l'enfant me charme toujours et fait revivre des émotions fortes. La photo aide à retrouver les sentiments, quasi physiques, qui vous ont relié à votre enfant quand il était petit.

Les voici tous les deux avec nous. Fils 1 porte des lunettes, il est assis, Fils 2, le plus jeune, est debout pour mieux voir le livre que montre leur père. Ils ont des cols roulés, des mèches rebelles. Bien sûr, rien n'est aussi idyllique que sur les photos. Ce qu'on cherche à montrer, c'est le bonheur d'être là. Ensuite chacun repart avec son histoire dans sa poche, même si on a souri au petit oiseau. C'est ça qu'on disait dans mon enfance. Fais un sourire au petit oiseau. Au petit oiseau sans doute caché derrière le drap noir du photographe. Pourquoi fallait-il sourire ? La photo, heureusement, capte aujourd'hui l'instant, plus que le sourire.

Un autre jour de bonheur : sur la photo mes deux fils. Fils 1 écoute avec ravissement un inconnu à lunettes. Fils 1 aime la parole. Fils 2 s'est emparé des jumelles et il regarde au loin le paysage de montagnes. L'un écoute, l'autre regarde. Mais on ne comprend ses enfants qu'après coup.

Vous dites que les photos sont un leurre. Cependant elles vous sont nécessaires.

Oui, même si elles sont mensongères, je m'y accroche. Elles situent des scènes qui font surgir des émotions particulières. Et puis, si on reprend les photos des enfants, il y a dans ces photos des indications sur leur caractère, sur leur devenir, et tout cela s'est confirmé. Mais l'ai-je bien vu en son temps ? On peut voir se dérouler toute une histoire sur une photo ; tous les détails comptent. On peut comprendre rétrospectivement ce que l'on n'aurait pas perçu. On peut aussi mieux se comprendre soi-même en se regardant sur une photo.

Ce que vous aimez dans la photo, c'est aussi la nostalgie.

Oui. Regardez les photos de famille. Elles sont rigides. Ce sont des photos qui sont tout sauf la vie et ce qui nous charme là-dedans, c'est justement qu'elles ne soient pas la vie. Il fallait poser longuement. Avec les petits appareils qui développent la photo instantanément, on reste dans l'instant. C'est le présent qui capte le présent. On est encore dans la scène que l'on vient de vivre. Là, on sent que la photo n'est pas du passé. Elle n'est donc pas chargée de mélancolie. Sans doute est-ce pour cela qu'elle a moins de charme. Cette photo a quelque chose de précaire. On est beaucoup moins tenté de la garder. Elle est trop immédiate pour être attachante. Pensez ! Il n'y a même pas eu la petite distance du temps de développement. Cette photo-là n'est pas entrée dans la nostalgie. Or la nostalgie donne un plus à la photo.

Accepteriez-vous l'idée de ne posséder aucune photo ?

Je ne pourrais pas le supporter. Dans la famille on perd, on a perdu, on a toujours perdu : les maisons, les photos, les meubles. Tout a toujours été perdu. Jamais nous n'avons été capables de garder quoi que ce soit. Presque toutes les photos de mon enfance ont été égarées. Alors, je ne suis pas très sûre d'avoir existé enfant.

J'ai besoin de traces, d'images pour me rassurer. La photo est une preuve d'avoir existé. Même si on se reconnaît mal sur les photos, même si on a la même surprise que lorsque l'on se rencontre dans la rue devant une glace, on se dit : « J'ai été cette personne, j'ai existé. » Je me souviens d'une histoire horrible. C'est celle d'un homme qui était avec un groupe. On avait pris une photo du groupe et sur cette photo, alors qu'il avait été photographié avec les autres, son visage n'était pas apparu. Quelques jours après, cet homme se suicidait.

Quelque chose me fait très peur : les photos truquées, comme on a pu en voir, par exemple, en Union soviétique. On vous montre une photo sans Staline ou sans Lénine parce qu'on a voulu les rayer. Ensuite, on vous montre la vraie photo et c'est tout à fait terrifiant cette idée qu'on puisse effacer l'image de quelqu'un. C'est comme si on gommait son existence. Son histoire. Or l'histoire individuelle, finalement, c'est ce qui est le plus important. Tous les hommes ne sont jamais qu'un homme. Un homme c'est chaque fois le monde tout entier. Alors si on supprime un homme, on supprime le monde...

Propos recueillis par Claudie Danziger.

Cliché 4

Témoignage de Claudie Danziger

Les photographies la renvoient à la mort. Celle des autres et la sienne. Elles parlent du temps qui glisse, des promesses non tenues. Les vivants contemplés ne sont que des morts à venir. Sur les visages, elle ne voit que le signe d'une absence, que fait-elle alors des photos qu'elle possède ?

... Alors j'ai pris le grand sac qui contenait mon passé et je l'ai jeté dans un container.
Tout avait commencé d'une façon fort banale. Une amie, retrouvée après bien des années, m'avait demandé, un soir, de lui mon-

trer une photo de moi à l'âge de seize ans. Elle voulait voir cette époque où l'on s'était rencontrées et qui lui rappelait son père, mort depuis. J'amenai alors un grand sac : photos jetées pêle-mêle, bric-à-brac d'un passé dont vaguement je pressentais la casse, le bruit de verre brisé. Longtemps elle y chercha ce qu'elle voulait trouver. Au bout d'un certain temps, elle dut se rendre à l'évidence : la photo attendue n'y était pas. Elle n'avait rencontré qu'une enfant au regard triste. Je remballai mon sac. Elle devait être déçue. À l'intérieur je me sentais livide.

Le lendemain, au réveil, j'avais un goût amer, mon âme était sans voix. Je cherchai une explication à cet état du cœur. Les photos m'en fourniraient une certainement. Il me fallait trouver quelque chose, une preuve, je ne savais pas trop quoi. Un pressentiment me faisait penser que le sac possédait la réponse. Il fallait forcer les réticences, déterrer le passé que j'avais enfoui avec soin dans le sous-sol de la mémoire. Voir devenait une obligation. Alors je plongeai... Défila devant moi tout un carnaval triste. Photos des disparus. Trois d'entre elles me saisirent : l'une montre ma mère jeune et moi à ses côtés. Elle sourit, je fais la tête ; la seconde, c'est encore ma mère. Cette fois, elle est allongée dans les blés. Je me tiens debout, assez loin derrière elle, le regard boudeur. Je suis jalouse des blés, du plaisir de son corps, de la position de son corps étendu dans l'été. En arrière d'elle, c'est cela que je vois : un plaisir où je ne suis pas. Son plaisir sans moi. Une autre photo encore : gros plan avec mon père. J'ai deux ans. Yeux fermés, je sais déjà embrasser sur la bouche.

À peine effleurées, je rejetai vivement dans leur tombeau les bribes de mon enfance. Elles me brûlaient les mains. Mais il me fallait continuer la recherche. Je voulais trouver, à mon tour, une photo où je sois sans eux. Une photo d'adolescente. Je ne la trouvai pas. Photographie-t-on les morts ? Des photos de mon mari enfant, adolescent, puis jeune homme se trouvaient là, par hasard mélangées. Je remarquai son sourire ; sa présence remplissait la photo tout entière. J'enviai sa gaieté, son aisance, son assurance d'être. Je tenais enfin l'évidence : lui, il était ; moi, je n'étais pas. On ne photographie pas l'absence. Il n'y avait pas de photo de moi à seize ans, parce que je n'étais rien ; au mieux j'étais ce que je sentais de moi : une masse arrachée à l'informe, un néant blanc sale, quelque chose d'encombrant, inphotographiable.

Alors je sentis en moi un précipité de souffrance. La mer se
déchaîna : menaçantes, des hordes de vagues aveugles avançaient.
Un dégoût violent s'empara de moi. Se frayant un chemin, très
vite il remplit toutes mes parcelles. Mon cœur devenait pâle. J'étais
prise d'une terrible envie de vomir. Envahie de peur et de je ne
sais quelle rage, je me précipitai alors sur le sac, piétinant de mille
mains toutes ces photos, celles de mon mari aussi. Je voulais les
broyer, les assassiner, je soulevai le sac, le traînai, le hissai comme
on tire un noyé. Vite, très vite, il fallait se débarrasser du cadavre,
jeter tout ce malheur. Jeter à la mer ou dans quelque autre feu
mon existence absente, annuler et l'absence et l'absente, en finir
avec les photos mensongères de mes parents qui souriaient à cette
enfant sans rire, l'assurant d'une promesse qu'ils n'avaient pas su
tenir, puisque l'un et l'autre étaient morts, faisant de moi une abandonnée... Je visais aussi mon mari à la tempe. Là où il y avait
trop de bonheur...
Les photos du passé n'étaient que des faussaires. Elles mimaient
l'état heureux. Arrêté, figé, le temps y inventait une éternité fausse.
Les masques souriants cachaient les morts à venir. On ne photographie que ce qui ne s'avoue pas. Les « vraies » photos, c'était
ce que mon amie avait vu : l'absence et la tristesse. Le bonheur
apparent cachait le drame de la vie. Tout n'avait été qu'une vaste
entreprise de falsification. Il fallait qu'aucune trace ne reste de cette
imposture. Il fallait tout laver. Le sac contre mon cœur pesait lourd.
Mes bras avaient mal de le porter. J'avançai dans les rues avec cet
enfant mort. Loin, très loin de la maison, je trouvai enfin une
énorme poubelle. J'y jetai toutes les photos. Je devais agir vite.
Surtout ne pas regretter. Faire en sorte que le geste soit irréversible.

Claudie Danziger

Le deuil des sans-deuil

Antoine Spire

Disparu à Auschwitz en 1943, à Buchenwald en 1942, à Treblinka en 1944... Pour ceux qui sont restés, il n'est pas de deuil possible. « Pas de tombe. Pas de fleurs. Pas de souffrance fixée à un lieu ou à un instant. Seulement le vide, comme un trou noir. » Plus de quarante-cinq ans après, les témoignages des survivants prennent la forme de monologues confus, de discours incohérents, sans doute les plus exacts pour dire l'impossible, l'impensable.

« $\mathbf{S}$i j'avais pu oublier totalement le passé, peut-être j'aurais pu vivre comme les autres, être heureux de ce que j'ai, et ne plus penser à ce que je n'ai plus. Je n'ai pas de photo de mes parents, je n'ai pas leur dernière lettre, je n'ai pas de tombe où me recueillir, un seul document : disparus à Auschwitz 1943. » Ainsi s'exprime l'un des orphelins juifs que Claudine Vegh a interviewés trente-cinq ans après la mort de ses parents dans les camps. Ce magnifique livre : *Je ne lui ai pas dit au revoir* (Gallimard, 1979) permet aux enfants de déportés de dire l'absence de deuil. Un matin, un soir, ils ont vu disparaître leurs parents et ils n'ont même pas pu esquisser un geste d'adieu. Même pas un signe pour marquer la séparation et la rendre possible. Indiquer l'avenir d'un retour pour permettre à l'imagination de se fixer sur cet instant qui fut le dernier où parents et enfants pouvaient encore échanger un regard.

Pour eux, pas de deuil possible. Pas de tombe. Pas de fleurs. Pas de souffrance fixée à un lieu ou à un instant. Seulement le vide. Comme un trou noir. Si ces enfants avaient pu obtenir le temps de dire au revoir à leurs parents, sans doute la séparation aurait-elle été pénible. Mais leur mémoire aurait alors fixé une dernière scène, enregistré les derniers mots, les derniers signes échangés. Il n'y aurait pas cette seule impression de manque, d'absence qui submerge tout, d'autant plus facilement que l'esprit ne peut se raccrocher à rien, même pas au moindre rite de séparation. Leurs parents sont partis comme s'il s'agissait d'un éloignement temporaire, une course de quelques minutes, d'un écart de quelques centaines de mètres. Mais la distance s'est allongée jusqu'à l'infini des camps de la mort ; le provisoire s'est mué en éternité.

Bien entendu, au début il n'y avait aucune raison de pleurer. Le deuil ne s'imposait pas ; on pouvait espérer le retour des parents. Les enfants se sont cramponnés à cet espoir aussi longtemps que possible. Pour s'y accrocher, ils ont préféré ne pas poser de questions, ne faire aucune allusion à ce sujet. Tant qu'on ne parlait pas, ce n'était pas tout à fait vrai et il n'était pas question d'abandonner tout espoir. Dans *La Douleur*, Marguerite Duras a formidablement décrit ce processus de l'attente qui se fixe à n'importe quel indice, aussi ténu soit-il. Les familles des déportés qui quotidiennement se rendaient à l'hôtel Lutétia pour accueillir les leurs se raccrochaient passionnément à ce rite. Régulièrement, certains se rendaient à la gare de l'Est pour attendre le train hypothétique qui ramènerait leurs disparus, et de la gare de l'Est à l'hôtel Lutétia où les quelques centaines qui revinrent étaient pris en charge, accueillis, lentement réacclimatés à la vie ordinaire. Comme si cette réacclimatation était possible. Là, dans le hall de l'hôtel, des dizaines de messages étaient punaisés, accrochés de façon artisanale telles des bouteilles à la mer lancées avec toute l'énergie que pouvaient laisser ces bribes d'espérance qu'entretenait malgré tout le retour de ces quelques corps décharnés, hâves et faméliques.

Impossible donc d'abandonner l'idée que le parent absent n'était pas parti pour toujours. Par quelque miracle il reviendrait peut-être. Pour ceux-là dont l'attente ne pouvait pas finir, la vie dans le présent était incomplète. « Je vis dans le passé », disent les enfants rencontrés par Claudine Vegh, car une part de ma vie réelle reste accrochée à ce jour où pour la dernière fois l'être cher était présent, vivant : « Même dans les circonstances normales quand s'amenuise l'espoir de retrouver un proche parent qui a disparu on a bien du mal à cesser d'espérer, à admettre qu'il ait péri. À moins d'une preuve matérielle irrécusable dont la découverte établirait le décès d'un parent, ceux qui l'ont aimé ne veulent pas perdre l'espoir et n'admettent pas pour véridique la nouvelle de cette mort. Croire que cela n'a pas pu arriver, que ça ne peut pas être vrai, ce désir est si fort en nous que nous exigeons des certitudes plus positives avant de nous contraindre à recevoir les affreuses nouvelles. »

Qu'on pense seulement aux périodes de famine, de guerre qu'a connues ce siècle, combien d'êtres ballottés à travers le monde comme des bouchons de liège sur l'océan ont été séparés des leurs, contraints à attendre des semaines, des mois voire des années un hypothétique retour. Même dans le cas de l'accident de montagne, d'une défaillance respiratoire en plongée sous-marine, quand on ne retrouve pas le corps du disparu, ceux qui restent, les proches, éprouvent tant de difficultés à faire le deuil de l'être cher. Seulement pour eux la parole est possible. Les vivants souffrent cruellement mais ne se sentent nullement incapables de s'exprimer sur ce qui leur est arrivé. Ils peuvent parler de leurs parents, dire qu'ils leur manquent terriblement. Les témoins viennent pour dire les circonstances de la disparition ; même s'il est impossible de cerner exactement le lieu et l'instant de la mort, on sait approximativement ce qui s'est passé. Le deuil peut s'installer et, en pleurant ouvertement ceux qui sont partis on peut, lentement, faire sa paix avec son histoire. Par conséquent, ne pas penser que la mort de l'autre vous ôte le droit de vivre.

Le deuil des sans-deuil est tout autre. C'est l'étrange univers de ceux qui ne parlaient jamais de leur famille et de leur passé. Contraints au silence parce qu'ils n'avaient pas de mots pour dire les circonstances de l'extermination des leurs. Nous voilà confrontés au caractère unique de la Shoah, réductible à rien, à aucun autre moment historique, à aucune autre circonstance, aussi dramatique soit-elle. Jamais l'humanité n'avait encore conçu un tel plan systématique d'élimination de tout un peuple. Hommes, femmes et enfants, tous devaient disparaître. Ce génocide ne devait laisser aucune trace écrite ou orale et l'expression « solution finale » témoigne de ce que le même mot ne devait plus servir qu'à cacher la réalité du crime.

Le nazisme, délibérément, a modifié ce qui est l'impossible et ce qui est l'humain. Il a menti sur la réalité de son entreprise à la fois proclamée dans des discours haineux et camouflée dans ses traces, recouvertes de terre, d'herbe, de mensonges et d'euphémismes. Les juifs n'ont pas eu le monopole de la souffrance mais ce n'est rien ôter à la dignité de la douleur des autres victimes du nazisme que de rappeler que les juifs et les tziganes étaient condamnés non pour ce qu'ils avaient fait ou tenté de faire mais parce qu'ils étaient juifs ou tziganes. Les nazis avaient décidé que cela suffisait pour mourir. L'unicité de la tragédie juive n'est pas un titre de gloire mais elle implique que son souvenir ne soit pas noyé dans l'océan de confusion d'un grand deuil collectif générateur de fausses bonnes consciences.

Si ceux qui restent se sentent contraints au silence c'est qu'ils ne peuvent se résoudre à imaginer les leurs assassinés, victimes anonymes de ce crime ineffable. Combien de mères ont attendu leurs fils, combien de femmes ont attendu leurs maris sans dire qu'elles espéraient envers et contre tout qu'ils ne soient pas parmi ces millions d'anonymes précipités dans les chambres à gaz et transformés en fumée.

On sait qu'à Auschwitz ou à Buchenwald, à Dachau ou à Maïdanek on mourait anonyme. Nus, dépourvus de leurs noms, les déportés partaient en file pour les douches et plus rien ne venait spécifier leur individualité. Aucun témoin ne pouvait assister à leurs décès individuel. Les *sonder kommandos* qui accomplissaient sous la menace d'une mort immédiate les tâches les plus immondes et les plus éprouvantes jamais demandées à des hommes étaient aussi promis à une fin comparable. On comprend que la principale préoccupation de ces hommes projetés aux portes de l'enfer était de laisser une trace, des objets et surtout quelques mots attestant que les nazis avaient osé aller au-delà de ce qui est concevable, osé explorer le tréfonds indicible de l'humanité.

Pendant les guerres de ce XXᵉ siècle, combien d'autres femmes, combien d'autres hommes ont dû aussi attendre sans savoir ce qu'il en était du sort des leurs ? Mais en définitive il se trouvait presque toujours un témoin pour raconter, fixer ce qu'avaient pu être les derniers moments des disparus, d'abord blessés ou bien même mortellement touchés, à quelques mètres de celui qui était revenu pour raconter.

Avec *Le Deuil des sans-deuil* on touche au deuil des sans-récit. Des 44 enfants d'Izieu et de leurs 6 moniteurs, déportés à l'initiative de Klaus Barbie, il n'est revenu qu'une femme, Léa Feldblum. Cuisinière à la colonie, elle était très attachée aux enfants et particulièrement proche du petit Émile Zuckerberg, cinq ans, qui avait perdu ses parents, partis en déportation quelques mois plus tôt. Déclarée apte au travail, Léa portait le matricule 78260 à Auschwitz. Elle fut libérée en janvier 1945 et revint en France par Odessa avant d'émigrer en Israël. Témoin au procès Barbie, elle a raconté l'arrivée des enfants à Auschwitz, et, très éprouvée, elle s'est lancée dans des monologues confus qui ne répondaient pas aux questions du président Cervini. Revenir de l'enfer n'implique pas automatiquement qu'on ait encore la force d'en décrire la monstruosité. Léa a suivi « ses » enfants jusqu'à la porte du crématoire. Elle répétera à deux reprises : « On m'a séparée d'eux, jetée de côté. On m'a arraché le petit Émile. Mais j'ai survécu et eux on les a brûlés, on les a brûlés. »

Les mots ne viennent pas sur les lèvres de Léa. Les syllabes se bousculent et c'est comme si ce langage qui ne parvient pas à s'articuler était une chaîne d'émotions, d'interjections, une absence de rationalité immédiate qui permet à chacun de partir là-bas, quarante-cinq ans en arrière, à la porte du four crématoire. La seule façon de ne pas trahir l'ineffable réalité. Dans le jaillissement de sons qui sortent de sa bouche, la plainte de ceux qui ont vu, qui ne peuvent pas raconter. Sans doute ce discours incohérent est-il le plus exact pour rendre compte de ce qui est impossible à décrire, impossible à raconter[1]. Avec Le Deuil des sans-deuil, pas de mots auxquels s'accrocher, pas de geste décrit qui permette à l'imagination de se fixer. Tout est possible et rien n'est précisé. Puisque tout est possible on peut longtemps croire que le pire a été évité et que la mort n'a pas eu lieu. Puisqu'elle n'a pas de lieu, pas d'instant... elle a peut-être été écartée. Puisque personne n'en fait le récit, on s'accroche à ce silence comme à une dernière planche de salut.

Ici, jamais de certitudes, donc toujours une part de l'imaginaire se projette là-bas, là où peut-être une issue s'est révélée. Et une part des forces de ceux qui restent est ainsi mobilisée pour imaginer et croire à l'impossible, à la survie des siens. Pleurer la mort d'un parent, en prendre le deuil est une tâche psychologiquement très absorbante et très difficile ; elle exige que pendant un certain temps on se concentre entièrement sur elle, qu'on y mette toutes

---

1. Cf. *Ces enfants qui nous manquent*, Antoine Spire, préface d'Élie Wiesel, Paris, Maren Sell, 1989.

ses ressources, toute son énergie. C'est une tâche à laquelle il faut, pendant quelques jours au moins, consacrer toutes ses facultés, jusqu'au moment où socialement le trait est tiré. Souvent, pendant quelques jours et même pendant quelques semaines des pans entiers de l'emploi du temps des survivants sont consacrés à penser au disparu, à dialoguer, avec ceux qui restent, de ce qu'il ou elle fut.

Rien de tout cela si une part de vous-même croit encore que le disparu peut revenir. Impossible en tout cas de mobiliser toutes ses forces autour du travail de deuil. Bien plus, le deuil est facilité lorsque nous avons pu nous y préparer, prendre une certaine part à l'agonie de celui qui disparaît, lui faire des adieux alors qu'il vit encore, prendre congé du corps du défunt, assister à l'enterrement, aux rites funéraires. Ce qui nous apporte le plus grand réconfort alors, c'est l'aide des autres, la présence de ceux à qui nous sommes intimement attachés, qui se rassemblent autour de nous et prennent part à notre chagrin. Leur présence, leur soutien ramènent en nous l'espoir que tout n'est pas perdu, qu'il y a encore des personnes qui comptent, avec qui et pour qui nous devons vivre. Combien précieux sont alors les rites funéraires ! Ce respect qu'on témoigne au défunt vise moins son cadavre que ses proches.

Les sans-deuil n'ont pas eu la possibilité de participer à de telles cérémonies. Rien ne les a préparés à la disparition des leurs. Comment pleurer quand au fond de soi un dernier espoir vous laisse croire que la mort n'est pas certaine. Pas de cérémonie rituelle, pas d'organisation sociale du deuil qui permettent de fixer l'angoisse, de la contingenter dans le temps et dans l'espace. Pas de cadavre à ensevelir, pas de tombe à visiter, aucun de ces rites qui finalement facilitent le deuil. D'autant plus qu'ils sont l'occasion d'échanger des paroles avec d'autres vivants qui achèvent de nous convaincre que la personne est partie pour toujours. Les sans-deuil gardent au cœur l'absurde espoir d'un retour possible des leurs. Ils font silence pour empêcher les autres de dire la mort de leurs disparus. Ne pas parler c'est le seul moyen d'empêcher que qui que ce soit ne persiste à dire mort celui qu'on peut ainsi conserver vivant dans son imaginaire.

Prolongation infinie d'une souffrance à laquelle personne ne peut facilement mettre fin. L'absence de rituel c'est aussi l'absence de conclusion sociale du deuil. Saül Friedlander a expliqué que, en prenant le deuil de ses parents longtemps après l'événement, il est sorti comme dépossédé de la possibilité d'entrer dans une période de deuil bien définie qui aurait comporté l'espoir d'une conclusion bien définie. Sans ces repères précis dans le temps, le deuil semble n'être susceptible d'aucun achèvement et il y a des chances pour qu'il se prolonge douloureusement durant toute la vie : « Quand des personnes nous quittent... leur présence vient tout naturellement s'ancrer et survivre dans la mémoire de ceux qui restent, dans les réminiscences et les conversations de chaque jour, dans les albums que l'on tire du placard pour les montrer aux enfants, pour expliquer à ceux qui ne les ont pas connus qui étaient ceux qui sont partis de ce monde. De temps en temps on dispose des fleurs sur leurs tombes et leurs noms sont là, gravés dans la pierre... Mais pour moi la rupture a été brusque et elle ne saurait faire partie de la vie quotidienne... »

Expulsé hors de la vie quotidienne, le deuil prend une figure fantasmatique, les morts sont perpétuellement présents jusqu'à ce que l'on admette que finalement ils ont bien disparu définitivement. C'est le cas de ceux qui ont enfin accepté de dire la mort des leurs quand ils ont vu leurs noms couchés dans le mémorial des Klarsfeld. Le simple fait qu'un nom soit imprimé avec la mention « assassiné » socialise enfin la mort en en proposant une concrétisation seulement écrite.

Seul le deuil permet d'accepter la mort et par là de cesser d'espérer. Sans preuve tangible, sans signe de quelque ordre qu'il soit, pas de deuil possible. La mort envahit alors la vie à tel point qu'elle peut conduire les survivants au suicide. Qu'on pense à la mort de Primo Lévi ou à celle de Bruno Bettelheim quelque quarante-cinq ans après la Shoah. Détenteurs d'un secret finalement incommunicable malgré tous les efforts consentis, ils ont laissé le désir de mort l'emporter sur la vie. Jusqu'au dernier souffle, ils se sont battus pour tenter de faire comprendre, de faire savoir surtout ce qui était l'innommable ou l'indicible. Mais un jour ils ont dû renoncer. Cette mort de leurs codétenus, continuellement présente, dont ils n'avaient pu faire le deuil les a finalement eux aussi recouverts, ensevelis.

Le deuil ressemble à une dépression, à une dépression du fait de la perte subie, qu'on supporte sans effondrement complet, grâce au soutien affectif de la famille et des amis. Lorsque ce soutien porte à vide parce que la distance d'avec ceux qui n'ont pas connu l'épreuve des camps est trop grande, la dépression envahit tout et permet à la mort de l'emporter sur la vie.

Heureusement, nombre de ceux qui ont vu leurs parents partir pour les camps de la mort avaient besoin de toute leur énergie vitale pour trouver le moyen de s'en tirer. Pour être en mesure de s'adapter aux conditions nouvelles qui leur étaient imposées, il fallait changer dans l'instant de manière de vivre en puisant au fond d'eux-mêmes toute l'ingéniosité indispensable à la survie. Cette mobilisation totale de leurs forces évitait la concentration sur un deuil impossible. Parfois durant des années, ils ont continué à distraire une part de leurs forces pour tenter de transmettre au monde ce qu'avait été cette période, souvent sans être vraiment entendus ou compris. D'autres ont enfoui la mort des leurs au plus profond de leur conscience et ont tout fait pour éviter de se centrer sur leur deuil.

Aussi la souffrance s'est-elle poursuivie, a-t-elle insidieusement continué son chemin. Leur douleur est devenue un mode de vie. Sans deuil, ils ont traîné une existence comme évidée de son noyau de vie, pleine d'un vide qu'ils ne parvenaient pas à combler. Perclus de blessures jamais guéries, ils savent que dès qu'on y touche elles se remettent à saigner. Les instants de bonheur n'en sont pas pour ceux qu'on a si grièvement mutilés. La perte irréparable qu'ils ont subie est régulièrement ravivée et les angoisses les atteignent plus profondément que d'autres. Bien plus, ils transmettent ce mal-être de génération en génération, et les blessures continuent de s'ulcérer plusieurs décennies après la catastrophe. Aussi, quand vous croiserez le regard angoissé d'un être qui, inexplicablement, n'arrive pas totalement à s'adapter au monde, pensez qu'il est peut-être le fils ou la fille d'un sans-deuil... et qu'il porte douloureusement les stigmates d'une histoire qu'on n'a pas fini d'explorer jusqu'au tréfonds.

Antoine Spire

3. La réparation

Pour faire son deuil, il faut le vivre. Or notre société a procédé à un gommage de toutes les manifestations extérieures, qu'elles soient individuelles comme les larmes, les gémissements, les cris, ou collectives à travers les rituels laïcs ou religieux.

De l'intime au social : exorciser, apprivoiser, prendre le temps, garder la mémoire sont les conditions nécessaires pour qu'il y ait réparation.

Du cri à la parole

Annie Chalanset

Hurlement de Cioran face au non-sens de la mort ; et toute une œuvre, tel un cri de rage poussé contre la vie, pour dire l'impuissance et la misère des hommes. Cioran ne se contente pas du cri ; la parole sublimée vient en place du silence nocif et de l'insuffisance des larmes. Pour guérir du chagrin, un seul recours : le parler. Mais y a-t-il place dans notre société pour une parole vive, réparatrice ?

« Ceux qui cèdent à leurs émotions, ou à leurs caprices, ceux qui s'emportent à longueur de journée sont à l'abri de troubles graves (...). Pour être normaux, pour nous conserver en bonne santé, nous ne devrions pas nous modeler sur le sage, mais sur l'enfant, nous rouler par terre et pleurer toutes les fois que nous en avons envie (...). Pour avoir désappris les larmes nous sommes sans ressources. Nous devrions avoir la faculté de hurler un quart d'heure par jour au moins : il faudrait même que l'on créât à cette fin des *hurloirs* (...). Si nous tenons à un minimum d'équilibre, remettons-nous au cri[1]. »
« Il faudrait retrouver le sens du destin, le goût de la lamentation. Ressusciter aux funérailles les pleureuses[2]. »

Cioran en sait quelque chose, de la mort et du deuil ; son regard sur l'existence est depuis longtemps celui d'un affligé, d'un endeuillé. Cioran pleure son Dieu mort et son paradis perdu (le paradis d'avant la conscience, d'avant la séparation) et ses plaintes sont l'écho des nôtres. Comme si notre mort à nous - notre mort, je veux dire le nôtre, père, frère, amant, enfant - faisait souvent à nos yeux figure, ou tenait lieu de dieu. Et comme si le temps

---

1. Cioran, *La Chute dans le temps*, Essais Gallimard, p. 171-173.
2. Cioran, *Des Larmes et des saints*, postface, Livre de poche, p. 94.

d'avant le deuil, d'avant notre premier deuil, constituait notre paradis. Cioran le Veuf, l'Inconsolé, ne cesse de dénoncer le malheur d'exister. Son œuvre n'est qu'un long cri de rage contre la vie. C'est à ce cri - sublimé en écrits - qu'il attribue lui-même sa - longue - survie. Que penser de cette apologie du cri, des larmes et des plaintes, si peu dans l'air du temps, si peu de notre temps. Qui chez nous pleure encore ses morts ? Ou plutôt qui oserait *publiquement* les pleurer ? Qui se plaint de son deuil ? Qui même l'évoque hors de l'« intimité » ? Qui parle de la mort ? De *ses* morts ? À croire qu'il n'y aurait pas de morts dans les mémoires, mais en effet seulement des *disparus...*

Le deuil tend à devenir non seulement une aventure strictement privée, mais encore une expérience purement intérieure, aussi discrète que possible. La disparition des rituels n'a pas pour contrepartie le retour à quelque expression plus « naturelle » et plus authentique de l'affliction. Reste donc pour chacun à improviser, à *inventer* une façon « convenable » de vivre et de dire son deuil sans l'appui de la tradition, et sans le secours de la nature. Comment vivre notre souffrance ? Dans le secret et la pudeur, comme le code de bonne conduite nous y invite aujourd'hui ? Dans l'explosion et l'indécence, comme le suggère Cioran ? Faut-il construire des « hurloirs », faut-il ériger de nouveaux murs pour nos lamentations ? Devrons-nous combattre pour le droit au cri ? Ou pour le droit à la parole ?

Le deuil nous rend à la bêtise primordiale, la bêtise des bêtes qui vont à l'abattoir. Nos hurlements expriment d'abord notre peur, notre peur de vivants devant la mort qui nous attend. Et même nos paroles, et celles de nos visiteurs témoignent d'un retour à la « bêtise », paroles vides s'il en est, fadaises, platitudes... Hier encore... Ce n'est pas possible, ce n'est pas vrai... Mon Dieu mon Dieu... Un jour nous aussi... Si j'avais su... On aurait dû... Nous ne nous sommes même pas dit adieu. Y aurait-il lors de nos deuils place pour une parole qui serait d'un sage, et non d'un sot ? Parole pleine, parole vive, parole d'un sujet, parole *réparatrice*.

Suivrons-nous les conseils du philosophe : « *Non ridere non lugere neque detestari sed intelligere* [3]. » Ni rire, ni larmes, ni cris de haine. Efforçons-nous seulement de comprendre. La mort ne nous

---

3. Spinoza, *Traité de l'autorité politique*, § 4.

ôte-t-elle pas, justement, ce pouvoir de comprendre ? Car si nous sommes toujours capables de trouver les *causes* d'une mort - on meurt toujours de quelque chose - la mort ne nous met-elle pas en présence d'une autre question, celle du *sens*. Pourquoi lui, pourquoi maintenant, pourquoi de cette façon ? Question vaine, il n'y a à cela rien à répondre. Et quand il n'y a rien à comprendre, n'est-il pas préférable de se détourner des conseils du sage, pour prendre modèle sur les enfants, les idiots, les barbares et les fous ?

Hôpital silence

« Hôpital silence. » Et si cette prescription s'adressait d'abord et surtout aux malades, aux agonisants - cela, nous le savions depuis Tolstoï et Ivan Illitch - mais aussi en l'occurrence aux survivants, à la « famille » ? Il est interdit de crier sa douleur, sa colère, son angoisse devant la mort. Les pleurs, les hurlements, les manifestations trop bruyantes de la détresse, tout cela « ça ne se fait pas », ou ça ne se fait *plus*. Il y a des cultures qui autorisent, voire qui encouragent, l'expression *spectaculaire* du deuil : clameurs, gesticulations, déchirures des vêtements, lacérations du corps. Attitudes plus ou moins spontanées, plus ou moins codifiées. Malheur mimé, c'est le temps des pleureuses, femmes porteuses du chagrin, mercenaires du deuil ; ou malheur vécu et joué par les acteurs même du drame, famille, amis du défunt, sans que l'on puisse même dans ce cas exclure une part sinon de comédie, du moins de convention, dans l'expression de la tristesse. Et c'est le temps des pleurs.

Manières d'*autrefois*, nous dit-on depuis longtemps, et coutumes d'*ailleurs*. Ligne de partage à la fois claire et obscure, réelle et fantasmatique entre autrefois et aujourd'hui, ailleurs et ici, Orient et Occident, peuples du Sud, peuples du Nord, Antiquité et Temps modernes, primitifs et civilisés, fous et sages. Et peut-être surtout femmes et hommes. Comme semble nous l'indiquer Platon à la fin du *Phédon* :

> « Jusque-là, nous avions eu presque tous assez de force pour retenir nos larmes ; mais en le voyant boire (le poison), et quand il eut bu, nous n'en fûmes plus les maîtres (...). "Que faites-vous là, s'écria Socrate, étranges amis ? Si j'ai renvoyé les femmes, c'était surtout pour

éviter ces lamentations déplacées. Soyez donc calmes et fermes.'' En entendant ces paroles, nous rougîmes et nous retînmes de pleurer[4]. »

Socrate déjà associe *retenue* et maîtrise des affects à sagesse, politesse et force viriles, *débordements* et abandon à l'affliction à frénésie, indécence, faiblesse et peut-être sottise féminines.

Pleurs de la veuve et de l'orphelin, pleurs des proches du disparu. À ces pleurs se sont longtemps ajoutés, comme en écho, et comme pour les amplifier, les pleurs des visiteurs venus apporter leurs « condoléances », témoigner de leur *compassion*. Ces manières de vivre et de dire *ensemble* les regrets, les remords, l'impuissance, la misère des hommes semblent avoir disparu, elles aussi : *La famille ne reçoit pas. Pas de condoléances.* Plus personne pour *mimer* l'affliction mais plus personne non plus pour *exprimer* le chagrin *réellement* ressenti. Nous sommes entrés dans le monde du silence et de l'opacité. La douleur doit rester muette, insoupçonnable, secrète. À cet égard, il n'est pas si étranger au nôtre, le temps des pleureuses. Car nous en sommes bien revenus au *semblant*. Simplement, au lieu de faire semblant de souffrir, on fait semblant de *ne pas* souffrir. À la comédie de la douleur, s'est substituée la comédie de l'impassibilité. Mensonge par excès, c'est ce qui se passe ailleurs. Mensonge par défaut, c'est ce qui se passe chez nous aujourd'hui.

Si nous avons bien appris nos leçons de civilisation, nous saurons nous taire au-delà même peut-être de ce qui nous est demandé. Non contents de retenir nos larmes, d'étouffer nos cris, de refouler nos plaintes, pour dissimuler notre tristesse, nous irons jusqu'à perdre l'usage de la *parole*. Comme pour conjurer tout risque d'*explosion*. Après les quelques jours où cela est toléré, nous cessons de parler de la mort, car ce n'est jamais de très bon goût ; mais nous cessons aussi de parler des morts, de nos morts, ou si nous évoquons parfois leur souvenir, malgré tout, c'est de façon furtive, comme des voleurs, comme si nous risquions d'être pris en flagrant *délit* de deuil, ou de nostalgie.

Mais il y a des récalcitrants. Ceux qui vivent un « mauvais deuil ». De même qu'il y a toujours eu de mauvais malades, de mauvais joueurs, qui désobéissent à la règle du jeu, ou qui ne réus-

---

4. Platon, *Phédon*, traduction Chambry, Garnier-Flammarion.

sissent pas à jouer la comédie de la sérénité. Ils gémissent, ils se plaignent, ils sanglotent, et parfois même ils hurlent à la mort, s'ils en ont encore la force. Ou simplement ils parlent, continuent de parler avec insistance de cette horreur des choses de la vie et de la mort. Souffrent-ils davantage que les autres ? Ou sont-ils moins disciplinés ? Difficile d'établir un diagnostic. Mais il est probable que n'importe lequel d'entre nous, parmi les plus polis, et les plus policés, se trouve exposé au retour à l'état sauvage, en cas de souffrance *excessive*, physique ou « morale ». Souffrir « comme une bête », c'est perdre les moyens *humains* de réagir à sa peine, c'est n'avoir plus que le cri pour parole.

C'est bien ce qui arrive au Job de l'Ancien Testament, homme riche, pieux et sage. À la première atteinte du mal, au premier deuil, il réagit avec pudeur et dignité : « L'Éternel avait donné, l'Éternel a repris, que le nom de l'Éternel soit béni[5]. » Et puis, devant trop de souffrance, quand la lèpre s'attaque à son corps, ses propos, qui étaient d'un homme sobre, prennent l'allure de propos d'ivrogne ou de fou. Plus de barrières, plus de censure, plus de décence, plus de *défenses* : « Je veux donner libre cours à mes plaintes, parler dans l'amertume de mon cœur [...]. J'ai le visage tout bouffi par les pleurs. » Job *terrassé* par ses malheurs, et surtout par l'impossibilité de les comprendre (« Instruisez-moi, et je garderai le silence »), hurle sur son tas de fumier. Or c'est la mort qui constitue à ses yeux le premier scandale : l'homme n'est qu'une « feuille chassée par le vent », « pareil à la fleur, il éclot puis se fane ». Job proteste, vocifère, vitupère : « Je veux faire à Dieu des remontrances. » Il a quitté le registre de la parole ; il ne s'adresse plus aux hommes. C'est à l'existence même, et à l'auteur de l'existence qu'il intente un procès. Les lamentations des endeuillés sont en cela bien proches des cris de Job.

Que ferait-on d'un Job aujourd'hui ? À coup sûr, on l'enverrait crier ailleurs : « Nous sommes réduits à vivre dans une société si mal organisée que l'unique endroit où l'on puisse hurler impunément est l'asile d'aliénés[6]. » En vérité on ne trouverait même pas de Job chez les fous ; par la grâce de la pharmacie, l'hôpital psychiatrique est lui-même devenu un lieu de silence et d'atonie.

---

5. Livre de Job 1.
6. Cioran, *La Chute dans le temps*, p. 173.

Quant à ceux qui ne peuvent s'empêcher de *parler*, de leur détresse, de leur solitude, de leur ami perdu, ils seront dirigés vers les professionnels de l'écoute. Ni enfermés, ni bâillonnés certes mais comme relégués dans des « parloirs », lieux clos où s'évoque le deuil. Comme si de la mort, décidément, les autres (nous-mêmes hors du temps du deuil) ne voulaient *rien savoir, rien voir, rien entendre*. Les lamentations, les plaintes, mais même les paroles du deuil paraissent *inassimilables*.

Or le silence n'est pas ici, comme en d'autres cas, le signe d'une victoire sur la douleur. Il n'est que le produit d'un effort pour la *dissimuler*, effort imposé par des impératifs de bienséance. Exigence contre nature qui ne manque pas d'induire une véritable pathologie. Ce qui ne trouve pas à se dire par la voix risque de se manifester ailleurs, et autrement, sur le corps par exemple et par la maladie, comme on le sait clairement désormais - la douleur « physique » étant souvent mieux acceptée par l'entourage que la douleur « morale ». Mais en outre, l'obligation de taire l'essentiel aggrave le sentiment de solitude et d'abandon dont souffre l'endeuillé. Ne conviendrait-il pas, en conséquence, de renverser nos évaluations et de faire du cri, dans ses diverses modalités, le signe et le garant de la santé mentale ?

Il s'agit bien du cri, et non de la parole. Et il s'agit bien là d'autoriser, voire d'encourager un retour, une régression, et comme un *voyage* vers les formes les plus archaïques, les plus primitives, les plus inhumaines d'expression. *Expression :* il faut entendre ici le mot sans métaphore : extériorisation, manifestation, objectivation d'une émotion, d'un sentiment par définition et par nature *intérieurs*. Exprimer, c'est rendre visible, rendre sensible. Mais ni les larmes, ni les gémissements, ni les hurlements ne sont au départ et par nature ordonnés à la communication. Ils ne constituent nullement du dire, mais plutôt du *soupir*.

Dans un premier temps, les amis de Job, soucieux de lui venir en aide, ne s'y trompent pas. « Personne n'osait lui adresser la parole car ils voyaient combien sa douleur était accablante. » Il n'y a rien à répondre au désespéré : il y a littéralement à laisser faire et laisser dire, le laisser hurler, blasphémer, clamer sur tous les tons, et dans tous les modes son désespoir. Ce que Job attend des siens, c'est qu'ils respectent sa souffrance et l'expression de sa souffrance, même sauvage, excessive, violente et désordonnée : « Daignez écouter mes paroles, je ne vous demande pas d'autre consolation. » Répondre, c'est tenter de consoler en montrant que... tout n'est pas perdu car... il reste des vivants à aimer, un avenir à construire, et toutes ces choses belles de la vie... que la mort ne doit pas nous faire oublier... Injure au désespéré. Sottises, balivernes. La mort fait décidément de nous tous des idiots, les malheureux à consoler comme les amis consolateurs.

Consoler pour quoi faire ? Avant tout pour *faire taire*. Mais si l'affligé se tait enfin, est-ce là la preuve que nous avons gagné notre combat contre *sa* misère ? Avons-nous gagné avec lui ? Ou *contre* lui ? Faire taire Job, c'est bien le propos de ses amis. S'ils échouent, si Job reste sourd à leurs arguments de philosophes et de théologiens, s'il hurle « de plus belle », n'est-ce pas le signe de sa résistance et de son triomphe ? Obtenir du désespéré qu'il renonce à hurler est-ce abolir son désespoir, n'est-ce pas plutôt l'aggraver, en le privant de son exutoire ?

Si nous essayons de faire taire celui qui crie, ce n'est pas pour son confort mais d'abord pour le nôtre. Et si le désespoir d'un autre et particulièrement le désespoir de l'endeuillé nous est insupportable, c'est qu'il nous renvoie comme en miroir notre propre désarroi : tout deuil est à nos yeux répétition (remémoration-réactivation) d'un deuil déjà vécu, répétition (préparation-ancitipation) d'un deuil encore à vivre, et allusion à notre mort. Nous sommes tous inconsolés d'avoir à perdre et à mourir. Le tableau de Munch *Le Cri*[7] illustre cette idée : c'est notre propre cri qui nous conduit à nous boucher les oreilles, c'est notre propre souffrance qui nous est intolérable.

La règle du silence imposée à l'endeuillé, par la persuasion ou la contrainte, est avant tout une œuvre de salut public. Même si le bien public a ici, comme souvent, pour envers, le mal privé. Il vaut mieux laisser les malheureux, les malheureuses, les pleureurs et les pleureuses à l'abri des regards et des oreilles, mettre à l'écart les plus misérables pour éviter d'entendre retentir leurs plaintes et leurs gémissements. On enferme bien les fous, les malades, les handicapés, les délinquants, enfermons les endeuillés. Laissons-les à leurs cris. Mais aussi bien laissons leurs cris : telle est l'idée de Cioran.

---

7. 1893, Galerie nationale d'Oslo.

Le château fermé

« On ne peut savoir si l'homme se servira longtemps encore de la parole, ou s'il recouvrira petit à petit l'*usage* du hurlement[8]. »

« Hurloirs », lieux clos, lieux d'enfermement, à l'écart de la ville et de la vie. Lieux de libre déploiement de la transgression et de la régression, ces cris que nous avons appris à *retenir* pourraient y être librement *poussés*. Ces hurloirs évoqueront à certains quelque château fermé dans l'univers du marquis de Sade. Car il s'agit bien là de lieux où l'on peut souffrir, et donc crier *impunément*. Seule force demeurée vive de la victime (de la méchanceté des hommes ou du destin) : protester. Joindre à cette force le droit, le droit au cri, et la condition matérielle d'exercice de ce droit : un espace réservé. On pourrait y hurler sans être entendu. Et ainsi il serait possible de reconnaître aux uns le droit au cri sans compromettre le droit des autres au sommeil et à l'oubli.

Dommage que l'image suscitée par le hurloir soit celle d'une prison ; il faudrait plutôt y voir un espace de liberté : n'avons-nous pas tous rêvé d'un « bas les masques », le visage défait par les larmes, le corps lacéré de nos griffures, n'avons-nous jamais imaginé un retour à l'enfance, ou même à la *fange*. Misérables, grossiers, criards, sales, méchants et bêtes : pour un temps nous y jouerions un autre rôle. Fantasme de la restauration de quelque nef des fous. Nous aimerions tant un espace *consacré* à notre folie.

La mare de larmes

« Le premier moyen que la nature met à notre disposition pour obtenir un soulagement d'une douleur qui nous accable, ce sont les larmes : pleurer, c'est déjà être consolé[9]. »

À ce fantasme du hurloir, peut-être faudrait-il en ajouter un autre, plus féminin, château fermé encore mais « château des pleurs ». Si le cri est capable d'exorciser la douleur, les larmes pour-

---

8. Cioran, *Syllogismes de l'amertume*, Folio Essais, p. 147.
9. Hegel, *Esthétique*, Introduction, Champs-Flammarion, p. 46.

raient *l'apaiser*. Car elle *s'y épanche*, elle *s'y déverse* et par là même pourrait s'y dissoudre. Ceci explique sans doute la *douceur* et la volupté des larmes. Quoi de plus exquis que cette « mare de larmes » dans laquelle se retrouve l'Alice de Lewis Carroll, mare issue du torrent des larmes qu'elle a versées quand elle était géante et dans laquelle, redevenue petite, elle risque de se noyer. Caresse de cette eau salée, si proche de l'eau de mer, et si tiède à la fois. Fantasme de retour à l'origine, à la vie intra-utérine, bain de chagrin où l'on se trouve comme *enveloppé, chaudement enveloppé* de sa propre misère et de sa propre pitié. Acteur et spectateur tendre et compatissant de ses propres drames.

Hurloirs ou château des pleurs, lieux de *libre* manifestation du *refus*, sans gêne pour autrui. Espaces thérapeutiques, tant il est vrai que *l'expression* de l'amertume, quelles qu'en soient les modalités, serait préférable à la *répression* qui nous est actuellement imposée. Rébellion, menace, agressivité s'exprimant dans des cris : réaction plus masculine, mais aussi plus « enfantine » (fréquente chez les petits enfants). Accablement, sentiment d'impuissance, et en même temps de participation à la misère universelle, attitude plus féminine (que l'on rencontre aussi chez les adolescents) s'exprimant par les larmes. Violence des cris ou tendresse des larmes manifestent le même *désaccord* avec les choses. C'est contre un tel désaccord que les sages nous mettent en garde.

La voix de la sagesse

Que signifient nos plaintes et nos récriminations ? Se plaindre c'est se référer à un droit purement imaginaire : celui d'être épargné par la souffrance ou, du moins, par la souffrance *imméritée*. Le cri de Job, mais chacun des nôtres en est l'écho, est porteur d'une protestation : « Ce n'est pas juste ! » ou d'un étonnement : « Qu'est-ce que j'ai fait au ciel ? » « Qu'est-ce que j'ai fait pour mériter ça ? » comme si la peine subie ne pouvait être que le châtiment pour une faute commise, croyance infantile bien sûr. Celui qui hurle sa douleur, et Job le premier, semble demander des comptes à Dieu : « Ne t'es-tu pas trompé dans l'addition ? Trompé de destinataire ? » « Car pour ma part, j'ai déjà donné »... Ou reçu. En somme j'ai eu mon compte. De chagrin. De perte. Naïveté de cette demande de *comptes justes* dans la répartition des biens et des maux, pur fantasme d'un Dieu gestionnaire et arithméticien.

Insensés, inutiles : les cris n'abolissent ni le cours des choses, ni les coups du sort, passés ou à venir. Ils n'ont aucun pouvoir *dissuasif* à l'égard de la Nature, de Dieu ou du Destin. Changer l'ordre des choses rien qu'en haussant le ton ! De toute façon *la vie suit son cours*, alors, à quoi bon se plaindre ? De toutes parts, nous entendons les mêmes injonctions. La philosophie : « Acceptons la Nécessité, notre seul pouvoir est de comprendre... » La foi : « Adhérons au Destin, même sans le comprendre, car tout ce qui arrive a un sens, fût-il caché. » L'athéisme : « Il n'y a ni justice, ni sens, mais la révolte est elle-même absurde puisqu'elle est sans destinataire. » L'esprit *positif* : « N'ajoutons pas à notre infortune la tristesse de nos larmes ; elles entretiennent notre détresse, elles nous rivent à nos misères. Elles nous épuisent. Agissons au lieu de geindre. » Ainsi parlent les sages. Au bureau des pleurs les guichets sont clos ; les lamentations se heurtent à un mur.

Or les sages n'auraient raison et tout à fait raison que si les cris et les lamentations étaient ordonnés au projet, même obscur, d'agir *sur les choses* : nous savons tous que l'on ne peut s'attaquer à la loi de la nature, à coups de plaintes et d'incantations. Spinoza nous dit : « Cessons de déplorer, de maudire ou d'implorer. Dans la lutte contre le mal, notre seule arme est l'intelligence. » Mais cette mise en garde reste sans effet sur nous. Car nos cris, aujourd'hui, ne s'adressent ni aux dieux, ni aux choses, ni au Ciel, ni à la Terre. S'il nous arrive d'évoquer Dieu, dans nos prières ou nos jurons, il ne faut voir là, la plupart du temps, que *manières de langue*, manières de *dire*, et non de *faire*. Nous n'en attendons aucun résultat.

S'il s'agit bien encore de prières, c'est aux hommes qu'elles sont destinées, non que nous en espérions une aide quelconque. Ils ne sauraient *intervenir* en notre faveur, ni nous apporter la moindre consolation. Ils partagent notre impuissance. Qu'attendons-nous d'eux ? Qu'ils demeurent présents, qu'ils ne fuient pas, qu'ils nous écoutent. Mais alors, comment nous faire entendre ? En faisant de nos cris des poèmes.

La musique aux lèvres

« Je n'ai jamais pleuré, car mes larmes se sont transformées en pensées[10]. »

Travail d'alchimiste, familier aux artistes. « Qu'est-ce qu'un poète ? Un homme malheureux qui cache dans son cœur de profondes souffrances, mais dont les lèvres sont ainsi faites qu'elles transforment le soupir et le cri qui en jaillissent en une musique belle[11]. » Ainsi le poète a-t-il « le tourment au cœur et la musique aux lèvres ». Et tandis qu'un Job se retrouve seul au monde, précisément parce qu'il dit crûment la vérité sur notre misère, manières bien grossières, et de fort mauvais goût, « les gens se pressent autour du poète » qui évoque la même misère, mais en la métamorphosant. Par la *magie* de l'art, ricanements amers et gémissements acerbes font place au sourire de l'humour et à la grâce de la mélancolie. Élégance, politesse, raffinement : chacun peut dire sa souffrance à condition d'y mettre les formes. Choisir la légèreté et le détachement plutôt que l'enlisement dans le drame de l'existence, même en face de la mort, la mort de soi, et celle des autres. Savoir se mettre à distance des drames, s'en faire le spectateur, et le conteur : cette exigence ne nous est pas dictée, comme la règle du silence, par un souci moral ou civique, mais bien par ce qui relève du « souci de soi », des égards que nous nous devons *à nous-mêmes*.

L'attitude esthétisante, qui nous est ici suggérée, est la seule véritablement thérapeutique, car elle conduit à se rendre attentif à la forme, à la musique et, par là même, à se détourner du tourment. Investir les mots, en place des choses, la langue, en place de la vie, c'est se donner la chance d'un salut. Car, dans ce nouvel univers, les rôles sont renversés : l'homme retrouve le plein exercice de sa puissance créatrice. Et surmonte ce sentiment d'impuissance et de dépendance qui l'avait conduit aux larmes et aux lamentations. Ce *travail* de transfiguration des larmes en idées, des pleurs en syllogismes, des chagrins en aphorismes, ce travail d'orfèvre auquel se livre Cioran constitue bien le seul véritable remède à sa mélancolie.

---

10. Cioran, *Sur les cimes du désespoir*, Méandres L'Herne, p. 74.
11. Kierkegaard, *Dispalmata. Ou bien ou bien*, Tel Gallimard, p. 17.

Ce n'est donc pas le cri qui le guérit et qui peut nous guérir, mais bien le style : l'expression, tant que l'on s'en tient aux diverses modalités du *soupir*, n'apporte qu'un soulagement précaire. C'est bien la mise en *scène* du chagrin qui nous mettra sur la voie de la guérison. Il faut que le malheur ressenti lors du deuil devienne *objet* à décrire, à représenter. Ainsi s'opérera un déplacement de l'attention : de la douleur à l'expression de la douleur, du sentiment à l'expression du sentiment. Esthétisme, coquetterie : « Suis-je belle dans mes habits noirs, derrière mon voile de veuve ? » Ou plutôt : « Quelle coupe choisir pour mes vêtements de deuil ? » Le deuil si laid et si dur à vivre peut être si doux et si beau à dire et à écrire ; la perte, la solitude sont de si bons thèmes pour la poésie. Nous écrivons bien des lettres d'amour, pourquoi pas des lettres de mort. La souffrance de la séparation n'est-elle pas propre à susciter en nous la même verve poétique que la joie de la rencontre ?

Épilogue

« La parole supplée à l'insuffisance des remèdes et guérit la plupart de nos maux[12]. »

Mais si nous ne sommes pas artistes, quoi créer, quoi faire, ou plutôt quoi dire de nos morts et de notre deuil ? Comment exprimer notre tourment autrement que par des gémissements et des larmes ? Comment mettre en mots notre deuil ? Comment exercer notre puissance de comprendre, quand il n'y a rien à comprendre, notre puissance d'agir quand « il n'y a plus rien à faire » ?

Toute vie s'« achève » sans être achevée. La tâche des survivants est de l'achever, en en construisant le récit, en en constituant *l'épilogue*. Quand il n'y a plus rien à faire, il reste à *dire*, dans la parole ou l'écriture, ce qu'a été un être, dire et d'abord construire, dans l'*après-coup*, le sens d'une existence. Le sens d'une vie étant à *constituer*, et non pas simplement à reconstituer. Travail d'archéo-

---

12. Cioran, *Aveux et anathèmes*, Arcades Gallimard, p. 115.

logue, d'historien, à la recherche de la vérité « objective », mais aussi de poète ou de romancier.

Car il ne s'agit pas simplement de découvrir, il s'agit d'inventer, de produire le *mot de la fin*, il s'agit de se faire non pas simplement chercheur, en accomplissant une tâche de policier, mais créateur : il s'agit de faire d'une personne - parent, ami, enfant perdu - un *personnage*. Création singulière, à chacun son image, son souvenir, sa construction. Créer ce personnage, c'est nous faire *auteurs*. En cela chacun de nous, à l'*occasion* d'un deuil, rencontre l'opportunité de faire œuvre d'artiste. Or cette œuvre que nous créons, ce portrait du disparu deviendra la forme sous laquelle il sera conservé dans les mémoires. Grâce à la constitution d'une parole, poétique puisque créatrice.

Ainsi éviterons-nous au mort une seconde mort, celle dont nous les survivants sommes responsables quand nous ne gardons le souvenir que de la mort de nos morts, c'est-à-dire des circonstances des modalités de leur mort. Savoir anonyme, aseptisé, quasi policier. Nous savons presque toujours de nos ancêtres, ou des membres de notre famille que nous n'avons pas connus, de quoi ils sont morts et à quel âge, mais souvent nous n'en savons rien de plus. Après ce long silence des endeuillés, interdits de lamentations, mais aussi d'évocation, on aimerait non pas voir revenir le temps des cris, mais advenir le temps de la parole.

C'est sans doute faute de parole que nous sommes parfois tentés de hurler notre mal de vivre ; et si la parole nous manque, ce n'est pas toujours faute de mots, c'est parfois faute d'oreilles : « Nous cherchons peut-être des oreilles autant que des mots[13]. » Mais si les oreilles nous manquent c'est que nous ne trouvons pas les mots pour nous faire entendre. Les autres rejettent les choses et les mots de la mort, les mots vides de la bêtise qui les renvoient à leurs propres deuils et à leur propre impuissance. Tous se détournent de nous, les affligés. Et dans la solitude, il ne nous reste que les larmes. Ou les cris.

Puisque notre puissance de comprendre ne peut s'exercer que sur la vie, c'est à la vie que nous devons être attentifs, à la vie

---

13. Nietzsche, *Le Gai Savoir*, § 346, traduction Alexandre Vialatte, Folio Gallimard.

de ceux qui nous ont quittés. Les morts ont besoin de nous. Nous seuls pouvons les faire survivre dans les mémoires. Après le temps du deuil, vient le temps du commentaire. Le mort ne doit pas occulter le vivant. C'est de la vie que nous avons à parler, c'est une vie que nous avons à comprendre. Constituer une parole sur la vie du disparu, moment essentiel du travail du deuil.

Mais cela ne suppose ni hurloir ni parloir. Le deuil ne doit pas se faire et se dire hors de notre commune demeure. Il n'est ni une maladie, ni un délit. Pas de risque de contamination, pas de honte à « être en deuil ». Il n'y a pas de *raison* d'isoler les endeuillés, de les envoyer crier ou parler ailleurs. Ils doivent pouvoir rester parmi les autres, sans être condamnés au silence.

Il ne s'agit pas non plus de les réduire, trop tôt, à la parole. Il s'agit de les y conduire. Cela sera d'autant plus facile que l'on aura respecté le rythme et le temps du deuil, sans tenter de *brûler* des étapes. Toute blessure suscite un processus d'autoréparation, que nous ne devons pas entraver : après le cri, les larmes, après les larmes, les plaintes, et la parole vide et répétitive, et stérile, du regret. Puis vient le temps du récit, récit de la mort, puis de la vie. Après le récit le commentaire. Et enfin l'épilogue. Qui achèvera le travail du deuil. Ainsi nos disparus trouvent-ils enfin place dans notre mémoire, et la mémoire des nôtres, non sous la forme de cadavres encombrants, mais sous la forme de personnages de si douce compagnie, modèles ou repères, complices ou témoins, et même pourquoi pas encore destinataires, pièces maîtresses en tout cas, de notre univers.

À chacun de se construire, et de se réparer, non par l'oubli mais par la mémoire, non par le hurlement ni par le silence mais par la parole. Pas besoin pour guérir de biffer ou de taire. Pas besoin non plus de cris ou de larmes. Se souvenir de nos disparus, bien souvent, « ce n'est pas triste ».

Annie Chalanset

Le goût des choses

Véronique Nahoum-Grappe

*Comment expliquer la perte d'appétit en face de la mort ?
Être en deuil c'est refuser la mort de l'autre, c'est adopter une
attitude sacrificielle comme si, par une pétrification spontanée,
on recherchait une ressemblance avec celui qui n'est plus :
toutes les fonctions organiques du corps vivant doivent faire
silence. Mais l'anorexie n'est que l'antidote du désespoir. Et
vient un moment où, malgré soi, malgré tout, revient le goût
des choses.*

Dans certaines circonstances, certaines pos-
tures, certaines manières de faire et de se tenir s'imposent. Elles
semblent « toutes naturelles », tout du moins à l'intérieur du monde
culturel où elles se manifestent, et même quelquefois de façon plus
large : ainsi il nous semble aller de soi que, lorsque l'on est en
deuil, que ce soit dans la violence du premier chagrin ou dans le
recueillement auprès d'une tombe ancienne, *nous avons moins faim*,
nous perdrons le goût des choses savoureuses, au moins en apparence, et souvent aussi en réalité. Lorsque la mort se rapproche -
même sous la forme d'une simple hypothèse qui pourrait concer-
ner un être chéri, premier frisson glacial qui nous saisit tout à coup
en pleine fête, en plein repas, et nous laisse en suspens, fourchette
en l'air, hagards... -, lorsque le deuil doit être socialement et donc
humainement vécu, alors nous perdons l'appétit, plus ou moins
« vraiment », plus ou moins « religieusement » ou rituellement, plus
ou moins « physiquement » ou *moralement*. Cet article voudrait
réfléchir sur les différentes facettes de cette anorexie provisoire qui
affecte l'acteur social en pleine santé, lorsque la pensée de l'autre
mort le glace et lorsqu'il lui faut y survivre.

La chair insultante

« ... Qu'en apprenant ton désastre et l'infortuné événement, elle s'est trouvée aussi affligée que si on l'obligeait aujourd'hui à manger la chair d'une vache à la porte principale de la pagode où gît son père enterré[1]. »

Il s'agit de la reine d'Onor, royaume d'Extrême-Orient où Fernao Mendes Pinto pérégrine dans les années 1540 : il nous livre dans son récit de voyage publié en 1614 une traduction des propos qu'elle aurait tenus - dans le cadre d'un jeu diplomatique délicat entre Charybde et Scylla, à savoir les Turcs ou les Portugais. Qu'importe le contexte ou la « vérité » éventuelle de ces propos traduits et rapportés, et donc tenus pour signifiants, par un voyageur européen en plein XVIe siècle. Ce qui nous intéresse ici c'est l'utilisation dans la rhétorique diplomatique de cette reine, telle que l'auteur s'en souvient, d'une image de l'affliction assez « parlante » pour être enregistrée puis consignée dans le récit par son auditeur portugais. L'enjeu est crucial pour la reine, dans la logique du récit, elle *doit* séduire les Portugais, c'est une question de survie.

Être « obligé » de manger de la chair d'une vache, animal dont Pinto ne nous précise pas l'éventuel caractère sacré à Onor, devant le mausolée paternel, voilà à l'évidence une conduite condamnable - à ce point condamnable qu'elle peut jouer un rôle d'« argument de conviction » à l'intérieur d'un discours : la bonne foi de la reine, sa sincérité impliquée sont à la mesure alors de l'horreur choisie en exemple : l'obligation pour la fille de manger de la viande sur la tombe d'un père. En dépit de l'étrangeté, supposée de coutume exotique, cet argument ne nous semble pas totalement aberrant, bizarre : nous, lecteurs du XXe siècle, comprenons quelque chose de ce qui se dit là. Précisément, ce « *quelque chose* » *qui permet la compréhension* est au cœur de notre réflexion ici : qu'est-ce que manger ? En quoi les fonctions organiques du corps vivant même anodines sont-elles incompatibles, tout du moins en image ou « en idée », avec le deuil ? Pourquoi les pratiques corporelles du vivant ne sont-elles pas indifférentes, hors de propos, lors-

---

1. Fernao Mendes Pinto, *Pérégrination* (1614) trad. et prés. R. Viale, La Différence, 1991.

que la *fin de tout* est au milieu de la scène, sous la forme d'un corps mort ?

L'image choisie est donc une sorte de label convenu d'authenticité, comme le serait pour nous un serment « sur la tête » d'un proche, comme le signe aussi le crachat projeté sur la main après un serment - « juré ! craché ! ». L'argument de conviction royal est ici l'équivalent fonctionnel de notre crachat enfantin, il en rajoute. Pourtant, le trop risque l'insignifiance, le gonflé sonne creux, et l'image hurlante n'est qu'un procédé rhétorique : la touchante reine est dans le double jeu, ce que démontre aussi et en même temps la trop grande force du pire requis : manger de la chair animale sur la tombe du père. Mais le fors intime de la reine d'Onor habilement dessiné par Pinto ne nous soucie pas ici, en revanche le fait qu'elle ait choisi cette image pour passer la barrière des langues et des cultures est au cœur de notre question : pourquoi le fait de manger ceci ou cela en face du corps mort de l'autre est-il souvent pris en compte dans certains rituels, certaines obligations religieuses ou conseils de bonne tenue, ou certaines conduites « spontanées » à ce point individualisées qu'elles peuvent sembler pathologiques ? Que signifie le fait de « perdre l'appétit », non pas seulement comme évidence intérieure mais aussi comme conduite sociale ? Ce qui n'est pas en contradiction avec le fait que partager un repas avec le mort, sur sa tombe, peut être une coutume prescrite dans certaines cultures : jeûner ou faire bombance sont en effet des pratiques corporelles contraires qui relèvent d'une même matrice de significations, celle qui lie ventre du vivant et corps du mort.

Enfin, quel est le statut du corps dans sa réalité organique pour qu'il soit vecteur de sens « sacré » - juré ! craché !

Par exemple, pourquoi ici le crachat ? Quelle est la valeur d'un crachat, humeur mineure du corps, injurieuse et souillante lorsqu'il me met en contact avec le corps ignominieux de l'étranger voire de l'ennemi, suc exquis dans la bouche de l'aimé(e), mais aussi *encre authentifiant l'acte*, signature corporelle de la promesse ? Pourquoi cette dernière serait-elle plus vraie si le corps « exprime » son jus, sa sève, son sang ou, à défaut, son crachat ? Signer de « son sang » plutôt qu'avec un vieux crayon semble plus définitif, pourquoi ? Pourquoi des substances corporelles ou des activités organiques (manger de la viande) sont-elles des vecteurs supposés « évidents » d'information morale et sociale - et seront donc des arguments plus susceptibles des retournements rhétoriques ? Et ce de façon compréhensible même pour des acteurs sociaux appartenant à des aires culturelles et sociales différentes, ce qui ne veut pas dire qu'il y ait des invariants culturels, mais plutôt *une possibilité de communication plus élargie entre « étrangers » lorsqu'il s'agit du corps*.

Sur la tombe d'un être cher, tout suc organique est une insulte : celui qui cracherait sur cet espace de douleur m'insulte moi atrocement, bien mieux qu'avec des mots, ces mots « sales » qui sont l'équivalent d'un crachat. Déjà, si l'inconnu mastique trop fort dans ce silence là autour, « de mort », il injurie le mort et son cortège de vivants, ceux qui lui sont attachés. Le bruit de la salive, avant même son jet, est suffisamment parlant. Pourquoi ? Entendre l'autre croquer une pomme, le voir se gratter l'oreille ou ouvrir la bouche ne laisse pas aussi indifférent que sont dénuées d'intérêt ces actions microscopiques, comme si le spectacle social du corps organique mettait en circulation toute une série d'informations démesurées par rapport à l'enjeu, et non maîtrisées parce que trop vulgairement implicites.

Le sacrifice de nourriture

Sur la tombe d'un être cher, que faire lorsque j'ai du chagrin ? Je le sais puisque je le mets en scène naturellement, de ce savoir particulier dont témoignent mes manières d'être, et *qui me permet de croire comprendre les autres manières d'être malheureux dans d'autres cultures :* je m'immobilise, je n'ai plus faim, je ne supporte plus le bruit de mon organisme, je veux le faire taire, qu'il soit comme en pierre, comme sous terre. Je refuse alors les couleurs, les nourritures, l'idée même de digestion me fait mal, horreur. Voilà pourquoi le serment de la reine d'Onor ne m'est pas étranger, même s'il n'est que le souvenir reconstitué d'un voyageur portugais du XVIᵉ siècle. Voilà pourquoi je comprends tout autant les conduites de bruits, les hurlements baroques, les excès de gesticulation corporelle, qui dans d'autres cultures (plus « latines », plus « chaudes ») offrent un écho homologue, puisque inverse, à mes manières figées et silencieuses.

« Je me suis souvent assis seulement plongé dans mes pensées

me mortifiant par le jeûne et la prière[2]. » Faust se souvient : il
était un jeune médecin, et la peste régnait : « Riche d'espérance
et ferme dans la foi, je pensais par mes pleurs, mes soupirs, mes
gestes d'imploration arracher au Maître du ciel la fin de cette peste »
(Id.). Lorsque la mort est là, je me « mortifie », au premier rang
des mortifications, le jeûne. Ces trois vers de Goethe nous donnent un des sens de ce jeûne, envisagé uniquement de notre point
de vue - l'union du vivant et du mort en moi : lorsque l'autre
meurt, je n'ai plus faim. L'anorexie ascétique, de sainteté - et même
aussi sans doute l'anorexie « esthétique », pour « maigrir », des jeunes filles ou femmes atteintes de cette grave perturbation mentale
- fonde sa force d'auto-imposition évidente dans la perte d'appétit
en face de (ou à l'idée de) la mort, mimée et conjurée alors.

La meilleure des « prières », des postures de deuil « vrai » consiste
non seulement en des paroles, larmes, souhaits intenses, impréca-
tions, etc., mais aussi dans cet engagement plus archaïque de l'être
entier lorsqu'il *refuse de manger*. L'impuissance totale en face de
ce que l'on refuse radicalement se retourne en toute-puissance absolue contre et sur soi : *je démontre que je veux/peux bien mourir
car je refuse la mort de l'autre, et c'est cela même, être en deuil.*
Le refus de manger ne laisse pas l'Autre (Politique ou Divin) indifférent, et le sujet impuissant qui ne peut que se retourner contre
son propre corps inaugure alors un système d'échange où le tout-
puissant, la Toute-Puissance supérieure devra plier : si je te sacri-
fie mon appétit de vivre, tu me dois quelque chose. Les dieux
répondent aux sacrifices de nourritures dont les fumées montent
vers eux, selon la même logique qui les met en situation de dette
symbolique envers celui qui jeûne : lorsque s'élève vers eux cet
espace blanc du « non » humain, du sacrifice de soi, ils doivent
répondre. Le refus de manger est une adresse impérative aux Cieux
divers qui règnent en surplomb des malheurs humains : tout refus
de manger est un début d'ordalie, de conduite sacrificielle qui
demande l'impossible - ma vie contre celle du (des) mort(s).

L'anorexie implicite des postures de deuil fonctionne comme un
résumé de ces significations : le vivant mime la mort pour mieux
la dénier, et le refus de manger est toujours une tentative de communication avec, de faire « chanter » la « surnature », cet espace où

---

2. Goethe, *Faust*, Aubier-Montaigne, trad. H. Lichtenberger, p. 35.

est parti le mort - ciel, gouffre, reflet dans un miroir, etc. -, *même s'il est vide*. L'impossible véritable c'est que l'autre meurt, c'est que je meurs, *et puis c'est tout*. Lorsque le monde surnaturel est vide, mon estomac refuse la nourriture. Ainsi le plus matérialiste des endeuillés refusera aussi la nourriture, dans une tentative de chantage avec le rien. *Ne plus manger* est donc une conduite suffisamment « parlante » (comme toutes les images du fonctionnement organique du corps), et ce de façon suffisamment opaque, pour convenir, dans des circonstances équivalentes et dans des systèmes culturels différents : les croyances religieuses ou athées ne suffisent donc pas à rendre compte de la *moindre faim de celui qui est en deuil*. De ce point de vue, la tension sacrificielle de l'ermite ascète qui veut « sauver » les hommes a à voir avec l'anorexie comme symptôme : les deux mettent en suspens le monde des autres, et questionnent la possibilité d'une alternative, dans une pratique ordalique.

Face à la mort, le *refus de manger* est donc une tentative de « faire chanter » l'au-delà, mais aussi il est l'expression d'une hypothèse indigeste, à savoir qu'*après*, le *rien* est plausible, ce rien qui seul peut remplir l'estomac de celui qui est en deuil. On ne saura jamais combien de convictions matérialistes, antireligieuses se sont exprimées dans le refus fou de s'alimenter lorsque la mort frappe l'autre, *toujours injustement*. Ce qui n'est pas en contradiction avec le fait que les ascétismes religieux tendent en général à privilégier le jeûne comme pratique corporelle positive : ce que les dieux préfèrent souvent, c'est le sacrifice de mon repas, de ma faim. Dans tous les cas de figure, la posture de deuil en action se résume à ceci : ce tas de viande improbable mais présent sous ce catafalque, au cœur de ce mausolée au sein de la terre, c'est lui, c'est elle, *voilà*. Donc c'est aussi moi en miroir. Je n'ai plus faim, quelles que soient mes professions de foi.

Cadavérisation du vivant

Sur la tombe de l'autre « encore fraîche », ou même tout simplement à la pensée d'une mort récente, ou de la Mort « pour de vrai », comme disent les enfants, le vivant peut verser sans trop de bruit l'humeur adéquate, irrigante, salée des larmes, ou bien se tenir, immobile et glacé, le corps en suspens, mimétiquement happé par l'image de ce qu'il veille, de ce qui le hante : le corps gisant du mort proche.

En revanche, si le défunt est éloigné dans l'ordre des affections, s'il s'agit d'un deuil très ancien, ou d'une tombe étrangère fermée sur un corps inconnu, ou bien si la halte devant le tombeau n'est qu'une étape aléatoire dans un ensemble appelé « promenade » et non pas un moment prévu de « recueillement », le vivant pourra alors retrouver un appétit décent (nourritures végétales, aigres, piquantes ou fades). Ainsi encore plus tard le promeneur girovague et/ou philosophe pourra croquer une pomme devant ce monument à la mort que constitue toute tombe, dans l'air plus libre du temps qui a passé : il mastique, il a moins mal. Ce n'est qu'une pomme, cette nourriture dont la décence tient à la nature végétale. Quoique la consommation la plus appropriée dans un cimetière reste encore le tabac, cette nourriture non nutritive, la plus immatérielle : la fumée n'est pas sucrée, et la feuille de tabac est une plante ; cette fumée monte vers le haut, ou tournoie comme une ombre, elle est à sa place ici. Sa couleur désigne ce qui reste, lorsque l'on est en deuil, à savoir plus rien d'autre que cette volute grise et blanche, qui s'élève, qui se disperse dans un sacrifice pudique, celui du souffle humain consumé par la pensée de la fin. Mais il faudra aussi écraser la cigarette ou éteindre la pipe lorsque la tombe est ouverte et qu'un cercueil y plonge : toute conduite corporelle de consommation est injurieuse alors, même celle de l'euphémique tabac.

Le *recueillement* devant la tombe d'un proche, même dans un cadre laïque et profane, même dans un contexte purement individuel et donc socialement aléatoire, implique donc une certaine posture du corps qui « ne va pas » avec les signes de l'appétit, avec ceux de la vie organique. Un pet, un gargouillis ventral seront bien plus « honteux » auprès d'une tombe fraîche qu'autour d'une table festive, et l'enfant se tord dans le fou rire atroce bien connu, qui saisit le vivant au pire moment, à cause d'un glouglou... Comme si la vie « animée », corporelle faisait injure à la mort lorsque les deux se rapprochent. Est-ce que toute conduite liée à la mort, la naissance et la sexualité dans notre culture européenne serait plongée dans un bain encore prégnant d'attitudes liées à son histoire religieuse, qui accorde un certain statut aux fonctions corporelles, pensées comme inférieures en comparaison de la partie *spirituelle* de la présence au monde du vivant, et ce indépendamment de tout système explicite de croyance ?

Les groupes culturels qui ont inventé et pratiqué une laïcité, un athéisme relatif sont apparemment plus rares que ceux qui ont construit des systèmes de croyances religieuses en peuplant de façon souvent anthropomorphe la surnature. Il semblerait que notre culture occidentale de la fin du XXᵉ siècle offre un des rares exemples de moindre « religiosité » officielle et obligatoire, si l'on veut bien classer en dehors du religieux proprement dit ce bain de formes et de valeurs qui enveloppe tous nos actes et qui sans doute relève d'un imaginaire marqué par des siècles d'histoire religieuse, et si l'on exclut aussi le pouvoir symbolique d'ectoplasmes hypertrophiés à certains moments de notre histoire comme le « Progrès », la « Science », la « Nation », etc., auxquels le citoyen contemporain a dû (doit) quelquefois sacrifier sa vie, ses nuits, son appétit. Dans ce contexte donc délesté des obligations collectives intérieures et/ou extérieures, une tombe quelle qu'elle soit, celle des parents à plus forte raison, est un lieu où, chez nous, dans notre culture, il serait très gênant de pique-niquer avec saucisses, coquilles d'œufs et poulet frit, par exemple, ou de se cacher derrière pour uriner, ce qui constitue une injure déjà dans les mots. Le barbecue carné est déconseillé sur une pierre tombale, même pour le plus provocateur des révoltés, ou alors une intention de profanation est en jeu.

Dans notre espace public de plus en plus libéré aussi des « convenances » et codes appris qui indiquent « ce qu'il faut faire » dans tel ou tel cas, il règne donc des impossibilités variées, plus ou moins contraignantes, et ce en dehors de toute norme explicite, mais liées au sentiment très sociologique de la dignité personnelle : cela va « de soi », répétons-le, que sur la tombe des siens on se « tient » correctement, on n'y dévore pas ostensiblement du gras ou du sucré, plus choquants ici que l'aigre[3], parce que sans doute plus immédiatement perçus comme « bons » au goût : le plaisir de l'aigre est plus mélangé et médiatisé, et fait légèrement souffrir le goûteur,

---

3. Voir *Le Goût de l'aigre*, Misette Godart, Quai Voltaire-Histoire. « L'aigre est moins obscène que le sucré ou le gras, du point de vue de l'élégance et de la bonne tenue. »

qui ainsi fait preuve de plus de décense et de chic, de culture et de politesse que le dévoreur de rillettes ou de chocolat.

Ce qui trouble la paix des cimetières ce sont donc les bruits de l'organisme vivant : il se trouve donc que, lorsque la mort s'approche de moi sous la forme de la perte de l'autre, *alors je dois lui ressembler* : je cadavérise ma présence au monde, dans une immobilité accrue, un silence de qualité, comme celui des pierres, le silence de celui qui n'a absolument rien à dire, ou plus rien, et dans un effacement gris des fonctions organiques dans un corps devenu une ombre morne, triste, figée : moi, mon corps encore trop obscènement vivant, dans cette douleur absolue. Le passant moderne, au chagrin tout intérieur, dont les yeux rougis se cachent derrière des lunettes noires, arborées ce jour-là par pudeur, pour cacher les signes physiques du chagrin, peut ainsi comprendre l'étrange argument de la reine d'Onor, la mortification du jeune Faust décrite par Goethe, et trouver tout naturel que la dépression soit liée au symptôme de l'anorexie.

La nappe ou le voile

Les images religieuses, dans leur forme concrète et non dans leur fond essentiel, aideraient-elles encore en cette fin du XXᵉ siè-cle pourtant exceptionnellement profane le sujet même athée à résoudre les questions comme : « *Que faire de mes mains ? De mes sourcils ? De mon estomac ? De tout mon corps dans telle ou telle circonstance ?* »

La *bonne contenance* ne peut s'inventer. Auprès de la tombe de l'autre, nous avons tendance, tout « naturellement », à choisir comme étant plus appropriée, et donc plus confortable, une pos-ture d'immobilité qui dénie les fonctions vitales organiques dans une pétrification spontanée. Dans cette unité nouvelle de soi à soi, la respiration elle-même est freinée, je ne suis plus que l'ombre de moi-même, une forme pure, voilée, qui sévit encore à la mort d'autrui - et peut-être à la mienne propre ? Je me sens plus pro-che de l'immortalité lorsque je bouge moins ; et *mettre une nappe sur la table* est l'inverse anthropologique de *se voiler le visage* dans notre culture. Comme si, pour mieux rendre hommage au mort, il fallait lui ressembler, comme si cette ressemblance, cet objet mimétique que je suis devenu alors était tout ce qui pouvait être encore : une forme sans consistance ni estomac, comme un nuage de fumée, au visage indiscernable derrière ces voiles gris. À travers le miroir, je crée la figure de la mort *à son image*, inconnaissable : lorsque j'arrête de manger, je me rapproche de ce reflet pour mieux voir cette face sombre. Sous le voile, alors, de plus près, c'est elle qui me ressemble.

La perte de l'appétit en face de la mort n'est pas seulement une norme culturelle, plus ou moins affadie, liée à tel ou tel contexte social ou historique, mais elle est aussi une manière « correcte » pour le vivant de se tenir en face du mort, inventée comme règle explicite ou comme symptôme sans contexte. *Parce que manger du gras, du carné, du trop exquis fait injure de façon archaïque au mort tout proche de moi, à la qualité de sa présence vivante en moi, suffisamment nourrissante.* Je n'ai plus faim lorsque l'autre est mort car non seulement mon corps mime la mort dans la posture du recueillement, mais aussi parce que je suis plein de son image vivante, dont l'irréalité dévorante est à la mesure de mon chagrin. *Puisqu'il ne peut revenir, je veux mourir, moi*, telle est la proposition du survivant, qu'il manifeste dans son corps même, et en premier lieu par le refus d'une alimentation habituelle - religions et rituels viennent après.

Offrir au corps mort une compagnie « vivante » (nourritures cuisinées, grasses, sucrées, habits de cérémonie, parures), ou habiller le corps vivant du masque de la mort pendant le deuil sont des conduites homologues qui trouvent leur sens en amont de toute prescription sociale, dans une série d'interprétations courtes et facilement identifiables des réalités organiques : *Qu'est-ce que c'est que manger ? C'est accepter de survivre, au moins. Qu'est-ce qu'un corps mort ? C'est un organisme sans appétit, au minimum. Tant que je vis, qu'est-ce que produit la perception de la mort en moi ? La fin de la faim, déjà, etc.* En effet, comment vivre l'invivable ? Comment faire que du temps s'écoule entre le décès du proche et le prochain repas des survivants, qui scellera une première réconciliation avec un après ? Le repas trop bien arrosé le soir de l'enterrement, pendant lequel « se forcent » ceux qui sont vraiment malheureux, n'est pas un scandale, puisqu'il relève du même ensemble de significations qui faisaient de la perte de l'appétit une manière correcte d'être proche du mort.

Le premier repas un peu « trop arrosé » de l'enterrement remet à bonne distance les vivants qui mangent et boivent des morts qui gisent : les familles sont rassemblées autour de la table pleine et non plus autour de la fosse remplie. Ces repas de deuil où les rires et les excès d'alcool notamment ne suscitent pas trop le rire ou l'indignation des moralistes, car ils jouent un rôle anthropologique nécessaire de fin du monde mélangé, où les vivants sont cadavérisés de douleur à la pensée si vivante du mort présent là. Avant ce premier repas, non seulement le décès toujours violent du proche a rapproché « physiquement » la vie de la mort de façon dangereuse pour tous, danger dont témoignent de nombreux rituels qui consistent finalement à les remettre *à leur place*, à une bonne distance l'une de l'autre, mais aussi les chagrins sont déchaînés et leurs effets déchirants, dégrisants - du type « le roi est nu » et « Dieu n'existe pas » - peuvent s'exercer à plein[4].

Coup de vent, goût du vin

Le refus de s'alimenter, conduite ordalique, est donc au cœur d'une double problématique : 1) la trop grande proximité entre les corps vivants et les corps morts qui alors se reflètent les uns les autres lorsque le décès vient de se produire - ou lorsque la mort est imaginée « pour de vrai » -, proximité qui remet en question la qualité de la « surnature » comme lieu alternatif (où renaîtraient les morts et où la justice serait faite) ; 2) la trop grande tension entre cette douleur d'une qualité particulière (face à la version définitive du réel que constitue la mort de l'autre), et son expression sociale *donc corporelle* dans la durée, c'est-à-dire le fait d'avoir à la vivre encore - *ne plus avoir faim* est une première manière de survivre, lorsque c'est impossible. La première faim perdue est donc celle des nourritures animales, les viandes, rouges et sanglantes, palpitantes. Ces viandes constituent peut-être une insupportable évo-

---

4. Une famille paysanne du Haut-Jura. Un enfant est mort. En plein pendant la messe, alors que le curé entonne une phrase sur *la mort comme punition des péchés*, etc., la voix du père résonne : « Et quel mal avait-il donc fait, lui ? » Assistance médusée, prêtre interloqué, sanglots de la mère. J'ai entendu ce récit dans une famille ouvrière jurassienne, 1990, Champagnole.

cation, ne serait-ce que par le jeu irrésistible des associations d'images matérielles, de la chair de tout être animé, encore vivant hier ou il y a dix ans, vivant dans l'obscénité triviale d'une matière chaude où circulent des liquides particuliers, sang, lait, et des informations sensibles, comme trouver « bonne » une nourriture.

Or l'idée anticipée, à la vitesse de l'éclair, suffit à faire perdre le goût des choses, ou tout du moins de certaines d'entre elles : la chair morte fait contraste avec le corps vivant, la chair de tout être animé, c'est aussi moi, encore vivant, déjà mort dans ce corps d'en face, gisant vivant au fond de moi. Il n'y a pas que de la « culture » et des « rituels » dans l'efficacité significative de certaines conduites, ou mieux de certaines postures non réfléchies du corps dans certaines circonstances. Il y a aussi ce jeu des « idées », au sens irréfléchi du terme, qui circulent à la vitesse accélérée de la vision, et dont l'ensemble tressé forme le contexte « tout naturel » du goût des choses. Je n'ai plus faim quand la mort est là, en chair et en os, et c'est surtout la viande qui me dégoûte. La chair morte : je te ressemble aussi, tu es moi, et je perds mon identité de vivant provisoire lorsque tu es là sous la forme de quelqu'un qui est parti. L'autre est parti, pulvérisé aux limites du monde imaginable, il ne reste que des kilogrammes de viande, si je ne crois en rien d'autre qu'en la surprise de la matière. Alors je n'ai plus faim lorsque le souvenir du disparu revient du fond noir de l'écran vers moi, comme ça, désincarné.

Pourtant, affamer, faire taire, rendre gris et, si l'on pouvait, invisible l'éclatant scandale d'un organisme vivant, avec ses bruits, ses appétits et son incessant mouvement respiratoire ne peut durer toujours. Quand est-ce que cela « va mieux » ? Le deuil s'inscrit toujours dans une durée indéfinie, il subsiste sous forme d'un germe noir, à la racine des choses futures. Heureusement le groupe social est chargé en général de signifier au survivant que *maintenant* il peut « en sortir », qu'il y a un « temps pour tout ». Mais il n'y a pas que cette renaissance socialement obligée du survivant. Il n'y a pas que le « devoir vivre ». Tout au fond du trou, insomniaque et anorexique, l'endeuillé tassé sur lui-même veille. Et puis par exemple, le vent se lève : mouvement dans les branches, souffle à travers les branches, seul le bruit de l'air n'est pas indécent. Lorsque je suis brisé, la brise.

Je ne peux repousser le plateau de couleurs et de saveurs indéfiniment, et cette perte du *goût des choses*, racine axiologique de l'ensemble des manières d'être du vivant lorsque la mort se rapproche, est provisoire. Entre mon corps organique et le monde matériel à sa mesure, cette espèce de plateau somptueux que nous offre le fait d'être ici ou là, encore vivant, les échanges vont se renouer petit à petit : cela commence avec une couleur têtue qui refuse de ne pas être vue, avec une sensation ténue mais irréductible comme un coup de vent sur le visage, et enfin, sous la forme d'un carré de chocolat par exemple ou d'une gorgée de vin, une saveur impériale se fera sentir sous le palais.

Véronique Nahoum-Grappe

Rire à en pleurer

Marc Wetzel

Deuil premier, ultime, pragmatique, rilkéen, bergsonien, cynique, romantique, spéculatif, sauvage, hypermoderne... Si le deuil ne prête pas à rire, la question se pose pourtant : la tenue normale consiste-t-elle à « se faire une tête de mort devant la mort » ?

À la mémoire de
Christian Gabrielle Guez-Ricord

Tu me demandes, Judith, si l'on peut rire après la mort d'un être cher

s'il existe donc ou non une variété *légitime* de deuils moqueurs, distanciés ou carrément bons vivants

ou si le masque de plomb - se faire une tête de mort devant la mort - est la tenue normale

si donc le garde-à-vous de la raison est le seul maintien correct de la sentinelle d'un néant encore tiède.

il y a bien un dédoublement commun entre le rire et le deuil, une même alternative les tend

et des scénarios multiples de mise à mort des morts, laissant soupçonner que le masque inerte et l'inexpressivité humide n'ont peut-être pas l'exclusivité

et que rire dans le deuil n'est pas rire du deuil ou se gausser des ex-vies, mais -

*

d'abord le rire est ambivalent toujours, il résulte, dit Koestler,

d'une « bissociation » entre vitesses de l'intelligence et de l'affectivité. Car l'intelligence « comprend », évacue toute tension dès
qu'elle a son évidence, ne traîne jamais en route. L'affectivité, au
contraire, traîne dans la pièce de la pensée, saturée d'énergie verbo-
motrice, toute nouée aux à-coups du palan émotif, et doit encore
décharger (la feinte s'est enkystée à mesure de sa mise en récit,
et la « chute » intellectuelle). Il faut procéder à l'expulsion de
l'intrus par le rire, l'escalator à hoquets, par le décrochement prise
à prise des mâchoires. Le rire seul permet la reconduite à la freudo-
frontière de tension zéro.

Or le deuil est la même bissociation. D'abord entre familiarité
et rigidité (on ne s'endeuillera pas d'Empédocle, Schumann ou Aris-
tide Briand, car leur fin de vie est *retombée*). Mais surtout entre
une intelligence en ayant fini avec la mort dès qu'elle est là (le
concept de néant n'est pas sorcier !), et une affectivité qui, elle,
traîne, flâne dans le cortège mental, slalome indolemment entre
les apparitions des idées du disparu... Ce que pleurent toutes les
larmes et que pourraient donc cosigner tous les rires a d'abord ce
différentiel de vitesses de soi pour cause.

il y a peut-être enfin le quiproquo ontologique de tout deuil :
la peine est-elle après tout chargée de penser *la* mort (la faux générique), ou *cette* mort (*ce* plafond sur *ce* sol), ou *ce* mort (telle viande
mauve, ou telle cendre ayant voté dans son urne) ?

enfin, il y a l'exception majeure : le mourant.

*

car le mourant est exempté de deuil
personne n'ira lui suggérer de se contrire de la mort récente
de tel ou tel, personne n'ira couvrir le gris de noir
pourquoi ? d'abord parce qu'il y a une force minima exigible
pour le malheur sensé, et elle n'y est plus. Ensuite, parce que la
part forcée de deuil de soi qui lui « échapperait » (avec le com-
plaisant regard du poing sur le miroir qu'il vient briser) serait, le
temps venu, un d'autant plus à mourir.
enfin parce qu'un mourant est dans le dernier cercle ; le deuil,
lui, est conjuration désintéressée, mais extérieure, de la mort. Les
morts ne s'endeuillent pas des morts, parce que le deuil est une
question animée, une qui vient de l'intérieur non quelconque de

la perdition, du dedans organisé de l'éphémère. Mais le mourant réel n'a plus de question liée à une certitude de vivre (et donc de ne plus vivre un jour). Il est une question, mais sans postérité mentale possible en lui, puisque son cerveau ferme.

or une contraction élémentaire des durées fait de tous des mourants ; le deuil, comme question animée du non-être, peut-il y survivre ?

visitons les deuils.

*

le *deuil premier*, le deuil d'avant la conscience de la mort, et le *deuil ultime*, d'après la mort de la conscience...

le second homme devant la dépouille du premier (comment porter le deuil d'un que nul n'a vu naître ?)

le dernier homme devant celle de l'avant-dernier (comment porter un deuil quand nul ne nous verra mourir ?)

le deuil aussi comme autopsie mentale, comme détermination des causes de la vie, comme choix de l'aura (telle vie sainte en mourant n'aura perdu que le fait de vivre, telle vie barbare aura perdu jusqu'au droit d'avoir vécu)

mais le deuil hargneux toujours, le deuil de quelqu'un volé de lui-même, qui sait que l'autre, mort de sa vie toujours, et moi faisions raisons de vivre communes et qu'ainsi mourant, il défonde ma vie, *il emmène ce que sera ma mort* en emportant ma part de ce que lui fut vivre.

tout mort selon mon deuil est premier et dernier

*

le *deuil pragmatique* nage, droit dans la Mer du Rien en ne quittant pas le Cap de Bonne-Évidence. C'est qu'il se tient pour dit ceci :

on meurt d'un coup *pour soi*, mais c'est plus long, plus délicat, moins décidable, *pour autrui*.

ni Dieu ni son inexistence ne peuvent m'aider à faire bon deuil. D'aucun secours, Lui comme son impossibilité, pour réduire un mort à sa vie (car c'est cela, le deuil, la « réduction » de cette fracture).

La mort vue de la non-mort (Dieu réel) comme de la non-vie (Dieu cortical) n'aide en rien.

aux obsèques d'autrui, toutes les pensées de lui sont permises, et toutes les non-pensées aussi : le « rire nerveux » (pour le différencier par exemple du rire chlorophyllien de l'érable et de la jonquille), le « fou rire » (ne pouvant se retenir devant ce qui ne peut désormais le retenir), « pouffer d'angoisse et de consternation » (en comprenant soudain ce que le vide pense de mon vertige) sont légitimes, ne pouvant désormais nuire qu'au rien.

la finitude, parce qu'elle est le fonctionnel, sobre et régulier dernier mot de tout, n'a rien à dire. Même à elle, dans l'endeuillé, elle n'a rien à se dire.

*

il y a le *deuil rilkéen*.

avec les archiconnues consignes : « ce qui dans la mort nous éloigne n'est pas dévoilé » (mais comment pleurer le cher disparu si la nature de sa disparition reste voilée ?), ou « seul avec un homme mort, on est moins abandonné que seul avec des arbres » (mais comment consoler la veuve du bûcheron, et que dire au pied butant sur la souche ?), ou « serait-il plus difficile à l'homme d'être mortel qu'à l'animal d'être mourant ? » (quel statut ontologique donner alors au suicidé, mort de sa mortalité, et quelle réhabilitation posthume demander au deuil pour le désir du non-désir de la vie ?)

Rilke dit : l'extase de la mort est inévitable, à condition de croire mourir (si je pense ressusciter, ma mort, ne me sortant qu'à demi de moi-même, n'est plus extase). Pourtant, ajoute-t-il, la grandeur du christianisme est de mettre toute mort en croix (même si le doute feint de jouer, car le néant est poétiquement sûr et certain ; il n'y a trois vrais jours de doute que pour l'Un). Si le plus beau est sortir de la vie sans mourir (comme le bouddhiste sort de l'ego sans mentir), le pire est évidemment l'inverse : mourir sans sortir de la vie (ou mentir sans sortir de l'ego). Mais quel deuil en porter ?

*

le *deuil bergsonien* ne prête pas à rire, mais semble le permettre.

« du mécanique plaqué sur du vivant », n'est-ce pas la raideur saccadée de l'agonie, la montée clownesque de l'inerte comme sève imprévue finale ?

« nous rions toutes les fois qu'une personne nous donne l'impression d'une chose », n'est-ce pas là une parfaite image du travail dernier, du « se faire chose d'ici-bas », du corps prenant, par la peau de banane du *saltus mortalis*, définitivement le pas sur l'âme ?

« l'irrésistible » dit notre Henri, c'est « la personne raidie en chose ». Le passage au néant est le plus abouti des comiques de situation. « On rote son âme » disait Céline : c'est donc l'inénarrable « diable à ressorts ». « On commence par mourir un peu, et puis on n'arrive plus à s'en empêcher » disait Lacan : c'est donc l'impayable « boule de neige ». « La vie perd son agenda, cesse d'être contemporaine d'elle-même : les parties du corps rejouent chacune pour soi dans le temps, s'emmêlent les fuseaux, tombent la voile et rejoignent le majoritaire courant » dit André Pichot : c'est donc là l'hyperbidonnant « pantin à ficelles ».

Devant le volcan éteint d'un mort, donc, un deuil à la Bergson : « Comment ?! Ils avaient un volcan et ils l'ont laissé s'éteindre ! »

*

la répétition fait rire ? trois rencontres inopinées le même jour avec le même quidam ? et le hasard de nous tenir les côtes. Mais le mort, c'est toujours, c'est à toutes mes pensées, c'est toutes les fois de mon tour d'être son survivant - que je rencontre inopinément son fantôme... Comment me dérober à lui, le mort, puisqu'il n'est plus rien d'écartable ? Comment éviterait-il la pensée de lui que je demeure, puisqu'il ne pense que là où il est pensé ?

l'inversion fait rire ? comme savon qui rince ou pervers qui sermonne ou athéisme comme opium de l'élite ? Si monde à l'envers met le rire à l'endroit, que sera la mort comme vie à l'envers ? la « cherté du disparu »... l'« irremplaçabilité » de « plus personne »... la « mort comme vie sans soi »... l'« inoubliable amnésie »... l'« échec inespéré »... tout caveau frais, toute tombe fleurie, est une telle mine d'inversions, de renversements... « Jamais davantage chez soi qu'aux antipodes, hein ? » c'est le cocassissime paradoxe.

l'interférence des séries fait rire ? comme le doigt demandeur
se faisant happer par le ventilateur du plafond ? le dévôt accroupi
cherchant ses clés ? l'orangé sublime de l'aube devant l'embarca-
tion qui sombre ? alors il faut faire rire son deuil : car l'ange rou-
vre aussitôt ailleurs les yeux que je ferme ici, l'affreux hoquet souffle
en ce moment même la note idéale en paradis, le quiproquo même
en fait trop devant la pierre roulée.

*

le *deuil cynique* a, lui, la preuve par le rien pour naturel
argument

il ne veut pleurer qu'utile

et comme il ne voit, à « pleurer », que du non-consommateur
de larmes, du par principe indifférent à tout chagrin, du laisse-
couler (un squelette, une charogne, une vie ayant par principe ou
pas assez ou trop vécu, un absolu pulvérulent ou un *métaférié* « hui-
tième jour de la semaine »), il n'estime pas plus sensé de pleurer
un mort que de rire un nouveau-né.

quand Valéry mourant demande une glace et lui murmure
« adieu, chère image, nous ne nous reverrons plus », il s'extrême-
onctionne *à sec*, parce que ce n'est pas le vieux singe de la mortalité qui va s'apprendre à faire la grimace du deuil.

le cynique a trouvé plus chien que lui dans ses futurs os.

*

le *deuil romantique* aussi, le pire.

le deuil hegelo-hugolien, inspiré, en direct de la néance, prenant la mortalité de la galaxie même pour garantie, un vide cryo-
génisé pour soutien, le mutisme pascalien du monde comme écho
du silence... (la mort qu'on entend marmonner juste, gémir repré-
sentativement, qu'on décrit comme parenthèse de cyprès, comme
nature ouvrant son cabas, comme providentiel mandat de survie,
comme « juste consécration du fini », comme déesse de distinction,
déesse d'appartenance, déesse d'intégration, comme ponctualité de
la péremption, comme contemplation d'altitude « mollets de Plo-
tin », comme conscience de soi de l'horizon...)

la négativité galonnée,

les travaux forcés de ce négatif, et le boulet de vide que conjure le sens distingué du tragique, le concrétisme snob « Oui, Untel n'aura ainsi différé du néant qu'un certain temps, oui... »

les bienheureux de la cessation, du tapis de l'être d'un seul coup d'un seul retiré, imaginés y voletant aussi à l'aise, dit Baudrillard, que « cormorans dans la vaseline »

le patchwork du démaillage (la vie la mort, les âmes les corps, mille dedans un dehors, le trésor pressé le jus d'or, l'aiguille se prenant pour le Nord - et le deuil pour la mort - le *droit du moins fort*, la dialectique de la passiflore...)

tout ce qui enfin peut être assez emphatiquement gémi pour ne plus s'entendre regretter. Le genre de deuil dont le pleuré le premier rit.

*

Le *deuil spéculatif* dédouble le mort, comme existant passé, selon les deux sens de « *passé* ».

Je te pleure en tant que *révolu*, que manquant, que séparé de la vie (séparé tant de la vie que ma séparation d'elle à mon tour ne nous réunira pas). Irréversible est ton exil de l'existence. C'est mon regret de toi, mélancolie de la survie veuve, nostalgie de l'ex-coexistence. Passé évanescent, que je retourne en espérance (mais l'espérance, dit saint Paul, est ce dont on ne jouit pas). Mon regret de toi veut transformer le néant en passé, te faire ravoir vécu. Charme amer du mirage normal, de l'ineffable ordinaire, esthétique résignée et fidèle de la bonne vieille durée. Tu es né mille, tu viens de mourir un, je te pleure.

Mais aussi je te ris, je te jouis, je me remplis de ton aise en tant que *définitif*, qu'inextirpable, qu'inséparable de la vie (inséparable tant de la vie que tu ne peux remourir pour t'en écarter), qu'indéracinable de l'univers effectif, qu'inapte à dévivre. Irrévocable est ton esquive du néant. C'est mon fait de toi, ma honte de rêvasser dans le virage de l'existence par toi franchi, ma crainte de manquer ce que tu n'as pas manqué (et que désormais tu es), *une arrivée vivante*. Aucun dieu ne peut t'empêcher d'avoir vécu, et si le Maître un jour transmet son monde, tu seras du legs. Tu es né un, puisque vivre t'a mille fois réarrimé à l'être, t'a bou-

tonné pleine fissure, s'est à jamais colmaté de toi, s'est fait devenir de ton être, tu viens de mourir mille et je vous ris.

*

le *deuil sauvage* (qui fait les bonnes feuilles de l'ethnographie
funéraire) voit tout mort pousser trois pions : celui de l'ancêtre
désormais inévitable, celui du précurseur dans la levée possible du
mystère, celui enfin de la réunion des deux bouts de la chaîne du
temps.

ça n'impressionne pourtant personne chez les primitifs, ces trois
coups d'avance sur la survie. Car l'individualité reste autant zéro
morte que vivante. D'autre part, penser au mort le maintiendrait
comme *idée en personne*, or ce ne serait qu'individuation conti-
nuée par d'autres moyens. Enfin une politesse indifférenciée suffit, puisque - et la raison y redira vainement - *une ex-vie humaine
est une vie ex-humaine*.

d'où un très rare sentiment d'ingratitude métaphysique

et la sagesse Sukadji : pourquoi porter le deuil des morts
puisqu'on n'a pas à porter le deuil de la mort ? la mort n'est jamais
que la « maladie de la décomposition »...

et la diatribe du Plume de Michaux devant la veuve occidentale crêpée de près : « Comment ?! Tu sirotes le néant d'autrui ?!! »

*

le *deuil hypermoderne*, l'enterrement de Tinguely (fin d'été
1991) :

Le mort scénarise sa sortie (sa sortie du réel, car sa sortie de
l'irréel, c'est la destination de son œuvre, et la postérité s'en char-
gera ou déchargera hors de toute dernière volonté) : défilé de machines absurdes, crachouillements tactiques de fumerolles bariolées, avec
bicyclettes-grues, squelettes de liège et « landaus spéléologiques »,
vivats préenregistrés de golems zingués, tonnes de dragées roses dans
une remorque de verre, « hologrammes diurétiques », funambules
sur lames de rasoir géantes, « dispositifs de tutoiement industriel »,
fûts de cannelle et d'anis, tocsins thermiques... Les journaux sou-
tiennent qu'on s'y ennuya ferme, qu'on eut la gaîté timide, qu'on
ne put s'empêcher de former cortège, qu'on faisait rudement taire

les lazzis des badauds pour imposer l'ironie officielle, que l'étiquette du non-sens empesa plus que les coutumiers chichis austères, que nombre d'appareils (dont l'encombrante « Démoissonneuse » construite par le maître) tombèrent en panne ou en morceaux, qu'il fallut pousser, hisser, traîner, recoller même les imposantes miettes d'un mastaba peu apte à la mobilité.

Le pétard post-réel était mouillé.

*

dans ton deuil, dans ta navigation du rien d'autrui, tu te fournis tout : le courant, le vent, les hauteurs d'écluse, la tension des rames, l'eau même, tout vient de toi. À la nuit de ton autonomie, oui, à elle seule de savoir si tu viens sécher des larmes ou cacher des rires dans LE RIDEAU QUE TU ES. Tout ce qui est auprès de la mort d'autrui oscille entre les deux magies extrêmes du deuil : l'agonie de la mémoire et la mort de l'oubli.

tu me retéléphones, Judith, pour obtenir une conclusion plus nette. La voici : *ne perds que tes amis*. Car leur vie écrase leur mort.

Marc Wetzel

Monuments aux morts

Entretien avec Raoul Girardet

Les funérailles de Victor Hugo, de Joffre, de Foch, la perte de l'Alsace-Lorraine, la Grande Guerre... La nation elle aussi peut être en deuil, mais la perte d'un homme d'État, d'un territoire ou de millions d'hommes n'a pas la même signification. Si l'identité nationale se définit « à la fois par des joies et par des deuils », comme l'a dit Renan, qu'advient-il d'une collectivité qui cesse de se remémorer ?

Bruno Rochette. - *Le deuil est une souffrance de l'âme et du corps provoquée par la disparition d'un parent, d'un ami, d'un être cher. Ce sont aussi les signes visibles, extérieurs, palpables de cette souffrance. Qu'en est-il exactement à l'échelle du deuil national ?*

Raoul Girardet. - Ou, qu'est-ce que l'on retrouve de la souffrance individuelle dans la souffrance collective... ? Je crois que c'est une question de degré. Si on prend l'exemple de 1914-1918, le deuil est national parce qu'il touche directement, concrètement, chaque élément ou membre constituant de la nation. Il n'est aucune famille française ou presque qui n'ait participé à cet événement collectif, qui pendant quatre ans n'ait eu les yeux rivés sur autre chose que le retour ou le non-retour d'un de ses proches, et qui n'ait vécu, l'expression prend littéralement ici tout son sens, entre la vie et la mort. Et chacune a senti que son propre deuil était aussi celui de beaucoup d'autres. Le deuil est national parce qu'il repose en somme sur une communauté de vie, sur une communauté d'expérience.

Quels sont selon vous les facteurs ou éléments constitutifs d'un deuil national ?

Les éléments constitutifs d'un deuil national participent de ce qu'on peut appeler une émotion collective, d'autant plus forte qu'elle touche le plus grand nombre et donc chacun personnellement. C'est pour cela qu'il est bon d'introduire dans l'expression « deuil national » tout une série de paliers...

Lesquels ?

Il faudrait distinguer ce qui est commémoration et d'une certaine façon deuil officialisé, institutionnalisé, et ce qui est deuil accidentel - suite à la disparition de telle ou telle personnalité marquante. C'est en quelque sorte le degré d'intégration d'un Hugo, d'un Foch, d'un Joffre ou d'un de Gaulle - dans l'émotion collective - qui constitue à n'en pas douter l'élément « moteur » du deuil national. L'enterrement des Maréchaux, pour prendre cet exemple, a provoqué une réelle émotion collective. Joffre, Foch étaient des noms qui parlaient directement à chacun. Tout le monde connaissait leur visage. Ces hommes - il en était de même pour les autres - avaient été les maîtres du destin de millions d'hommes dans le contexte du plus gigantesque traumatisme que ce pays ait jamais connu, celui de la guerre de 1914.

Y a-t-il une sensibilité française autour de cette notion de deuil national ?

Il ne me semble pas que la vie en société française soit dominée par cette notion constante de deuil. Or on peut très bien imaginer une société où le deuil serait infiniment plus présent. Dans le cas de la France, j'ai tout de même l'impression que l'oubli gagne plus sûrement que le souvenir. À une exception cependant : le souvenir des morts de la guerre de 1914-1918. Le fait que chaque village, chaque petite commune possède un monument aux morts où les noms sont gravés.

Cette myriade est-elle plus symbolique, à vos yeux, que la tombe du Soldat inconnu, pourtant censée rassembler dans le souvenir ?

Elle relève d'un même culte, d'un même type de mémoire. C'est le souvenir de cet événement commun - ces quatre années de guerre sont peut-être l'apogée de notre Histoire et sonnent en même temps probablement sa fin, c'est du moins mon avis - qui s'inscrit précisément dans le culte des morts. Un arc de triomphe n'est pas d'ordinaire un lieu funéraire. Or l'Arc de Triomphe de Paris devient le 11 novembre 1920 un tombeau, le tombeau du Soldat inconnu. Que tous ces villages aient cru bon, aient cru de leur devoir d'ériger un monument aux morts (relativement coûteux pour les communes) est quelque chose qui me paraît tout à fait exceptionnel dans notre Histoire. Cela me paraît le seul exemple qui contredise fortement ce que je vous ai dit sur le fait qu'il ne me semble pas en effet que la mort occupe une très grande place dans la sensibilité ou dans la mémoire collective des Français.

Quelle place occupent - aujourd'hui encore - les morts de la guerre de 1914-1918 dans la mémoire collective des Français ?

L'extraordinaire traumatisme de la guerre de 1914 a été vivant durant cinquante ans... soixante ans ! Certes il est encore présent mais cela ne peut en aucune façon être comparable et comparé à ce qu'il a été. Bientôt, qui participera à ces cérémonies ? Ça tend à devenir une sorte de rituel dépourvu de véritable signification profonde. Parce qu'il y a de moins en moins d'anciens combattants. Parce que, de la même façon que le deuil tend à s'effacer de la mémoire individuelle, le deuil à l'échelle d'une nation - aussi gigantesque fût-il - tend à s'effacer de la mémoire collective. Ces cérémonies donneront l'occasion à un maire, à un homme politique de faire un beau discours. Pour le reste je dirai que les grands rythmes de la vie collective française ne me paraissent pas marqués par le deuil.

Ne pensez-vous pas cependant que des guerres de Religion jusqu'à la Commune via la Révolution, on a « débité le deuil » - en fournissant largement à des périodes données - et que ce débitage s'inscrit davantage dans un contexte fratricide, partisan ou de guerre civile que patriotique ? Chaque famille communautaire, idéologique, sociale a un mort à sa porte...

C'est pourquoi, dans mon deuil institutionnalisé, il faut distinguer : le deuil national - celui d'une nation tout entière, et je crois que le culte des morts de la guerre de 1914-1918 est sur ce point tout à fait « exemplaire » - du deuil institutionnalisé mais partiel, qui

relève d'une certaine forme de tradition, de fidélité. On peut citer
là bien des exemples : les morts de la Commune, le mur des fusillés... Le souvenir également de la mort de Louis XVI et à travers
lui de toutes les victimes de la première Révolution française. En
Vendée, le souvenir est resté vif, encore aujourd'hui, de la répression jacobine. Il est bien certain que chaque fois que la France a
connu des guerres civiles, celles-ci ont fait des morts, ces morts ont
été ensuite accaparés par ceux qui se réclamaient de cette idéologie, de cette mémoire ou de ce souvenir ; mémoire légendaire,
légendifiée parfois, qui se confond avec le culte des morts.

*Ne peut-on énoncer dès lors derrière Barrès que cette nation est une indé-
crottable somme-addition de « Moi-Individu », de « Moi-Partisan », qui
accède rarement - ou en de rares occasions - au « Moi-Nation », deuil
compris ?*

Oui, puisqu'on ne peut guère citer qu'un seul exemple de deuil
réellement national, celui de 1918. En revanche, on peut citer
d'innombrables exemples de deuils partiels, de deuils « partisans ».
Maintenant, quelle importance attribuer à ces deuils ? Cela relève-
t-il uniquement du domaine du culte des morts ? N'est-ce pas au
contraire une façon d'affirmer la foi des vivants ? La question est
inextricable. Le militant qui se rendait au mur des fusillés pensait-
il réellement aux fusillés ? Certainement. Mais n'était-ce pas non
plus une façon de manifester son allégeance politique, idéologique,
sociale ?...

« Deuil familial » ?...

Oui, qui légitime votre engagement présent, puisqu'il s'agit bien
de familles politiques.

*La mort de Mirabeau semble avoir été célébrée un peu partout en France.
On lui fait à Paris de somptueuses funérailles. Pompes funèbres dans
l'église Saint-Eustache au son des salves de mousquets. Son corps est
ensuite porté au Panthéon. Il y a, semble-t-il, un réel chagrin du peuple. Il est sans doute le seul de la « bande des quatre » à avoir été aussi
largement pleuré. Doit-on seulement et strictement évoquer à son propos
la notion de « deuil public » ?*

Il est toujours difficile de distinguer ce qui est pompe, et pompes officielles, de l'expression spontanée d'un sentiment collectif.

Depuis le début de notre entretien nous avons évoqué deux hauts lieux : le Panthéon et la tombe du Soldat inconnu. Des deux, quel est celui qui - selon vous - fait le plus entendre une « voix de mémoire » ?...

Sur le plan d'une affectivité toujours vivante, je crois que c'est indiscutablement l'Arc de Triomphe. Ce soldat enterré sous l'Arc résume, en quelque sorte, la foule innombrable des monuments aux morts villageois.

La perte de l'Alsace-Lorraine, conséquence de la défaite de 1870, avec tout ce que cela signifie de blessure, d'humiliation, a-t-elle été vécue comme un deuil et un deuil nationalement ressenti ?

La question est très ambiguë. C'est vrai qu'il y a un traumatisme national. Est-ce qu'il faut pour autant assimiler ce traumatisme national à un vrai deuil, c'est-à-dire quelque chose qui se trouve étroitement lié à la mort ?... Il s'agit là d'une question de vocabulaire. Le terme de deuil national est utilisé constamment à l'époque, mais entre l'expression « deuil national » utilisée à l'occasion d'un événement douloureux pour la conscience collective et la mort elle-même, il me semble qu'il y a là deux phénomènes différents. Tous deux touchent, il va sans dire, la sensibilité collective mais pas de la même façon. En ce qui concerne les « provinces perdues », l'expression « deuil national » est presque une image par rapport au vrai deuil, à savoir la mort de milliers de gens engloutis dans la terre et qu'on ne voit plus.

Est-ce que les pertes sont sévères ?

De la guerre de 1870 ?... Oui... Mais ça n'a aucun rapport avec la guerre de 1914. Néanmoins la défaite de 1871 pèse très lourdement sur notre Histoire, l'histoire de la sensibilité française. Parce que c'est une défaite particulièrement humiliante ; pendant des siècles l'Histoire de France fut l'histoire d'un constant accroissement. Or, là, brusquement et pour la première fois, c'est l'histoire d'une diminution. Vous n'avez pas non plus, après 1871, de véritable organisation de culte des morts. Il y a des monuments sur les champs de bataille. Mais ce sont davantage des monuments commémoratifs d'une bataille que l'équivalent des monuments aux morts de la guerre de 1914-1918 avec les noms et les dates... L'expression « deuil national » me semble donc dans le cas de l'Alsace-Lorraine davantage une métaphore qu'une réalité, même s'il nous faut reconnaître que le traumatisme a été bien réel. Précisons d'ailleurs que beaucoup d'Alsaciens-Lorrains choisirent la France et que le culte des provinces perdues est lié le plus souvent à ces familles qui sont des familles d'émigrés du territoire. Elles sont assez strictement localisées, elles ont une presse, des bulletins, des associations.

Un grand nombre émigre en Algérie française

Oui... La « Nouvelle Alsace »... Vous avez d'autre part un souvenir très longtemps maintenu, entretenu par toute une littérature scolaire. La carte marquée de noir dans les classes. Et beaucoup de récits de la guerre de 1870. Et une mémoire là encore institutionnalisée, officialisée. Il faut d'ailleurs observer que le culte des provinces perdues connaît une baisse très sensible à la fin du XIXᵉ siècle. Pour revenir de façon très vivace à partir de 1905-1906. Ce goût de « revenez-y » est lié à la menace allemande, à l'accroissement de la force allemande, à la guerre inévitable et prochaine.

A-t-on jamais considéré l'Alsace-Lorraine comme « perdue » ?

Il y a une fraction de la population française qui - même lorsque le sentiment de la revanche a faibli - est toujours restée fidèle au culte des provinces perdues et a toujours eu en tête l'idée d'une récupération future. Ce sentiment a été entretenu par toute une littérature. Mais il y a une partie de la population qui considérait avec tristesse les provinces perdues comme l'étant bel et bien. Le sentiment dominant étant que cela ne valait pas un nouveau conflit avec l'Allemagne. Il faudrait établir à ce propos une « géographie du souvenir » et une « géographie de l'espoir ».
Dans *Le Tour de France par deux enfants* qui est un livre de lecture courante en même temps qu'un admirable témoignage de la France de cette époque, ouvrage qui narre l'histoire de deux gar-

çons qui viennent de Sélestat - en territoire annexé - et qui font le tour de France, l'Alsace, ils vont la retrouver en Algérie !... Mais chez eux, plus jamais ils ne retournent ! L'abandon est donc considéré là comme définitif en quelque sorte. Ce qui est curieux et tout à fait contradictoire.

Hugo meurt le vendredi 22 mai 1885. Le deuil de l'« immense vieux » n'absorbe-t-il pas - soixante-douze heures durant - le demi-deuil de l'Alsace-Lorraine ? Un témoin qui s'appelle Barrès nous restitue - dans Les Déracinés - *l'événement dans toute sa dimension et même au-delà : « À midi moins le quart, vingt et un coups de canon retentirent sur Paris... Derrière l'humble corbillard marchaient des jardins de fleurs et les pouvoirs cabotinants de la nation, et puis la nation elle-même, orgueilleuse et naïve, touchante et ridicule, mais si sûre de servir l'idéal »... « Notre fleuve français coula ainsi de midi à six heures », etc.*

Ce passage témoigne d'abord de la renaissance évidente du patriotisme français après la guerre de 1870. Difficile de savoir si le sentiment national était très fort avant 1870... Il reste vrai que la guerre de 1870 est un élément décisif de renforcement de ce sentiment national. Or, qui peut incarner ce sentiment national sinon cet écrivain qui a une immense renommée, dont on apprend déjà les poèmes dans les écoles, qui est le patriarche de toute une génération d'écrivains, et dont la grandeur ne cesse de s'affirmer.
Hugo, pour beaucoup, c'est la France, et c'est aussi la République. C'est le patriarche de la République. Il a été exilé. L'idéologie hugolienne tend à rejoindre une idéologie du progrès sans que pour autant cela puisse blesser ceux qui ne partagent pas complètement l'idéal républicain. Ça colle assez bien avec l'ensemble des valeurs que l'école s'efforce à ce moment-là de propager et qu'un effort très systématique des pouvoirs publics tend également à diffuser : les valeurs républicaines. Et Hugo en est l'incarnation la plus évidente. C'est le symbole même d'une république qui veut diffuser l'instruction. Hugo, c'est l'école, pas simplement le poète national, mais c'est aussi le poète familial. « L'Art d'être grand-père... »

Ne mène-t-il pas, pour ainsi dire, le deuil de son siècle ?

Il est l'affirmation d'une grandeur maintenue. La France est grande.

Elle a été battue militairement. Son territoire a été amputé. Mais elle reste grande par l'esprit. Cette grandeur est intacte parce qu'il y a Hugo, l'esprit, le rayonnement - que nous appellerions culturel - de la France. Mais le poète familial, je vous assure, ça joue beaucoup. « Adèle était au pain sec dans son cabinet noir », tous les petits Français ont appris ça !

Les funérailles ne sont-elles pas finalement une façon de « mettre en scène » la mort, de la théâtraliser ? Le deuil restant lié à la seule idée du souvenir et donc à mille lieues d'une quelconque théâtralité...

Il y a eu de très belles funérailles de Joffre et de Foch, avec un étonnant attirail militaire, une foule dense et émue. Il est certain que le spectacle n'est jamais tout à fait absent de ce genre de cérémonie et il est bien difficile de faire la part des choses, discerner le spectacle de l'émotion vraie. L'apparat, le faste, tous les signes extérieurs, le cercueil mis sur une prolonge d'artillerie, revêtu du drapeau tricolore, la montée vers les Champs-Élysées, le crêpe sur l'Arc de Triomphe, cette seule mise en scène ne peut manquer de frapper les imaginations. Cependant il faut nuancer. La mise en scène peut être considérée comme une mise en scène et intéresse alors en tant que mise en scène. Maintenant et jusqu'à quel point ne contribue-t-elle pas assez largement au souvenir et au maintien du souvenir. Il me semble que les deux sont liés.
Ceci est peut-être moins vrai aujourd'hui. Les messes anniversaires, un certain type de pèlerinage devant un tombeau faisaient partie de ces choses qui renouvelaient la mise en scène et qui ancraient le souvenir. À partir du moment où le souvenir se mue en souvenir vague et que parallèlement la mise en scène disparaît, l'oubli ne peut manquer de gagner. C'est le triomphe de l'oubli.

La télévision peut-elle changer, a-t-elle d'ores et déjà changé les données réceptives et affectives du deuil à l'échelle d'une nation ?

Elle diffuse davantage les visages. Elle insiste sur les aspects particuliers de la vie privée d'un certain nombre d'individus. Elle crée des liens d'attachement personnel et affectif plus grands avec un certain nombre de personnalités. Elle rapproche illusoirement la masse desdites personnalités, en lui donnant l'impression d'entrer dans la familiarité de chacune.

La télévision « essuie-glaces » ne porte-t-elle pas sa part de responsabilité dans l'effacement du souvenir ?

Il faut se demander en premier lieu si l'affaiblissement du rituel du culte des morts ne crée pas, qu'on le veuille ou non, un affaiblissement de ce qu'on peut appeler l'identité nationale. Parce que la nationalité se définit en grande partie par des souvenirs communs ; Renan l'a bien dit : « À la fois par des joies et par des deuils. » À partir du moment où l'on ne vit plus que dans le présent immédiat, où l'on ne prend plus en compte cette « charpente » de joies et de deuils, c'est un affaiblissement évident du sentiment national. Parce que vous n'avez plus précisément de références, de noms propres communs.

Concernant maintenant le rôle de la télévision, des médias et leur part de responsabilité dans cet affaiblissement, le fait même d'une actualité qui n'en finit pas de s'autoconsumer, il est vrai qu'ils tendent à rompre très largement, je crois, une permanence du souvenir. Or on ne peut dissocier la permanence du souvenir du deuil.

Ne pensez-vous pas que nos sociétés occidentales, nous-mêmes sommes condamnés à ne plus vivre le deuil de portée nationale - comme a pu l'être celui du général de Gaulle - que par procuration, c'est-à-dire en s'en remettant au petit écran pour agir sur nous et nous faire « vivre » l'événement, mais un événement imagé et qui « passe » en effet. Le deuil national n'est-il pas en train de devenir en ce sens celui d'une « nation de téléspectateurs » ?

Si, comme vous le laissez entendre, à l'idée de nation se substitue - progressivement mais sûrement - une autre idée de nation qui serait celle d'une communauté de vision, d'une communauté d'images... je ne parierais guère sur la pérennité de ladite nation et de ladite collectivité. L'Histoire nourrit la mémoire. À partir du moment où une nation se passe d'Histoire pour ne plus se consacrer qu'à l'actualité, quelle force a-t-elle ? La nation, c'est le sentiment d'une communauté d'appartenance par le souvenir et par l'Histoire, tout simplement.

Le deuil national est-il une « nature morte » ?

Il est toujours difficile de dire les choses sous cette forme. Un historien n'en a pas le droit parce qu'en histoire on n'a pas le droit de dire que les choses meurent définitivement, y compris les morts. Ceci étant dit, est-ce que les morts pèsent beaucoup sur notre vie quotidienne ? Probablement beaucoup moins que dans l'ancienne France. Il y a bien sûr le rituel de la Toussaint, les fleurs qu'on porte sur les tombes. Mais l'idée de « porter le deuil », aujourd'hui !... Les marques ou signes de deuil - le voile des veuves, le crêpe noir au bras des hommes - ont pratiquement disparu. Et c'est rapidement aujourd'hui que l'on évacue « ses » morts. L'attachement national tel qu'il était professé jusqu'en 1939 était très lié au culte des morts.

Barrès évoquait cette « énergie faite sur notre territoire de toutes les âmes additionnées des morts ». Est-ce que la mémoire nationale est véritablement organisée comme l'aurait souhaité Barrès autour des morts ? Le vrai deuil national profond, celui qui crée des liens essentiels à l'intérieur d'une collectivité, a-t-il encore sa place dans une société qui vit de plus en plus dans l'instant ? Ces questions sont d'importance au regard même des fondements de l'identité nationale et, pour cela, mériteraient d'être davantage développées.

Propos recueillis par Bruno Rochette, journaliste.

Entretien avec Raoul Girardet

Funérailles civiles : d'un siècle l'autre

Jacqueline Lalouette

Lorsque la question se pose aujourd'hui de réinventer les rituels laïcs pour les funérailles, il s'agit de choix individuels. Dans la France croyante du siècle dernier, l'enterrement civil était pour les républicains et libres-penseurs une expression de pugnacité contre le clergé, et entraînait des luttes violentes. Mais les rites institués alors n'étaient-ils pas déjà un moyen pour retrouver le sacré que la raison réprouve ?

> « La mort sans le prêtre, voilà le cri de conscience du républicain. »
> *La Semaine anticléricale*, 19 février 1881.

Ce « cri de conscience » étonne ; nous n'y sommes plus habitués. Historiens contemporanéistes mis à part, nous avons perdu le souvenir des luttes violentes qui, au siècle dernier, dressèrent l'une contre l'autre la France croyante et la France incroyante. Et si nous connaissions la sépulture « passeport d'humanité[1] », voilà que nous découvrons un nouvel *ars moriendi*, « passeport » de républicanisme. Pendant le second Empire, dans une France où le catholicisme dominant pesait comme « une chape de plomb[2] », l'impénitence finale et l'enterrement civil devinrent expressions de pugnacité contre un clergé qui s'était massivement rallié au coup d'État. Pendant les premières décennies de la Troisième République, alors que les sociétés de Libre-Pensée se développaient (à partir de 1879-1880), les enterrements civils, de plus en plus nombreux, furent pour les républicains les plus convaincus le moyen privilégié d'affirmer et d'afficher leur hostilité envers une Église qui ne s'accommodait pas toujours de la République. Les rituels laïcs étaient alors des rituels militants, empreints d'une forte

---

1. Edgar Morin, *L'Homme et la mort*, nouvelle édition, Paris, Le Seuil, 1970, p. 19.
2. Claude Nicolet, *L'Idée républicaine en France (1789-1924). Essai d'histoire critique*, Paris, Gallimard, 1982, p. 271, note 1.

combativité, mal acceptés de l'opinion publique qui voyait dans les enterrements civils des « enterrements de chiens » ainsi qu'on les appelait communément.

Aujourd'hui, les *Pompes funèbres générales*, la plus importante des entreprises de pompes funèbres françaises, organisent des cérémonies à caractère civil que rien, en ce qui concerne la solennité et le respect envers le défunt, ne distingue des cérémonies religieuses. Les « Solidaires », pionniers des enterrements civils, qui reçurent tant d'injures, n'en croiraient ni leurs yeux ni leurs oreilles... Depuis deux ou trois décennies, sociologues et anthropologues, sans exclure historiens, théologiens, philosophes, ne cessent de répéter que, dans nos sociétés modernes, la mort est niée, escamotée, occultée. Cette occultation se produisant dans un contexte - et ce n'est pas un hasard - de relative « déchristianisation », voire de désacralisation ou de dissacration, et dans une société massivement urbanisée, les rituels de la mort ne peuvent avoir, ni pour les yeux ni pour l'esprit, l'importance qu'ils avaient dans une France plus chrétienne, plus rurale, dans laquelle mort et funérailles étaient encore familières et naturellement intégrées au cours ordinaire de la vie.

Arrivée enfant à Paris en 1956, au premier cortège funèbre que je vis passer, je m'arrêtai et me signai comme cela se pratiquait dans la ville de province d'où je venais. Je fus seule à le faire et un passant me dévisagea curieusement. Je compris que, dans la capitale, les défunts ne suscitaient pas l'attention des vivants, que leur adresser ce dernier salut public auquel j'avais été accoutumée y était un geste inusité et déplacé puisque propre à attirer sur moi un tel regard. Je perdis l'habitude de me signer au passage des morts... Puis progressivement, un peu partout, les Français firent de même. Ils cessèrent aussi de cheminer derrière les corbillards qui adoptèrent le rythme de la circulation urbaine, tandis que les tentures mortuaires disparaissaient des façades.

Lorsque, dans les années 70, je raconterai l'anecdote de 1956 à de jeunes amis, ils me regarderont tout éberlués et me demanderont « mais tu sortais d'où ? » tellement ils jugeront suranné mon comportement d'enfant. Les mentalités et les comportements avaient, entre-temps, évolué si vite ! Cette indifférence, nouvellement acquise, a probablement des côtés regrettables mais on ne peut nier qu'elle en ait aussi de bons : on laisse chacun « partir » comme il l'entend, en chrétien, en juif, en musulman ou en incrédule.

Les enterrements civils ne provoquent plus de réactions d'hostilité et de répulsion comme au siècle dernier. Ils n'ont d'ailleurs plus non plus le même sens, à l'exception de ceux d'une minorité de libres-penseurs militants.

Enterrements sans prêtre : d'un refus à l'autre

Traditionnellement les trépassés menés à la tombe sans l'assistance du prêtre étaient ceux que l'Église n'avait jamais reçus en son sein - les enfants morts sans baptême - ou ceux qu'elle en avaient rejetés - les excommuniés, les suicidés et tous les « réprouvés notoires ». C'est avec la Révolution française qu'apparut une nouvelle catégorie d'enterrements sans prêtre, enterrements non plus subis et infâmants mais revendiqués au nom de la liberté de conscience et de la lutte contre l'« Infâme ». Avant même la création de sociétés de Libre-Pensée, tout le XIXᵉ siècle fut jalonné, d'abord de loin en loin puis à une fréquence accélérée, d'enterrements civils de défunts célèbres, ou apparentés à des hommes célèbres. Le 21 novembre 1863, un article du *Grelot* affirmait ceci : « L'idée de l'enterrement civil, qui, lorsqu'elle reçut sa première application, semblait pour tant de monde un épouvantail, est aujourd'hui, nous pouvons le dire sans crainte d'être démenti, passée complètement dans nos mœurs. Un enterrement civil n'a plus rien d'étrange ; il est admis par tous les hommes intelligents, par tous ceux qui ont la religion du libre examen... » Disons, pour tempérer l'assertion de ce journal, que les « hommes intelligents » ayant la « religion du libre examen » n'étaient pas vraiment légion dans la France du second Empire !

Mais, dans le même temps, l'Église continuait de refuser la sépulture ecclésiastique aux défunts qu'elle n'en jugeait pas dignes, faisant ainsi naître de sourdes rancœurs qui se retourneraient un jour contre elle. Il serait intéressant de savoir, sur deux ou trois générations, combien d'enterrements civils ont été provoqués par des refus de sépulture ecclésiastique antérieurs ; à tels pères ou grands-pères qui ne *purent* pas être enterrés religieusement durent succéder bien des fils ou des petits-fils qui ne *voulurent* pas l'être.

Un curé qui refusait de faire sonner le glas et d'asperger une tombe d'eau bénite plongeait une famille dans le déshonneur et cela ne pouvait s'oublier.

Comme l'écrivait le maire de Fours au préfet de la Nièvre le 12 mars 1875, le desservant de la paroisse ayant refusé de faire sonner le glas pour un enterrement : « Si vous aviez pu connaître les appréciations émises et les impressions emportées dans les communes voisines, vous auriez été persuadé, comme moi, qu'il appartient à ceux qui sont chargés de faire le bien de réaliser plus de mal en un instant que tous les athées du pays n'eussent pu en faire pendant leur vie qui, au moins, est logique[3]. » Toute l'ambiguïté venait du fait que l'Église était aussi considérée comme « une machine à pompes[4] » ; tant qu'aucune institution, qu'aucune association ne pourrait prendre le relais et assurer de nouvelles pompes, un nouveau cérémonial, la question serait faussée et l'on verrait des familles s'obstiner à réclamer les honneurs ecclésiastiques - perçus comme des honneurs tout court - pour des défunts qui, au strict regard du Droit canon, n'y avaient pas droit. Tant, aussi, que la séparation des Églises et de l'État ne serait pas votée, les ministres des Cultes, émargeant au budget de l'État, seraient regardés comme assurant une sorte de service public auquel ils n'avaient pas le droit de se soustraire.

Enfin, et à l'inverse, autour des mourants se jouait un assez sinistre jeu que l'on pourrait intituler « Votre cadavre m'intéresse ». Pour l'Église, les libres-penseurs empêchaient les prêtres d'accéder au chevet des moribonds, extorquaient aux malades, notamment aux indigents hospitalisés, un testament réclamant un enterrement civil. À l'inverse, les libres-penseurs accusaient le clergé - prêtres des paroisses, aumôniers et religieuses-infirmières des hôpitaux - d'obséder les malades et de précipiter leur fin, de leur administrer des sacrements qu'ils auraient refusés s'ils avaient conservé toute leur lucidité et d'imposer la sépulture ecclésiastique aux imprudents qui avaient omis de régler leurs obsèques civiles par testament. Deux grands noms illustrent ces querelles. En 1881, Émile Littré, au soir

---

3. Archives départementales (arch. dép.) de la Nièvre, 2 v 551.
4. Maurice Agulhon, *La République au village*, Paris, Plon, 1970, p. 183.

d'une longue vie marquée par le positivisme et le rationalisme fut baptisé *in articulo mortis* par sa femme ; pour Paul-Hyacinthe Loyson, le *De Profundis* chanté lors de sa messe d'enterrement résonna comme un *Te Deum*[5].

Pour les libres-penseurs et les francs-maçons, tout cela n'avait été qu'une pitoyable comédie et *L'Anticlérical* du 11 juin 1881, sous le titre « Encore un cadavre volé » écrivait :

> « Littré vient de mourir entre les mains de la prétraille qui s'était sournoisement glissée près de son lit, tandis que, sans connaissance, le libre-penseur râlait... L'homme noir s'est emparé de cet agonisant qui n'avait même plus conscience de ce qui se passait autour de lui et il l'a baptisé... Quelle ignominie ! Et en même temps quelle scélératesse ! Les prêtres ont eu l'aplomb de dire que le cadavre leur appartenait. Ils l'ont emporté dans leur tanière, et là, ils l'ont arrosé de leurs sales eaux bénites... Cet homme, contre lequel durant sa vie les prêtres n'ont cessé de vomir l'injure, voilà que ces mêmes prêtres le volent dès sa première minute d'agonie. »

En mai 1885, quand Victor Hugo fut à l'article de la mort, la famille et les amis très proches repoussèrent la proposition de Mgr Guibert, archevêque de Paris, qui s'offrait à porter au grand poète « le secours et les consolations dont on a si grand besoin dans ces cruelles épreuves[6] » ; *La Croix* put alors écrire, le 23 mai, que « des amis font la garde autour de son lit, moins pour soigner le corps que pour empêcher à tout prix que l'on sauve l'âme » et que l'on verrait le cadavre de Victor Hugo « servir de prétexte à une infernale manifestation ».

Des controverses de même nature éclatèrent autour d'autres morts célèbres, Paul Bert par exemple, en 1886. Beaucoup plus près de nous, en 1957, le cas d'Édouard Herriot attesta la permanence de ces luttes. Plus largement et en dehors des célébrités, l'agonie et la mort entraînaient des accusations venues de l'un ou l'autre camp. Le 15 janvier 1887, *La Semaine religieuse du diocèse d'Évreux* relatait une « infamie » commise à l'hôpital Necker de Paris : « Une

---

5. Paul-Hyacinthe Loyson, *La Vérité sur la mort de Littré*, Paris, Édition des Droits de l'Homme, sd, p. 56.
6. Cité in Philippe Régnier, « L'art de mourir. Éphéméride d'une agonie » *in* André Comte-Sponville *et alii*, *Tombeau de Victor Hugo*, Paris, Quintette, 1985, p. 28.

pauvre femme, toute en larmes », avait réclamé « avec instance »
un prêtre « pour son mari qui, mourant, réclamait les suprêmes
secours de la religion » ; elle n'avait reçu qu'« un refus brutal et
absolu ». Le 9 mars 1910 le journal républicain et libre-penseur
L'Action dénonçait « le racolage des agonisants » et accusait un hôpital privé, la Maison de la Bonne Mort, de « recruter », par l'inter-
médiaire de dames patronnesses, des malades de « nos hôpitaux laï-
ques » qu'il accueillait en vue de leur assurer « une fin édifiante ».

Voilà sur quelle toile de fond se déroulaient au siècle dernier
les enterrements civils dont il est temps maintenant de décrire et
d'analyser les rites. Entendons-nous bien sur l'emploi du terme
« rites » ainsi que sur celui de « rituel » ; en les utilisant, je ne veux
pas, *a priori*, rattacher les enterrements civils à la sphère du sacré
ou du religieux - je reviendrai ultérieurement sur cette question fondamentale. François-André Isambert a bien insisté sur la polysémie
des mots « rite » et « rituel » que je prends, aussi prudemment que
possible, dans leur sens sémiologique et non dans leur sens symbolique. Autrement dit, pour moi, dans un premier temps tout au
moins, « le rite est d'abord un signe, et sa standardisation répétitive est nécessitée par sa fonction de quasi-langage[7] » et je ne vais
pas au-delà. De ces enterrements civils, je ne retiens que ce qui
concerne le rituel laïc au moment de la levée du corps, du trajet
et de l'inhumation ou de l'incinération.

Mais tout un ensemble de « rites de passage », qu'ils soient de
séparation, de marge ou d'agrégation[8], se rattachent aussi aux
enterrements civils, comme à tous les autres enterrements. Si je n'en
tiens pas compte, ce n'est pas faute de les trouver pertinents pour
mon propos, c'est que je ne sais pas s'ils avaient leur spécificité.
Cela est regrettable ; il serait fort intéressant de savoir si dans les
familles républicaines et libres-penseuses on respectait les vieilles pratiques liées à la mort (voiler les miroirs, arrêter les pendules, vider
les seaux d'eau, etc.), ou si on les avait évacuées en même temps
que la religion comme autres traces d'obscurantisme.

---

7. François-André Isambert, *Rite et Efficacité symbolique*, Paris, Cerf, 1979, p. 18.
8. Voir Arnold Van Gennep, *Les Rites de passage. Étude systématique des rites*,
Éd. A.-J. Picard, 1981, p. 14 et p. 234 ss.

Les enterrements civils
de libres-penseurs

Si l'on décrit le rituel des enterrements en le rapportant à celui des enterrements catholiques, on peut constituer trois grands groupes d'éléments : éléments manquants, éléments démarqués, éléments nouveaux.

• Les *éléments manquants*, ce sont bien sûr - le dire est une lapalissade - le prêtre porteur du Saint-Sacrement et des huiles consacrées pendant la période d'agonie ; la croix, le prêtre et l'enfant de chœur en tête du cortège funèbre et au cimetière ; le glas. J'ai déjà dit quelle importance nos aïeux accordaient aux sonneries de cloches. Fonsegrive prête ces mots à un curé de campagne décrivant ses paroissiens : « Le silence des cloches à leur enterrement leur paraît un affreux malheur[9]. » Il n'est donc pas étonnant que des municipalités anticléricales aient voulu aller au-delà de ce que leur permettrait la loi du 5 avril 1884 ; celle-ci, en son article 100, prévoyait certaines sonneries civiles (14 Juillet, passage du président de la République, etc.) mais ne faisait aucune place aux obsèques civiles. Le conseil municipal de Gardanne (Bouches-du-Rhône) n'avait donc absolument pas le droit d'approuver le vœu de la société des libres-penseurs de la commune demandant « qu'une cloche soit mise à leur disposition pour convoquer la population à l'heure des obsèques lorsqu'un enterrement civil doit avoir lieu[10] ».

Déjà, en 1892, le desservant de Mallemort (Bouches-du-Rhône) prévenait son évêque que des personnes se promettaient « de se servir, et bien largement, des cloches quand il y aura(it) des enterrements civils[11] ». Le désir d'entendre la voix de l'airain pour accompagner un proche à « sa dernière demeure » n'appartient pas seulement au passé. Dans le cimetière de l'Aiguillon, à Nevers, se dresse un campanile abritant deux cloches ; l'une sonne pour les enterrements religieux et l'autre pour les enterrements civils. Cha-

9. Fonsegrive, *Lettres d'un curé de campagne*, publiées par Yves le Querdec, Paris, 1894, p. 61.
10. Extrait du registre des délibérations du conseil municipal de la commune de Gardanne, 22 février 1902, arch. dép. des Bouches-du-Rhône, 27 v 1.
11. 19 juillet 1892, *ibid.*

cune possède en propre son timbre et son inscription ; la cloche civile sonne en do dièse et porte gravés sur ses flancs deux vers d'Éluard :

> « Tu chantais en rêvant le bonheur sur la terre.
> Tu rêvais d'être libre et je te continue[12]. »

• Était-il possible de tout réinventer du cérémonial et de se passer d'*éléments démarqués* ? La chose paraît douteuse. Sans compter que le plagiat volontaire peut être utilisé comme une tactique susceptible d'attirer à soi de nouvelles personnes. Certains libres-penseurs tenaient le raisonnement suivant : les plus tièdes des catholiques saisonniers, qui en fait n'attendaient de l'Église que ses pompes, notamment en période de deuil, pourraient très bien, s'ils trouvaient ailleurs une solennité analogue, abandonner toute pratique religieuse. Il y a là, en quelque sorte, une manière d'« occuper le terrain » de l'adversaire avec ses propres armes. Comme leurs contemporains chrétiens, les libres-penseurs du siècle dernier envoyaient des faire-part, libellés différemment, on s'en doute ; les plus discrets indiquaient seulement : « On se rendra directement de la maison mortuaire au cimetière... » ; d'autres, plus batailleurs, portaient en vedette la mention ENTERREMENT CIVIL.

Comme leurs contemporains encore, les libres-penseurs avaient recours ou à un brancard ou à un corbillard hippomobile ; ils recouvraient les cercueils d'un drap mortuaire et, s'ils possédaient une bannière, la brandissaient dans le cortège funèbre tout comme de vulgaires charitons normands. Mais ils avaient leurs symboles propres : la pensée, allégorie toute trouvée du mouvement libre-penseur ; les mains entrelacées, symbole de solidarité ; le triangle ou le niveau, symboles d'égalité. Les couleurs également différaient et s'il y eut des draps libres-penseurs noirs ou violets, il y en eut aussi de rouges. On imagine quel effet ils pouvaient produire sur les populations catholiques ! Rouge, telle aurait aussi été la couleur du caparaçon porté par les chevaux qui tiraient le corbillard des libres-penseurs nantais dans les années 30. Il avait été offert, m'a dit mon informatrice[13], par un homme fortuné qui avait désiré conserver l'anonymat.

---

12. Robert Auzelle, *Dernières demeures*. Chez l'auteur, 1965, p. 318-319.
13. Madame Henriette Le Séhédic, née en 1899, interviewée en janvier 1988 à la maison de retraite de la Fédération française de la Libre-Pensée (Saint-Georges-des-Sept-Voies, Maine-et-Loire).

Parfois, quand leurs finances le leur permettaient, c'était les municipalités qui acquéraient un nouveau matériel funéraire, le recours au matériel de la fabrique pour des enterrements civils donnant naissance à de nombreux incidents et litiges. Cependant tous les libres-penseurs n'étaient pas partisans des bannières et ne tenaient pas à ce que le drap mortuaire évoquât trop celui des catholiques. Un petit différend survenu au sein de la Libre-Pensée de Bordeaux en 1884 est bien significatif ; au cours d'une discussion sur le cérémonial funèbre, un membre, « le citoyen Darcos se déclare partisan des bannières et des pompes analogues à celles usitées par le clergé catholique. Il pense que ces moyens amèneraient des adhérents à la Libre-Pensée. Ces paroles sont froidement accueillies. Plusieurs orateurs prennent la parole à leur tour et combattent les théories du citoyen Darcos ; ils se prononcent en faveur d'un drap mortuaire très simple[14] ». Néanmoins, l'idée ne semble pas leur être venue de supprimer le drap mortuaire.

De la « bonne mort » à la « belle mort »

• Dans certaines régions, les cortèges funèbres catholiques effectuaient une station, le temps de réciter un *De Profundis*, devant les calvaires situés entre la maison mortuaire et l'église ou entre celle-ci et le cimetière. Est-ce par mimétisme que les cortèges libres-penseurs d'Angis (Somme) s'arrêtaient quelques minutes sur la place où était planté l'arbre de la Liberté ? La personne qui relatait ce fait dans *L'Annuaire des fêtes et cérémonies civiles* suggérait qu'à défaut d'arbre de la Liberté les cortèges civils s'arrêtassent devant la mairie dont le drapeau aurait été mis en berne[15].

Enfin, sur la tombe des leurs, les libres-penseurs, dès qu'ils en eurent la possibilité sans courir le risque d'être poursuivis - comme cela fut le cas pendant l'Ordre moral -, prononcèrent des discours. Tout discours funéraire étant par définition un panégyrique, ils van-

---

14. Réunion du 10 mars 1884, arch. dép. de la Gironde, 1 M 564.
15. *Annales des fêtes et cérémonies civiles*, Villeneuve-Saint-Georges, 1991, p. 365. *La République anticléricale* du 24 mai 1882 signalait déjà que, quelques jours auparavant, un cortège civil s'était découvert devant la statue de Voltaire du square Monge.

taient eux aussi les qualités de bons pères, bonnes mères, bons fils, bonnes filles, bons travailleurs des défunts mais en outre ils rappelaient leur dévouement à la République et louaient leur « belle mort » ; car, à la « bonne mort » des chrétiens s'opposait désormais la « belle mort » des républicains qui se caractérisait par la fermeté des convictions, par le refus de faillir au dernier moment en réclamant les secours de la religion. Mourir sans prêtre fut vraiment considéré au siècle dernier comme une forme d'héroïsme, comme sauter dans le vide sans filet en quelque sorte, mais dans quel vide !

Il serait judicieux de comparer la fréquence des discours lors d'enterrements civils et lors d'enterrements chrétiens ; les discours étaient également d'usage sur les tombes catholiques mais pour les défunts d'une certaine notoriété et à condition encore que le principal intéressé - le mort - n'ait pas interdit une telle pratique avant de « passer ». Ainsi, en 1924, M. Eugène L'Ébraly, président de l'Académie des sciences, lettres et arts de Clermont avait, « par ses dernières volontés », « interdit tout discours sur la tombe et seule, comme il convenait pour un chrétien, la prière eut le droit de se faire entendre[16] ». Mais lors des enterrements catholiques de défunts modestes, le discours n'était, je crois, pas de mise et c'est pourquoi il pourrait presque ici figurer parmi les éléments rituels nouveaux. La nécessité du discours s'était pour ainsi dire fait sentir tout naturellement : en l'absence d'un ministre du Culte, que se passait-il hormis la descente du cercueil dans la tombe et le jet de poignées de terre ou d'immortelles ? Rien. Aussi les assistants étaient-ils très péniblement impressionnés car ils n'avaient reçu aucun élément de réconfort.

Quand deux journalistes, Victor Meunier du *Rappel* et Edmond Lepelletier de *La Marseillaise*, créèrent, en 1879, la *Société pour la propagation de la foi civile*, au nom si suggestif, ils pensèrent qu'« un orateur des dernières paroles » pourrait remplacer le prêtre et que l'on trouverait chez « nos prosateurs et nos poètes », Victor Hugo entre autres, des textes susceptibles de « faire pénétrer chez les témoins d'une inhumation les pensées élevées qu'un tel spectacle suggère nécessairement à ceux qui y réfléchissent[17] ».

---

16. Académie des sciences, lettres et arts de Clermont, *Eugène L'Ébraly, président. Notice biographique*. Lecture faite à la séance du 5 juin 1924 par M. Joseph Vignancour, membre titulaire, ancien président, p. 5.
17. Cité in *La Marseillaise*, 1er janvier 1879.

Edmond Lepelletier était bien un peu gêné d'emprunter au clergé « ses ressources de la mise en scène » mais, disait-il, « nous pouvons blâmer ces cérémonies dont la superstition sait tirer parti, mais, au fond, nous devons convenir qu'il y a là un appareil indispensable témoignant avec solennité que l'Humanité vient de perdre un de ses membres[18] ».

• Les *éléments radicalement nouveaux* dans le rituel laïc étaient constitués par la présence du drapeau rouge, par les cris poussés à la fin des discours, par le jet de terre, par le port et le jet d'immortelles et - mais cela était très rare - par des libations. J'ai trouvé trace dès les années 1850 du drapeau rouge déployé sur les tombes des républicains proscrits de Jersey ; il flottait, « emblème de la République universelle » sur la tombe de Georges Gaffney en mars 1854, sur celle de Théobald Canivet en juin de la même année où il était alors comparé « à la Croix du Golgotha » qui fut autrefois « le Labarum sacré de la Liberté », ce que lui-même était appelé à devenir, affirmait *L'Homme* du 21 juin 1854. En France, quand faire flotter le drapeau rouge était difficile ou interdit, les membres des cortèges funéraires rusaient avec la réglementation. Le jour de l'enterrement de Léo Frankel, le 2 avril 1896, un commissaire de police notait : « Je m'aperçois qu'une femme, faisant partie du cortège, porte sous son manteau une grande écharpe rouge ; elle écarte de temps en temps ce manteau pour faire voir cette écharpe[19]. »

À la fin des discours les assistants poussaient des cris, différents selon les époques, et aussi selon le type d'engagement républicain ; pour les uns, c'était « Vive la République ! » pour d'autres « Vive la République universelle démocratique et sociale », pour d'autres encore « Vive la Sociale ! » enfin, vers la fin des années 1870, il y eut de nombreux « Vive l'amnistie ! » Avant de quitter la tombe, chaque membre du cortège jetait un peu de terre dans la fosse. Cette pratique est souvent présentée comme typiquement libre-penseuse, toutefois elle est signalée par quelques folkloristes pour les populations protestantes de certaines régions et je l'ai personnellement observée lors d'un enterrement israélite en 1982.

---

18. *La Marseillaise*, 1ᵉʳ janvier 1879.
19. Rapport de police, 2 avril 1896, archives de la préfecture de police (arch. PP), BA 1 006.

Fleurs et couronnes

Au départ des convois, un assistant, sorte d'ordonnateur, distribuait aux assistants une immortelle jaune ou rouge qui se portait accrochée à la boutonnière ; au cimetière, avant que la fosse ne fût refermée, chacun jetait son immortelle sur le cercueil. Les catholiques, ou plus généralement les bien-pensants, se gaussaient du choix de cette fleur, l'immortelle leur semblant bien mal accordée aux idées des libres-penseurs, ce en quoi ils se trompaient comme nous le verrons tout à l'heure. Les immortelles figuraient également en couronnes sur le cercueil, parfois accompagnées ou remplacées par des bouquets et des couronnes d'autres fleurs - les violettes qui avaient « entièrement conservé leur caractère funéraire », les roses, « fleurs des tombeaux par excellence car la reine des fleurs est à l'image de la vie : à peine épanouie, le vent disperse ses pétales[20] », les coquelicots. On note aussi l'emploi de palmes et de couronnes de laurier. Mais, dira-t-on, la présence de toutes ces fleurs sur les cercueils et tombeaux n'a rien de spécifiquement civil et les chrétiens fleurissaient bien aussi leurs tombes. Certes, mais en agissant ainsi ils trahissaient quelque peu si ce n'est leur foi (encore que ! « laisse les morts ensevelir leurs morts » disait le Christ)[21], du moins les directives du clergé.

Dès 1857, *La Semaine religieuse* du diocèse de Paris mettait en garde ses lecteurs contre une pratique qui n'était peut-être pas très ancienne - il serait intéressant de le vérifier : fleurissait-on les tombes au XVIIIᵉ siècle ? - « C'est une louable coutume, disait cette *Semaine religieuse*, de jeter des couronnes sur les tombeaux ; mais il vaudrait mieux encore y déposer des prières, des indulgences, des bonnes œuvres. Les païens aussi savent couronner leurs morts : que les chrétiens sachent du moins les sauver ! Les vains honneurs de ce monde touchent peu ceux qu'a illuminés le flambeau de l'éternité[22]. » Le grand mot de « païen » était lancé ; et effectivement c'est bien aux coutumes païennes qu'en appelait le révolutionnaire blanquiste Albert Régnard le jour des funérailles de sa

---

20. Georges Gibault, *Les Fleurs et les tombeaux*, Paris, Librairie et imprimerie horticoles, 1902, p. 12 (la violette) et p. 10 (la rose).
21. Saint Matthieu 8, 22 et saint Luc 9, 60.
22. *La Semaine religieuse. Revue du culte et des bonnes œuvres. Annales du bien*, 1-8 novembre 1857, p. 410.

femme, en 1868 : « Et maintenant, mes amis, comme au temps
des anciens Dieux, *date lilia*, donnez des fleurs ! Et que le par-
fum de ces douces violettes se confonde avec celui de ses
vertus[23] ! » Le ton ecclésiastique restait paterne en 1857 ; il le sera
infiniment moins dans les années 1890 durant lesquelles une grande
offensive antiflorale, dirait-on, fut lancée par l'Église.

En 1890, *Les Éphémérides liturgiques*, dont le texte fut repro-
duit en 1891 par *La Semaine religieuse du diocèse de Périgueux*,
ordonnait clairement : « Les couronnes de fleurs ne doivent point
trouver place dans le convoi mortuaire du chrétien, ni devant la
croix, ni après, ni même à la suite du cercueil. Elles sont en dehors
de la loi et de l'esprit du rituel qui a réglé les funérailles des
chrétiens[24]. » En 1895, Mgr Isoard voyait dans le dépôt des fleurs
« un mal réel, grave, profond » apporté « par ceux qui enseignent
que l'homme est le plus élevé de tous les êtres », et il appelait
les chrétiens à « écarter de la bière les fleurs, les couronnes » pour
« maintenir, nue et bien visible sur le drap mortuaire, l'image sacrée
de la croix[25] ». En 1899, le père Leroy, membre de la Compagnie
de Jésus, lançait le mot d'ordre : « Pour nos morts, ni fleurs, ni
couronnes[26]. » L'idée n'était pas neuve puisque saint Ambroise,
déjà, aurait voulu rompre avec cette coutume païenne[27] mais ni
son ancienneté ni sa vénérabilité ne suffirent à la rendre agréable
aux horticulteurs et aux fleuristes dont les chambres syndicales réa-
girent vivement.

J'ai cherché à savoir, de manière trop rapide, à partir de quelques récents carnets du *Monde*, de *La Croix* et du *Figaro*, comment se présente aujourd'hui cette question des fleurs. En nombre absolu, la mention « ni fleurs ni couronnes » accompagne beaucoup plus souvent les annonces d'obsèques religieuses que celles
d'obsèques civiles, mais celles-ci étant infiniment moins nombreuses que celles-là, ce sont des pourcentages qu'il aurait fallu indi-

---

23. *Funérailles de Madame A. Régnard née Caroline Delcher, morte le 23 janvier 1868, à
28 ans. Date lilia*, de la part de A. Régnard, sl, sd, p. 13.
24. *La Semaine religieuse du diocèse de Périgueux*, 1891, p. 903.
25. Mgr Isoard, *Le Système du moins possible et demain dans la nouvelle société chrétienne*,
Paris, sd (la préface est datée du 25 août 1895), p. 54.
26. Cité in François Vuillermet, « Pour nos morts. Des fleurs et des couronnes », *Revue d'hor-
ticulture pratique*, 1908, p. 11.
27. Voir Robert Sabatier, *Dictionnaire de la mort*, Paris, Albin Michel, 1967, p. 211-212.

quer. En réalité, ce qui caractérise le plus cette mention actuelle-ment c'est qu'elle est suivie d'une exhortation à effectuer des dons auprès d'un organisme spécialisé dans la recherche médicale. C'est *La Croix*, rien d'étonnant à cela bien sûr, qui imprime le plus grand nombre d'avis de décès invitant à remplacer les fleurs par des messes et des prières. Apparemment le message de saint Ambroise ne s'est donc pas complètement perdu.

Je mentionne, pour la bizarrerie de la chose - dans nos sociétés s'entend - les libations voulues par deux libres-penseurs pour le jour de leurs funérailles. À Vendeuil (Aisne), un jour de 1883, chaque personne présente à un enterrement civil reçut un verre de vin, puis une bouteille de champagne fut vidée sur le cercueil[28]. En 1902, les dernières volontés d'Edmond Gédéon, forgeron à Carmaux, sti-pulaient que son cercueil serait exposé à côté d'une table garnie de bouteilles et de verres et, poursuivait le testament :

« Celui qui aura bon cœur
boira un coup en mon honneur[29]. »

Le vin, dans les mentalités et les pratiques populaires, est symbole d'amour de la vie, de force, de virilité. Liquide couleur de sang, il refait le sang de ceux qui s'en nourrissent. Désirer que, le jour même de ses funérailles, du vin soit bu sur sa propre tombe, c'est, pour le défunt, affirmer que malgré sa mort la vie continue, qu'elle doit, joyeuse et vigoureuse, suivre son cours. C'est en même temps inciter ses parents, ses amis à vivre des fruits de la terre et non des espérances du ciel.

Dernier élément rituel, la musique qui me laisse quelque peu indécise. Devais-je la ranger dans les éléments démarqués ou dans les éléments nouveaux ? Lors d'enterrements catholiques, était-il d'usage qu'une société musicale accompagnât un de ses membres défunts jusqu'au cimetière ? Assez fréquemment, dans une même agglomération deux sociétés rivales s'affrontaient, une cléricale, une républicaine. Peut-être chacune d'entre elles menait-elle ses pro-pres morts au champ du repos. À coup sûr, les airs joués n'étaient pas les mêmes car, si les sociétés musicales républicaines se conten-taient parfois de faire entendre les roulements lugubres de leurs

---

28. Jean le Véridique, *Libre-Pensée et enterrements civils*, Bourges, 1883, p. 3.
29. *Le Rappel des Travailleurs*, 15 août 1902.

tambours débandés, il leur arrivait aussi d'attaquer *Le Chœur des soldats de Faust* et même *La Marseillaise*, pis encore *L'Internationale*, quand ce n'était pas des airs joyeux. En 1946, l'exemple est assez proche de nous, un libre-penseur nantais, instituteur de son état, demanda que *Frou-frou* fût chanté sur sa tombe et son vœu fut exaucé.

Hygiénisme et polémique : les incinérations

Tous ces rites se rapportent à des inhumations ou à des mises en caveau. Or, l'incinération - possible réglementairement et matériellement en France à partir de 1889 - fut un mode de sépulture en honneur chez les libres-penseurs et les francs-maçons. C'est d'ailleurs eux qui avaient mené campagne, au grand dam de l'Église, pour qu'elle acquît droit de cité. Leurs motivations relevaient pour l'essentiel de préoccupations hygiénistes mais le désir malin de contrarier l'Église - qui ne reconnut le droit à la création pour ses fidèles que le 8 mai 1963 - les animait bien aussi quelque peu. Enfin, chez un certain nombre d'entre eux, des dispositions intimes plus personnelles, d'ordre psychique, s'ajoutaient aux motifs précédents, la hantise d'un long pourrissement dans la terre par exemple. Il ne m'est guère loisible de m'attarder ici sur cette question de l'incinération ; néanmoins, j'aimerais donner quelques détails sur ce type de cérémonies.

Les cortèges ressemblaient aux autres cortèges d'enterrements civils. En avril 1903, le cercueil du docteur Victor Jaclard, ancien membre de la Commune, que suivaient Camélinat, Jean Longuet et d'autres encore, était recouvert d'un drap mortuaire rouge sur lequel on avait disposé trois couronnes de fleurs rouges elles aussi[30] ; en décembre 1904, la veuve d'Augustin Avrial, également un ancien communard, s'opposa à ce que le drap rouge recouvrît le cercueil de feu son mari mais deux couronnes d'immortelles rouges le décoraient et les assistants portaient à la boutonnière non

---

30. Rapport du 20 avril 1903, arch. PP, BA 1 123.

une immortelle mais une églantine, symbole floral des socialistes[31]. Le 10 juin 1902, un cortège se rendant au Père-Lachaise devait attirer le regard des piétons : le poète révolutionnaire Eugène Chatelain s'en allait escorté par seize petites filles du pensionnat anticlérical de Montreuil, toutes habillées de bleu et de blanc, l'une d'elles portant en outre l'écharpe rouge de la Libre-Pensée[32]. Pendant que le corps se consumait, des orateurs prononçaient des discours, trois pour Victor Jaclard, quatre pour Augustin Avrial, cinq pour Eugène Chatelain. Si au dernier mot du dernier orateur l'incinération n'était pas terminée, les assistants allaient dehors en attendre l'achèvement.

Maurice Bouchor, incinéré en 1929, avait organisé point par point la cérémonie de sa crémation ; il avait, entre autres choses, demandé que fussent joués « des morceaux funèbres où chantait la douleur[33] » : la *Marche funèbre de Saül* de Haendel, un extrait des *Mystères d'Éleusis*, le thème final de la *Symphonie* avec chœurs de Beethoven et un extrait de Bach, soit un prélude, soit une fugue, soit encore un extrait de la *Passion selon saint Matthieu*. Les cendres étaient à l'époque le plus généralement enfermées dans une urne placée dans le colombarium.

J'ai jusqu'à présent décrit les enterrements civils les plus courants. Il conviendrait de leur ajouter d'autres obsèques, celles de théophilanthropes, de francs-maçons et de positivistes. Les théophilanthropes resurgirent en France au début des années 1880, derrière la personnalité curieuse et encore mal connue d'un étrange personnage, Décembre-Alonnier. Ils s'exprimaient par leur organe, *La Fraternité universelle*, qui possédait une rubrique nécrologique et rendait compte des travaux du Comité central théophilanthropique. Celui-ci, en 1885, prescrivit l'emploi d'un drap funéraire uniforme, pièce de coton de trois mètres sur deux mètres cinquante, bordée d'une frange blanche, agrémentée de l'emblème brodé de la Théophilanthropie : « Un triangle équilatéral rayonnant portant au centre une inscription hébraïque entourée d'un serpent qui se mord la queue ; nous rappelons que cet emblème a la signification suivante : le triangle équilatéral rayonnant est le symbole de

---

31. Rapport du 14 décembre 1904, arch. PP, BA 943.
32. Rapport du 11 juin 1902, arch. PP, BA 1 009.
33. Jean Bernard, *La Vie de Paris-1929*, Paris, Alphonse Lemerre, 1931, p. 28.

l'harmonie qui préside aux mondes ; l'inscription hébraïque signifie celui qu'on ne peut nommer, définir ; et enfin le serpent se mordant la queue est l'emblème de l'éternité[34]. »

Aux quatre coins du drap, où pendait un gland d'or et d'argent, se trouvaient, également brodées, les lettres FU. Tous les groupes théophilanthropiques ne possédant pas un tel drap, une société de Libre-Pensée voisine prêtait parfois le sien. Les cérémonies funéraires théophilanthropiques semblent par ailleurs n'avoir rien présenté de bien particulier. Très souvent des libres-penseurs et des francs-maçons y assistaient, les interpénétrations entre ces trois mouvements étant assez marquées. En ce qui concerne les francs-maçons, je ne décrirai pas ici les cérémonies du cimetière mais « les cérémonies funèbres pour tenue blanche[35] » qui se tenaient une fois l'an pour rappeler le souvenir des frères disparus. Le milieu du temple était occupé par « un catafalque tendu de noir et de blanc » à la tête duquel se dressait une pyramide ou une colonne surmontée d'un vase antique ; deux corbeilles emplies de fleurs effeuillées étaient disposées à droite et à gauche de ce catafalque tandis que deux autres pleines de rameaux d'acacia se trouvaient près du frère Grand Expert et du frère Maître des Cérémonies.

À minuit s'ouvraient les « travaux funèbres » et l'on introduisait les profanes ; les frères formaient la chaîne d'union et constataient que tel et tel de ses anneaux avaient été brisés, le Grand Expert éteignait un flambeau tandis qu'un autre restait allumé - le premier symbolisait la mort et le second « l'idée (qui) survit ». Le Vénérable prononçait la formule rituelle « Gémissons ! Gémissons ! Gémissons ! » aussitôt imité par le Premier et le Deuxième Surveillants. Ces trois mêmes hommes, en alternance, prononçaient des paroles consacrées au souvenir des « hommes de bien », au milieu desquelles s'intercalait à plusieurs reprises la formule « Gémissons, mais espérons ! » Une branche d'acacia, « symbole de la survivance des énergies que la mort ne peut détruire » était placée sur le cénotaphe et les pétales de fleurs répandus en son entour. Une musique funèbre se faisait entendre ; les profanes quittaient le temple et, à « l'heure où le soleil se montre à l'horizon » la clôture

---

34. *La Fraternité universelle*, 30 juillet 1885.
35. *Rituel de cérémonie funèbre pour tenue blanche*, Clermont-Ferrand, 1886. Opuscule consulté à la bibliothèque du Grand Orient de France grâce à l'obligeance de Mme Camou. Toutes les citations concernant la tenue blanche en sont tirées.

des travaux était prononcée. À ce jour, je n'ai encore entrepris aucune recherche sur les cérémonies positivistes.

Culte des morts : souci tactique et permanence

Voilà pour ce qui a trait à la description du rituel. J'ai déjà dit que celui-ci avait en partie comme fonction de supplanter le rituel catholique dans l'esprit des catholiques les moins fervents. Le franc-maçon Blatin exprimait excellemment ce souci tactique dans son allocution de clôture du Convent maçonnique de 1883 :

> « Le grand obstacle que rencontre sur sa route la propagation de la libre-pensée... c'est précisément cette absence complète de symbolisme qui en rend la pratique d'une aussi glaciale austérité. Jamais, ou du moins de bien longtemps encore, on ne fera comprendre aux femmes et même à la plupart des hommes que les grandes circonstances de leur vie et les idées que ces circonstances font naître ne doivent plus être emblématisées, rendues en quelque sorte tangibles, et qu'elles pourront ainsi disparaître sans laisser dans le souvenir une trace matérielle et touchante.
>
> La naissance, l'adolescence, le mariage, la mort, seront toujours, dans une famille humaine, des occasions de joies et de douleurs, de regrets ou d'espérances, qui demandent à se manifester par des signes physiques et par des formules spéciales dont les religions ont su jusqu'ici conserver un monopole qu'il est de notre devoir de leur disputer aujourd'hui... Il faut savoir... constituer ainsi un ensemble où l'élévation des idées et la grandeur des doctrines s'envelopperont des formules majestueuses et touchantes d'un symbolisme rationnel destiné à laisser une saine et profonde empreinte dans le souvenir de ceux qui auront voulu venir à nous[36]. »

Toutefois libres-penseurs et francs-maçons n'étaient pas guidés par ce seul souci tactique ; ils se rendaient compte que le symbolisme correspondait à une attente profondément ancrée dans le cœur humain.

Comme écrit Lucien Descaves à propos de son héros Philémon

---

36. A. Blatin, « Du symbolisme maçonnique », in *Rituel de cérémonie funèbre...* (non paginé).

Colomès : « Un jour, il a tourné en dérision, devant moi, ces futi-
lités du souvenir ; mais il y a une telle force de suggestion dans
certains gestes que nous avons vu faire, qu'une heure vient où ils
s'imposent à nous et se jouent de notre raison impuissante à les
réprimer[37]. » Ainsi, l'idée du « culte des morts » n'était-elle pas,
loin de là, étrangère à tous les libres-penseurs. Jean-Marie Guyau,
dans *L'Irréligion de l'avenir*, en faisait le substrat indestructible des
religions successives et éphémères : « La Fête-Dieu peut s'oublier ;
la fête des morts durera autant que l'humanité elle-même[38]. »
L'Annuaire des fêtes et cérémonies civiles jugeant le culte des morts
« simple et sincère » y voyait « la plus simple, la plus naturelle et
la plus légitime des religions[39] ».

Ce n'était, je crois, qu'une minorité de libres-penseurs, minorité composée de libertaires, qui osait s'en prendre aux morts. En
1904, Victor Loquier, rédacteur d'une petite feuille anarchiste vos-
gienne, osait écrire : « Qu'est-ce qu'un mort ? Un composé de
matières, presque toujours en putréfaction ou qui va y entrer[40] » ;
les honneurs funèbres lui semblaient une coutume nuisible « car
ce qui est dépensé pour les morts ne va pas aux vivants[41] ». Un
peu plus tard, un autre anarchiste, E. Girault, publiait une bro-
chure intitulée *À bas les morts !*[42] dans laquelle il condamnait un
culte qui ne perdait rien à ses yeux de sa superstition et de sa gros-
sièreté quand il abandonnait la couleur noire (celle du clergé) pour
adopter la rouge (celle de la Libre-Pensée socialiste). Pour lui, il
fallait songer à exprimer différemment sa douleur et apprendre à
privilégier la vie contre la mort :

> « La douleur n'a rien à voir avec les simagrées du culte, avec le deuil,
> les fleurs, les couronnes, les panaches, les étoffes écussonnées et les
> chevaux caparaçonnés qui pissent et excrémentent insolemment devant
> le défunt... Il est donc grand temps de négliger toutes les cérémonies
> mortuaires et de ne plus se laisser aller aux sacrifices pour funérailles.

---

37. Lucien Descaves, *Philémon, vieux de la vieille*, Paris, 1914, p. 289.
38. Jean-Marie Guyau, *L'Irréligion de l'avenir. Étude sociologique*, 7e édition, Paris, Félix
Alcan, 1900, p. 359.
39. 1911, p. 471-476.
40. *La Vrille*, 29 octobre-5 novembre 1904.
41. *Ibid*.
42. E. Girault, *À bas les morts*, 3e édition, Brive, mai 1910.

Ne vous agenouillez plus devant les sépultures, camarades, mais penchez-vous sur les berceaux ; les richesses des tombeaux sont une insulte à la vie[43]. »

Le Christ n'avait-il pas, lui aussi, appelé les vivants à s'occuper de la vie ? Il ne s'agissait pas de la même vie, dans un cas celle du Royaume, dans l'autre celle de la terre, mais c'était bien le même souci d'accorder la mort à la mort et la vie à la vie.

Croyances ou convictions

Les convictions certainement matérialistes de ces deux anarchistes m'acheminent tout naturellement vers l'examen, non plus des rites - pour reprendre une distinction chère à Durkheim - mais des convictions, car je remplacerai, au moins pour un temps, par les convictions les croyances de Durkheim. Il est inutile que je revienne sur le républicanisme ; je crois l'avoir suffisamment établi en brossant le décor des enterrements civils et quelques-uns des éléments du rituel laïc sont assez explicites : les cris, *La Marseillaise*, les trois couleurs portées par les petites pensionnaires de Montreuil, etc. Passons donc aux idées, opinions, convictions, sur le devenir de la personne après la mort, sur l'âme, l'immortalité. Les tenants des obsèques civiles se partagent en deux camps : les déistes, spiritualistes, pour qui l'âme et l'immortalité ne sont ni des vains mots ni des métaphores, et les athées matérialistes qui n'y voient que billevesées bonnes pour les vieilles lunes.

Les déistes-spiritualistes. - Les libres-penseurs de la première génération, celle qui se forma aux alentours de 1848, étaient, à quelques exceptions près - dont Victor Schoelcher - déistes et spiritualistes. S'ils se faisaient enterrer civilement, ce n'était donc pas faute de croire en Dieu ; au contraire, ils estimaient *mieux* croire en Dieu que les tenants des religions révélées, et notamment que les catholiques. Ce qu'ils exprimaient dans leurs cérémonies funèbres, c'était à la fois un refus des dogmes et un refus des clergés. C'est probablement chez Victor Hugo qu'il faut chercher la meilleure expression de ce double refus, dans son poème intitulé *Enterrements civils* par exemple :

---

43. *Ibid*, p. 9 et p. 16.

« Je dois faire appeler cet homme sur ma fosse ?
Est-ce que sur ma tombe il est le bienvenu ?
Est-ce qu'il est celui qu'écoute l'Inconnu ?
Est-ce que sa voix porte au-delà de la terre ?
Est-ce qu'il a le droit de parler au mystère ?
Est-ce qu'il est ton prêtre ? Est-ce qu'il sait ton nom ?
Je vois Dieu dans les cieux faire signe que non[44]. »

On trouverait des idées identiques chez Michelet, Quinet, chez d'autres encore, plus obscurs. Écoutons Valentin Tournier, président de la société de Libre-Pensée de Carcassonne, parler sur une tombe le 26 juin 1883 :

« Le mort n'est qu'un voyageur parti avant nous pour un pays où nous irons le rejoindre... et l'espérance, cette vertu des forts, nous fait patiemment attendre le jour de la réunion... Et Marty n'était pas seulement un honnête homme, c'était encore un homme à convictions fortes, un esprit élevé qui ne se courbait pas lâchement devant les menteuses idoles qui gouvernent le monde ; c'était un serviteur dévoué de la conscience ; *et il ne repoussait le prêtre que pour pouvoir mieux contempler Dieu*[45]. »

Tous ceux-ci croyaient - j'emploie à dessein le verbe croire - à l'âme et à une immortalité qui n'avait rien de métaphorique.

Les athées-matérialistes. - Les tenants de la religion naturelle faisaient figures d'attardés auprès de ceux - souvent des révolutionnaires blanquistes, des étudiants en médecine, des médecins - qui étaient allés plus vite, plus loin sur les chemins de l'incroyance. Pour ces derniers, âme ne voulait rien dire. Ils ne concevaient point de pensée qui ne fût dépendante d'un support organique : quand le cerveau meurt, tout meurt. La matière corporelle redevient molécules éparses qu'attend un autre agencement, puis encore un autre, et ainsi indéfiniment, comme le commande l'éternité de la matière incréée. Cela ne signifie pas que le mot « immortalité » était vide de sens pour eux et on peut même peut-être recourir au terme

---

44. Victor Hugo, « Enterrements civils » (28 juin 1875), in *Œuvres complètes, Poésie*, VI, *La Légende des siècles*, tome second, Paris, Albin Michel, d'après l'édition de l'Imprimerie nationale, p. 267.
45. Valentin Tournier, *Philosophie du bon sens*, édition posthume, Tours, chez Mme Anna Tournier, 1900, p. 647-648 (souligné par moi).

« croyance » pour désigner leur attente d'une double immortalité : celle de la matière et celle du souvenir. Je me tournerai de nouveau vers des poètes, Laurent-Pichat et Sully Prudhomme. Le premier, prosaïque et sinistre, s'exprimait ainsi dans *Codicille* :

« Je verserai mon être aux éléments confus,
Et me décomposant parmi la terre avide,
Sans même me sentir en proie au ver livide,
Dans le grand réservoir je m'en irai dissous.
Car une fois ma part de besogne accomplie,
Le néant absolu n'a rien qui m'humilie[46]. »

Le second, plus bucolique, souhaitait dans *Métamorphoses* :

« Que le pied qui bat les chemins
Racine plus tard se repose,
Et que, plus tard, se change en rose
Le creux ensanglanté des mains[47]. »

Vladimir Jankélévitch a longuement analysé dans *La Mort* cette conception de l'immortalité qu'il n'estimait ni porteuse d'une authentique consolation ni vraiment recevable, eu égard au caractère unique et singulier, à l'ipséité de chaque personne disparue. Les rêveries atomistiques et moléculaires du panbiotisme lui semblaient faire bon marché du caractère irremplaçable de chacun d'entre nous, de la qualité d'« hapax[48] » dont est revêtu tout être humain. Il faut remarquer d'ailleurs que ces réflexions sur le devenir de la matière n'appartiennent pas aux seules philosophies matérialistes. Bossuet, dans son *Sermon sur la mort* (celui-là même où il rappelle les mots fameux de Tertullien - ces mots qui, depuis, lui sont trop souvent attribués : « Il [le cadavre] deviendra un je ne sais quoi qui n'a plus de nom dans aucune langue[49] », évoque aussi le devenir et les métamorphoses de la matière : « Tout nous appelle à la mort : la nature, presque envieuse du bien qu'elle nous fait, nous déclare souvent et nous fait signifier qu'elle ne peut pas nous laisser longtemps ce peu de matière qu'elle nous prête, qui ne doit pas demeurer dans les mêmes mains, et qui doit être éter-

---

46. Cité par *La Pensée nouvelle*, 9 mai 1869.
47. Sully-Prudhomme, *Œuvres. Poésies (1868-1878)*, Paris, Alphonse Lemerre, 1884, p. 325.
48. Vladimir Jankélévitch, *La Mort*, Flammarion, collection Champs, 1977, p. 447.
49. Bossuet, *Sermon sur la mort et autres sermons*, Garnier-Flammarion, n° 231, 1970, p. 136.

nellement dans le commerce : elle en a besoin pour d'autres formes, elle la redemande pour d'autres ouvrages[50]. »

L'espoir d'une autre forme d'immortalité soutenait, réconfortait les athées matérialistes, celle qui se peut trouver dans la mémoire des proches, des amis et, éventuellement, pour les meilleurs, dans celle du genre humain tout entier. Cette idée, très fréquemment exprimée sur les tombes, établit un lien fort de solidarité entre les vivants et les morts. On peut, à son propos, évoquer Auguste Comte, sa religion de l'Humanité, ses théories de l'incorporation au « Grand Être[51] ». La similitude n'est probablement pas fortuite ; l'on peut supposer que *Le Catéchisme positiviste* et *Le Système de philosophie positive* étaient connus des matérialistes du XIXᵉ siècle. On pourrait peut-être rapprocher ces théories de survie dans la mémoire - qu'elles émanent d'Auguste Comte ou des matérialistes postérieurs - de la Communion des Saints qui, elle aussi après tout, repose sur l'idée d'« un lien transcendant qui rattache entre eux les fidèles vivants et défunts dans l'unité d'un même corps mystique[52] ».

Les rituels civils : une nouvelle forme de sacré ?

Il me faut maintenant en arriver à une question essentielle à laquelle on ne peut échapper puisque tant de sociologues, d'anthropologues et parfois d'historiens ont appliqué les catégories de sacré et de religiosité aux expressions de la vie sociale dont il est question dans cet article. Cet ensemble de rites et de convictions (ou de croyances dans certains cas) était-il constitutif d'un sacré ? Hélas ! Après avoir réuni tant de documents et tant d'exemples, je dois confesser mon incapacité à donner une réponse ferme. Tout d'abord, comment entendre « sacré » ? Il s'agit de l'un des mots les plus malaisément définissables de notre langue ; il faut bien

---

50. *Ibid*, p. 136-137.
51. Voir Annie Petit, *La Mort de la Révolution dans le positivisme comtien*, Actes du colloque, « La Révolution et la mort », Toulouse, 1989. À paraître.
52. A. Vacant, E. Mangenot, E. Amann, *Dictionnaire de théologie catholique*, tome 3, 1ʳᵉ partie, Letouzey et Ane, 1923, col. 429.

qu'il soit tel pour que Roger Caillois en ait été réduit à écrire :
« Au fond, du sacré en général, la seule chose qu'on puisse affirmer valablement est contenue dans la définition même du terme :
c'est qu'il s'oppose au profane », pour ajouter immédiatement :
« Dès qu'on s'attache à préciser la nature et les modes de cette
opposition, on se heurte aux plus graves obstacles[53]. » Sans compter qu'il faudrait d'abord définir le profane !

Malgré les récents travaux de François-André Isambert ou de
Sabino Acquaviva[54], il reste difficile de se mouvoir dans ce véritable labyrinthe que constituent le sacré et le profane. Si l'on prend
« sacré » au sens atténué de « ce qui mérite un respect absolu »,
l'on peut dire sans hésitation que la mort, les morts, les funérailles, les sépultures étaient effectivement sacrés aux yeux de ceux qui
avaient recours aux enterrements civils, à l'exclusion de la poignée
de libertaires mentionnés plus haut. Mais, comme le fait observer
Rudolf Otto, le mot sacré n'a pas, dans un tel emploi, « son sens
exact[55] ». Si maintenant l'on veut parvenir jusqu'au « sacré » porteur de sa charge originale, incomparablement plus forte, retrouver le « numineux » - pour recourir au terme forgé par R. Otto -
et ses dimensions de *tremendum* et de *fascinans* analysées par cet
auteur[56], comment faudra-t-il procéder ?

Ce n'est ni dans les rites, ni dans les convictions ou croyances
qu'il faudrait chercher la réponse, me semble-t-il, mais dans ce
qu'éprouvaient les individus concernés. Qu'avait ressenti le défunt
lors de son entrée en agonie ? Que ressentaient ceux qui entou-
raient le lit de mort, qui suivaient le cortège funèbre et qui prati-
quaient les rites civils ? Sans doute, pour certains, la mort restait-
elle cette réalité mystérieuse qui saisit d'effroi *(« mysterium tremendum »)* ; mais d'autres devaient bien y voir un phénomène physio-
logique devant lequel ils conservaient leur entière lucidité. Ce partage n'est pas propre aux libres penseurs d'ailleurs ; il y a aussi
des chrétiens qui meurent dans la sérénité et d'autres dans la peur.

---

53. Roger Caillois, préface à la 3e édition (février 1963) de *L'Homme et le sacré*, Gallimard, collection Idées, n° 24, p. 6.
54. Sabino Acquaviva, *L'Éclipse du sacré dans la civilisation industrielle*, traduit de l'italien par M. l'abbé L. Bouy, Mame, 1967.
55. Rudolf Otto, *Le Sacré. L'élément non rationnel dans l'idée du divin et sa relation avec
le rationnel*, Petite bibliothèque Payot, n° 128, p. 20.
56. *Ibid*, p. 29 ss et p. 57 ss.

Ce que l'on appelle sacré dans nos sociétés, quand il s'agit de mort, ne serait-ce pas l'angoisse, ne serait-ce pas telle ou telle émotion (face à l'inéluctabilité, etc.) ? Le mieux serait peut-être de laisser chacun accepter ou refuser la catégorie de sacré en fonction de ce qu'il vit au plus intime de lui-même. Et personne ne viendra répondre à la place de tous les hommes dont j'ai rappelé ici le souvenir.

Et que ferons-nous du religieux, de la religion ? Depuis Durkheim, il est d'usage de couvrir de l'étiquette de religion « les croyances et les pratiques qui unissent (les hommes) en une même communauté morale[57] ». Durkheim établissait une équivalence de principe entre des réunions, des assemblées « où les individus, étroitement rapprochés les uns des autres, réaffirment en commun leurs communs sentiments » et « les cérémonies proprement religieuses[58] », et il s'interrogeait ainsi : « Quelle différence essentielle y-a-t-il entre une assemblée de chrétiens célébrant les principales dates de la vie du Christ... et une réunion de citoyens commémorant l'institution d'une nouvelle charte morale[59]... ? » Que fera-t-on, dans un tel système de ceux - et bon nombre de libres-penseurs étaient dans ce cas - qui récusaient pour leur propre compte tout ce qui relevait du religieux ? Leur attribuera-t-on malgré eux une religion ? Leur prêtera-t-on de force des sentiments de nature religieuse ?

Je sais bien que d'autres libres-penseurs parlaient spontanément de « religion » et de « foi ». Doit-on prendre les mots au pied de la lettre ? Quand Victor Meunier et Edmond Lepelletier lançaient leur association en faveur de la « foi civile », quand, antérieurement, Alfred Dumesnil - le gendre de Michelet - parlait de « foi nouvelle », le mot « foi » avait-il pour eux la même résonance, la même signification que pour des chrétiens ? Se sentaient-ils vraiment dans l'état d'esprit d'un croyant ? Ne maniaient-ils pas plutôt l'analogie ? Avaient-ils une préoccupation tactique en tête ? Qui le dira ? Et au XIXᵉ siècle, l'habitude ne s'était-elle pas déjà introduite de faire subir à certains mots de biens curieux glissements ainsi qu'il en va de nos jours ? Ne se rencontre-t-il pas des journalistes pour qualifier de « conclave » une réunion d'officiers supérieurs de la gendarmerie (*Le Monde*, 25-26 mars 1990), d'« agnostiques du ballon

---

57. Émile Durkheim, *Les Formes élémentaires de la vie religieuse. Le système totémique en Australie*, Paris, Félix Alcan, 1912, p. 65.
58. *Ibid*, p. 610.
59. *Ibid*, p. 610.

rond » les Italiens opposés au quatorzième Mondiale (*Le Monde*, 9 juin 1990), pour parler de « grand-messe du football » (*Le Monde*, 1-2 juillet 1990), sans oublier la récente « dépression charismatique » de François Mitterrand ni les multiples emplois de « blasphème » et de « sacrilège » ?

Il est prudent de ne pas tirer, des mots ou des gestes, des conclusions hâtives. Les libres-penseurs déistes et spiritualistes acceptaient pour eux-mêmes les termes de « religieux » et de « sacré ». Pour les libres-penseurs athées et matérialistes, malgré leurs combats menés en commun et malgré leurs idées sur l'immortalité, laissons la question en suspens : c'est la moindre des marques de respect et de tolérance qu'on puisse leur accorder.

De nos jours la mort occultée ?

Les cérémonies funèbres civiles qui se déroulent sous nos yeux n'ont rien à voir avec celles précédemment décrites, bien qu'il existe encore des enterrements maçonniques et libres-penseurs. Dans l'ensemble, les funérailles civiles ont pris un nouveau visage et un nouveau sens. C'est une affaire de contexte. Contexte politique tout d'abord : la République n'est plus la « gueuse » pour l'Église ni l'Église l'« Infâme » ou l'« Internationale noire » pour la République. Contexte mental ensuite : d'une part la mort s'est cachée ou, plutôt, nous avons caché la mort. Tous ceux - historiens, sociologues, anthropologues, médecins, prêtres, les Ariès, Vovelle, Morin, Thomas, Virilio, Potel, Chaunu, etc. - qui ont, ces dernières décennies, travaillé sur le thème de la mort ont décrit et analysé à l'envie l'occultation du trépas dans notre société. Il est bien évident que les morts ne peuvent plus alors devenir prétexte à conflits ou moyens d'expression idéologique. D'autre part, les questions religieuses ne tiennent plus la même place dans les préoccupations des Français ; certes, 82 % de nos concitoyens se déclaraient catholiques en 1989 mais 12 % seulement disaient pratiquer de manière régulière et 26 % de manière occasionnelle[60]. Le refus des cérémonies religieuses s'est ainsi dilué dans un vaste mouvement de reflux.

---

60. Voir étude du CREDOC (Centre de recherche pour l'étude et l'observation des conditions de vie), n° 44, décembre 1989, analysé in *Le Figaro*, 27 décembre 1989. Coupure communiquée par le père Jacques Benoist.

Toutefois, un trait essentiel de permanence subsiste, le respect et le culte des morts. Les attentats contre les morts et les sépultures soulèvent l'horreur. Après la profanation de Carpentras - le contexte était certes particulièrement dramatique - François Mitterrand déclara au cours du Conseil des ministres que « le respect des vivants est lié au respect des morts[61] » et Élisabeth de Fontenay confia à une journaliste que « ce viol de sépulture est un véritable attentat contre le propre de l'homme, ce propre qui consiste à prendre soin de ses morts[62] ». Au lendemain de la mort de Klaus Barbie, dans un communiqué d'hommage aux victimes du « boucher de Lyon », Mgr Decourtray rappela d'abord que « toute mort mérite respect[63] ».

Le culte des morts reste donc bien vivace. Or, les associations comme la Libre-Pensée et la Franc-Maçonnerie se sont révélées impuissantes à prendre la place de l'Église, ainsi qu'elles en avaient nourri le dessein. Les sociétés de Libre-Pensée ne sont plus que l'ombre de ce qu'elles furent au temps de leurs plus beaux jours, entre 1880 et 1914. Les 25 % de Français se faisant enterrer civilement, et ceux qui les accompagnent au cimetière, se sont ainsi trouvés confrontés à un vide institutionnel et cérémoniel. Ce vide, c'est un organisme professionnel qui tend à le combler désormais. Je parlerai ici des *Pompes funèbres générales*, non pas mue par un quelconque intérêt personnel, mais parce que le hasard des relations m'a fait rencontrer un inspecteur général[64] de cette maison - et non d'une autre - qui a eu l'extrême obligeance de répondre à mes questions, de me fournir la documentation nécessaire et même de me convier, en compagnie de directeurs d'agences des PFG, à deux simulations de cérémonies, une crémation et une remise de cendres, dans le crématorium du Père-Lachaise.

L'intérêt que les PFG - et peut-être d'autres entreprises similaires - portent au rituel des funérailles n'est pas enté sur les seuls enterrements civils. La modification de l'appareil chrétien (présence plus discrète du clergé ; suppression du *Dies Irae* et du *Libera*

---

61. *Le Monde*, 16 mai 1990.
62. *La Croix-L'Événement*, 13-14 mai 1990.
63. *La Croix-L'Événement*, 27 septembre 1991.
64. M. Pascal Moreaux à qui j'adresse tous mes remerciements. Je remercie également M. Louis Delcourt, ancien conservateur du cimetière des Joncherolles qui m'a fait visiter les installations (chapelle, funérarium, crématorium) de ce tout récent cimetière.

« jugés incompatibles avec l'espérance chrétienne[65] » depuis la réforme conciliaire ; disparition des suisses, des bedeaux, des tentures, des catafalques, etc.), vécue par un grand nombre de fidèles non comme un enrichissement pour la foi mais comme un appauvrissement pour la sensibilité, a également joué son rôle. C'est bien l'ancienne question de la « machine à pompes » qui continue de se poser.

L'entreprise vient donc de mettre au point douze fiches techniques de « conseils pour cérémonies personnalisées », dont quatre concernant des cérémonies religieuses, une cérémonie civile, une crémation, les caractères spécifiques des autres fiches étant établis en fonction de l'âge et du sexe des défunts. Ces fiches font alterner temps de paroles - notamment sur la personne décédée -, temps de lectures et temps de musique. On y décèle une inspiration commune bien que la fiche pour une cérémonie civile propose un poème d'Éluard, tandis que l'une de celles pour cérémonies religieuses reproduise un texte de Charles de Foucauld et un de sainte Thérèse de Lisieux. De l'une à l'autre fiche, on retrouve souvent les mêmes extraits musicaux, Bach (cité 25 fois) étant, et de loin, le plus joué, suivi d'Haendel (5), de Buxtehude, Vivaldi et Ravel (3), de Beethoven, Grieg et Mendelssoh (2), d'Albinoni, Saint-Saëns et César Franck (1). Aucun écrivain n'atteint le succès de Bach ni même celui de Haendel.

Chaque cérémonie compte seulement deux lectures contre quatre auditions de morceaux musicaux. Vingt et un textes sont ainsi proposés dans les fiches, dont deux de Victor Hugo et deux de Paul Éluard. Tous les autres auteurs retenus ne sont cités qu'une fois ; parmi eux, Ronsard et Malherbe (« Et rose, elle a vécu ce que vivent les roses... »). Comme dans les cérémonies civiles d'autrefois, on présente le défunt, on loue ses qualités, on magnifie le déroulement de sa vie. Mais cela se fait aussi de plus en plus dans les cérémonies religieuses au point qu'un groupe de travail de la faculté de théologie de Lyon, dans un *Essai sur la célébration chrétienne de la mort*, a cru bon de mettre ses lecteurs en garde contre la substitution d'un « langage anthropocentré » à un « langage christo-

---

65. Hector Denis et un groupe de travail de la faculté de théologie de Lyon, « *Laissez les morts enterrer leurs morts* ». *Essai sur la célébration chrétienne de la mort*, Profac, Lyon, 1984.

centré ». « Est-ce encore une célébration chrétienne ? » se demandent les auteurs[66].

Si la greffe PFG - ou une autre greffe de même nature - prenait, on pourrait voir la situation évoluer dans les années à venir. En effet, quelques chiffres donnent à réfléchir. Une société d'études et de conseil, la COFREMCA, a récemment mené une enquête sur la mort à la demande des PFG. Cette étude, analysée par *Le Monde* (5 juillet 1991) et par *Funéraire magazine* (n° 22)[67] a mis en valeur l'existence de deux groupes numériquement non négligeables, les deuxième et troisième sur les cinq dégagés, avec respectivement 23,6 % et 18,1 % des 2 500 personnes interrogées. Les uns ont reçu le nom de « rationalistes crématistes » et les autres de « défricheurs spiritualistes ». Le commentaire de l'enquête dit des premiers « qu'ils représentent (dans le paysage socioculturel) les valeurs montantes » et des seconds « qu'ils sont les plus nettement en phase avec les grandes tendances du moment ».

Comme ils sont par ailleurs globalement plus jeunes, plus cultivés et plus citadins, on peut supposer qu'ils deviendront de plus en plus représentatifs. Or, ils sont les plus nombreux à vouloir ou à pouvoir se passer d'une église ou d'un temple, « les défricheurs spiritualistes » recherchant d'ailleurs un lieu « qui soit aussi recueilli qu'une église, sans être lié à une religion particulière ». Les « rationalistes crématistes », eux, sont souvent athées. La réticence face à la crémation, entraînée par le déroulement long et pénible de la combustion du corps, par l'aspect sinistre de la remise des cendres, devrait s'atténuer avec l'établissement d'un nouveau protocole, d'un nouveau rituel. La famille, les amis ne demeurent au crématorium que le temps d'une cérémonie d'accueil, semblable aux cérémonies d'inhumation décrites plus haut ; les cendres sont remises dans les jours suivants, là encore au cours d'une petite cérémonie.

Une des conclusions majeures tirées de l'enquête par Alain de Vulpian, directeur de la COFREMCA, est qu'après des décennies d'occultation, « la volonté de donner un sens à la mort sera une motivation porteuse des années 90[68] ». Faisons abstraction du lan-

---

66. *Ibid*, p. 81.
67. Document remis par M. Moreaux.
68. *Funéraire magazine*, p. 18.

gage technocratique ; « donner un sens à la mort », cela signifie-t-il renouer avec le sacré et le religieux ?

Bien d'autres points auraient pu être abordés dans cet article, notamment les difficultés du malade, du mourant, qui hésite entre une « belle mort », une « bonne mort » et, qui, au bout du compte, a peut-être bien du mal à mourir ; les conflits qui pouvaient - qui peuvent encore sans doute - surgir dans les familles autour de la nature des obsèques (enterrement civil ou enterrement religieux ? Inhumation ou crémation ?) ; la symbolique choisie pour les tombeaux qui contribue, par le message qu'elle transmet, à exprimer - à atténuer ? - le deuil, quand elle n'est pas une expression de vanité sociale ; les difficultés auxquelles se heurtèrent longtemps les partisans d'obsèques civiles, que ce soit vis-à-vis de l'administration ou vis-à-vis de l'opinion publique. Il y a bien là matière à un ou deux autres articles !

Pour l'essentiel retenons ceci : les enterrements civils correspondent actuellement au quart environ de l'ensemble des décès ; après une série de diminutions et d'augmentations, ils sont revenus à leur niveau de 1905-1908[69]. Mais ce ne sont plus les mêmes enterrements civils. Il y a eu passage d'un engagement collectif, combatif, militant à une recherche individuelle et paisible du sens de la mort et de sa mort.

---

69. Voir Julien Potel, *Les Funérailles, une fête ?* Paris, Cerf, 1973, p. 30 ; et François-André Isambert, Jean-Paul Terrenoire, *Atlas de la pratique religieuse*, Presse de la Fondation nationale des sciences politiques et Éditions du CNRS, 1980, tableau 2.25. Les plus récentes évaluations des PFG confirment le maintien de cette proportion d'un quart de convois civils.

Jacqueline Lalouette

Biographie des auteurs

Marité Bonnal

Sociologue, écrivain. A publié : *Passage*, Galilée, 1986 ; *Rencontres immobiles*, Galilée, 1990.

Annie Chalanset

Professeur agrégée de philosophie. Auteur d'un mémoire de DEA : *Cioran ou l'imposture*. Thèse en cours : *L'Esthétisme et le sérieux*.

André Comte-Sponville

Philosophe. Auteur de *Traité du désespoir et de la béatitude*, PUF, 1988 ; et de *Une Éducation philosophique*, PUF, 1990.

Nicole Czechowski

Rédactrice aux Éditions Autrement, directrice de la collection « Morales ».

Claudie Danziger

Rédactrice free-lance.

Raoul Girardet

Professeur à l'Institut d'études politiques. Auteur de : *L'Idée coloniale en France*, Hachette-Pluriel ; *Le Nationalisme français 1871-1914*, Le Seuil ; *Mythes et mythologies politiques*, Le Seuil.

Jacques Hassoun

Psychanalyste, écrivain. Derniers ouvrages parus : *Les Indes occidentales* (à propos de la pulsion de mort), Éditions de l'Éclat, 1987 ; *L'Histoire à la lettre* (avec Cécile Wajsbrot), Mentha, 1991 ; *Les Passions intraitables* (Paris, Aubier, 2e édition revue et augmentée, 1992).

Julia Kristeva

Écrivain, psychanalyste, professeur à l'université de Paris VII. A publié notamment *Soleil noir, Dépression et Mélancolie*, Gallimard, *Pouvoirs de l'horreur*, Le Seuil, et *Le Vieil Homme et les loups*, Fayard, 1991.

Jacqueline Lalouette

Historienne, chargée de recherche au CNRS (Centre de recherches sur l'histoire du XIXe siècle).

Claude Llabres	Membre du PCF de 1958 à 1987. Élu en 1973 au Comité central, responsable de la Fédération de Haute-Garonne. Démissionne du Comité central en 1977, est exclu du PCF la même année. Actuellement animateur du Forum progressiste et conseiller municipal à Toulouse. A postfacé *Mémoire d'Ex* de Mosco, Ramsay, 1991.
Véronique Nahoum-Grappe	Historienne à l'EHESS. A publié, entre autres, *La Culture de l'ivresse*, Quai Voltaire-Histoire, 1991 ; et, dans le tome II de *Histoire des femmes*, dirigé par Georges Duby et Michèle Perrot, *La Belle femme*, Éditions La Terza et Plon, 1991.
Irène Pennachioni	Sociologue. Enseignante à l'université de Tours. A publié, entre autres, *La Nostalgie en images*, Méridiens-Klincksieck, *La Guerre conjugale*, Fayard.
Alain Simon	Économiste.
Antoine Spire	Journaliste, écrivain. Producteur à France-Culture des « Voix du silence » et collaborateur quotidien du « Panorama ». A publié : *Le Silence en héritage*, Laffont, 1988 ; *Ces Enfants qui nous manquent*, préface d'Élie Wiesel, Maren Sell, 1989.
Paul Virilio	Urbaniste, essayiste. A publié, entre autres : *La Machine de vision*, 1988 ; *L'Inertie polaire*, Bourgois, 1990 ; *Bunker archéologie*, Éditions du Demi-Cercle, 1991 ; *L'Écran du désert*, Galilée, 1991.
Cécile Wajsbrot	Écrivain. A publié : *Violet Trefusis* (biographie), Mercure de France, 1989 ; et *L'Histoire à la lettre* (avec Jacques Hassoun), Mentha, 1991.
Marc Wetzel	Enseignant.
Isabelle Yhuel	Réalisatrice et productrice à France-Culture.

Table des matières

En famille

autrement

Éditions

Une diagonale dans la production éditoriale d'Autrement consacrée aux enfants et adolescents, à l'école et au premier emploi, à la maison et aux vacances, aux grands-parents et aux frères et sœurs.
Un regard sur la vie privée, aujourd'hui et hier, et sur ses mutations : une ethnographie du quotidien.

Ill. Koechlin. couverture n° 114 (détail).

24 titres disponibles :

Finie la famille ?
N° 3, 80 F.

Dans la ville, des enfants
N° 10, 80 F.

"Jeunes 16-25 ans, cherchent boulot cool..."
N° 21, 60 F.

Un enfant ?
N° 35, 89 F.

"On le met dans le privé ?"
N° 42, 55 F.

Avoir 20 ans et entreprendre
N° 50, 60 F.

Pères et fils
N° 61, 95 F.

Ecole plus
N° 67, 149 F.

Objectif bébé
N° 72, 95 F.

La mort à vivre
N° 87, 95 F.

La mère
N° 90, 95 F.

Abandon et adoption
N° 96, 95 F

L'enfant lecteur
N° 97, 95 F.

Mariage, mariages
N° 105. 95 F

Dimanche
N° 107, 89 F.

Demain, un emploi ?
N° 110, 89 F.

Les vacances
N° 111, 89 F.

Des sœurs, des frères
N° 112, 95 F

La maternelle
N° 114, 95 F.

Habiter, habité
N° 116, 89 F.

École et entreprises
N° 118, 95 F.

Les 10-13 ans
N° 123, 95 F.

Être vieux
N° 124, 95 F.

Deuils
N° 128, 110 F.

En famille

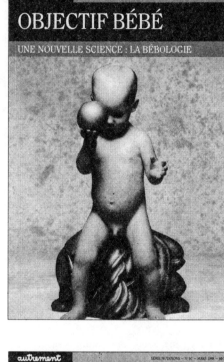

MARIAGE, MARIAGES

LE SCÉNARIO CHANGE, LE MYSTÈRE DEMEURE

DEMAIN, UN EMPLOI ?

LE CHÔMAGE DES JEUNES: DES SOLUTIONS

LES VACANCES

UN RÊVE, UN PRODUIT, UN MIROIR

DIMANCHE

LE TEMPS SUSPENDU

En famille

autrement SÉRIE MUTATIONS · N° 112 - FÉVRIER 1990 · 89 F

DES SŒURS, DES FRÈRES

LES MÉCONNUS DU ROMAN FAMILIAL

autrement SÉRIE MUTATIONS · N° 111 - AVRIL 1990 · 95 F

LA MATERNELLE

UNE ÉCOLE EN JEU : L'ENFANT AVANT L'ÉLÈVE

autrement SÉRIE MUTATIONS · N° 116 - SEPTEMBRE 1990 · 89 F

HABITER, HABITÉ

L'ALCHIMIE DE NOS MAISONS

autrement SÉRIE MUTATIONS · N° 123 - SEPTEMBRE 1991 · 95 F

LES 10-13 ANS

PEUR ET PASSION DE GRANDIR

Titres disponibles dans la même collection

Éditions Autrement

Directeur-rédacteur en chef : Henry Dougier. *Rédaction :* Béatrice Ajchenbaum-Boffety. Jean-Claude Béhar. Nicole Czechowski. Chantal Dahan. Richard Figuier. *Fabrication / Secrétariat de rédaction :* Bernadette Mercier, *assistée de* Hélène Dupont. *Maquette :* Patricia Chapuis. *Service financier :* Éric Moulette. *Gestion et administration :* Anne Allasseur. Agnès André. Hassina Mérabet. Christian Da Silva. *Service commercial :* Patrick Leimgruber. *Attachée de presse :* Magalie Cornetto.

Abonnements au 1er janvier 1992 : la collection « Mutations », complémentaire des Séries « Monde », « Morales », « Mémoires » et « Sciences en société » est vendue à l'unité (110 F par ouvrage) ou par abonnement (France : 600 F ; Étranger : 700 F) de 7 titres par an. L'abonnement peut être souscrit auprès de votre libraire, ou directement à Autrement, Service abonnements, 4, rue d'Enghien, 75010 Paris. Établir votre paiement (chèque bancaire ou postal, mandat-lettre) à l'ordre de NEXSO (CCP Paris 1-198-50-C). Le montant de l'abonnement doit être joint à la commande. Veuillez prévoir un délai d'un mois pour l'installation de votre abonnement, plus le délai d'acheminement normal. Pour tout changement d'adresse, veuillez nous prévenir avant le 15 du mois et nous joindre votre dernière étiquette d'envoi. Un nouvel abonnement débute avec le numéro du mois en cours.
Vente en librairie exclusivement. Diffusion : Éditions du Seuil.

Directeur de la publication : Henry Dougier, Revue publiée par Autrement
Comm. par. 55778. Corlet, Imp. S.A., 14110 Condé-sur-Noireau. N° 4665.
Dépôt légal : avril 1992. Précédent dépôt : mars 1992. ISSN : 0751-0144. ISBN : 2-86260-358-9.
Imprimé en France